PAUL ZAHNER (Hg.)

Lebendiger Spiegel des Lichtes: Klara von Assisi

Grazer franziskanische Beiträge

Band 2

Paul Zahner OFM (Hg.)

Lebendiger Spiegel des Lichtes: Klara von Assisi

Paul Zahner OFM (Hg.)

Lebendiger Spiegel des Lichtes: Klara von Assisi

Beiträge zum Grazer Symposium vom 12.-13. November 2010

Norderstedt 2013

Bibliografische Information der Deutschen Nationalbibliothek
Die Deutsche Nationalbibliothek verzeichnet diese Publikation in der Deutschen
Nationalbibliografie; detaillierte bibliografische Daten sind im Internet
über http://www.dnb.de abrufbar.

Titelblatt: Hl. Klara von Assisi, Detail Kirchenfenster, Franziskanerkirche Graz

Foto: Br. Philipp Klinger OFM

Satz: FFF (Münster)

Herstellung und Verlag: BoD - Books on Demand, Norderstedt

ISBN 978-3-8482-1245-3

MIX
Papier aus verantwortungsvollen Quellen
Paper from responsible sources
FSC
www.fsc.org
FSC® C105338

Inhalt

Vorwort

Paul Zahner OFM

Wahrscheinlich vor allem durch die neue Achtsamkeit auf das Leben und auf die christliche Berufung von Frauen erwachte spätestens im Klara-Jubiläumsjahr 1993/94 in vielen Teilen der Welt, auch in den deutschsprachigen Ländern, ein ganz neues Interesse an Klara von Assisi und an ihrer Spiritualität. Die übersehene Klara wurde von Vielen neu bemerkt und besehen. In Kongressen und im persönlichen Studium wurden Quellen wieder oder ganz neu studiert, P. Giovanni Boccali OFM (Assisi) gab eine Fülle von neuen Editionen und Erstveröffentlichungen von Texten über Klara heraus, die umbrischen Klarissen veröffentlichten fundierte Studien zur Klara-Regel und zu kirchlichen Texten im Umfeld von Klara und den von ihr beeinflussten Gemeinschaften und andere Autoren/-innen widmeten sich vertieften Klara-Studien. Auch im deutschsprachigen Raum widmeten sich einige Wissenschaftler/-innen Klara und den von ihr beeinflussten Gemeinschaften. Unter ihnen haben in den letzten Jahren vor allem Martina Kreidler-Kos, Br. Niklaus Kuster OFMCap und Br. Johannes Schneider OFM wichtige Untersuchungen und Übersetzungen von Quellen herausgegeben, die die Kenntnis Klaras im deutschsprachigen Raum förderten und die Diskussionen um sie lebendig und rege werden ließen. Angesichts dieser Diskussionen lässt sich feststellen, dass das aktuelle Gespräch um Klara von Assisi noch nicht zu Ende ist, sondern einen lebendigen Höhepunkt erreicht hat, der weitere interessante und miteinander ringende Erkenntnisse zu versprechen scheint.[1]

Wiederum standen wir in einem Klara-Jubiläumsjahr: 2011/12 wurde der Neubeginn Klaras in Portiunkula im Jahre 1211 – nach neuesten Untersuchungsergebnissen nicht mehr 1212 – gefeiert. Die Wahl der Lebensform Klaras ist damit achthundert Jahre alt. Vor achthundert Jahren begannen die ersten Frauen der Berufung Klaras zu folgen und lebten mit ihr zusammen in der Gemeinschaft von San Damiano. Um die Feier dieses grundlegenden Klara-Jubiläums einzuleiten, organisierte das Franziskanerkloster in Graz vom 12.–14. November 2010 das Symposium „Lebendiger Spiegel des Lichtes: Klara von

---

1 Vgl. zu den aktuellen, verschiedensprachigen Forschungen über Klara und die von ihr beeinflussten Ordensgemeinschaften: KUSTER, Niklaus: Eine neu entdeckte Lichtgestalt. Forschungsbericht zu Clara von Assisi. In: SCHMIES, Bernd (Hg.): Klara von Assisi. Beiträge zur neueren deutschsprachigen Klaraforschung. Kevelaer 2011 (Franziskanische Forschungen, 51) 213–236.

Assisi". Eine große Zahl von Schwestern, darunter auch einige Klarissen, Brüdern aus den Gemeinschaften des ersten franziskanischen Ordens und viele interessierte Laien nahmen an diesem Symposium im Franziskanerkloster Graz teil. Neben den Vorträgen sollte die heilige Klara aber auch gefeiert werden: im gemütlichen schwesterlich-brüderlichen Zusammensein, im Herausgeben der CD „Clarae Claritas. Offizium und Messe am Hochfest der heiligen Klara von Assisi aus dem Franziskanerkloster Graz" (diese ist nicht im Handel, sondern an der Klosterpforte in Graz erhältlich), in einem Konzert der Choralschola des Instituts für Kirchenmusik und Orgel der Kunstuniversität Graz unter Leitung von Prof. Franz Karl Praßl, in einer feierlichen Klara-Vesper, die dieses Institut musikalisch gestaltete und im sonntäglichen Hochamt zu Ehren der heiligen Klara, dem der Grazer Weihbischof Franz Lackner OFM vorstand.

Das vorliegende Buch soll die Vorträge des Symposiums vorlegen, wobei Niklaus Kuster OFMCap dabei eine interessante vertiefende Studie zu seinem kürzeren Vortrag veröffentlicht, soll einen Einblick in die gregorianische Klara-Liturgie geben, der durch das Mithören der CD „Clarae Claritas" sinnvoll ergänzt würde und soll die sieben neuen Bilder von Sabine Zgraggen vorlegen, die vielleicht erstmals Aspekte der Spiritualität der heiligen Klara aktuell Menschen zu vermitteln suchen, die Klara kaum oder gar nicht kennen.

Martina Kreidler-Kos stellt Klara zwischen Bettelarmut und Beziehungsreichtum dar, Br. Niklaus Kuster OFMCap versucht die langwierige Bildung des Klarissenordens durch das Charisma der Gemeinschaft von San Damiano und den päpstlichen Damiansorden darzustellen. Br. Irenäus Toczydlowski OFM stellt die Liturgie zum Fest der hl. Klara aus dem Franziskanerorden Graz vor. Br. Oliver Ruggenthaler OFM erörtert die Darstellung der hl. Klara in den frühen Predigten des Berthold von Regensburg und Br. Johannes Schneider OFM stellt das Nürnberger „Sand Claren Buch" als eine frühe Klara-Quelle nördlich der Alpen vor. Br. Paul Zahner OFM ergänzt diese Informationen mit einigen grundlegenden Informationen über das ehemalige Klarissenkloster in Graz. Prof. Theresia Heimerl stellt die Gottessehnsucht in weiblichen Spiritualitäten des 13. Jahrhunderts und der heutigen Zeit dar. Schließlich zeigt Sabine Zgraggen in sieben aktuellen Bildern Elemente klarianischer Grundhaltungen.

Rückblicke in das Leben und in die Spiritualität Klaras von Assisi, Darstellungen der sich aus ihrem Charisma bildenden Gemeinschaften, Elemente der Aufnahme ihrer

Sichtweise im deutschsprachigen Raum und die Frage nach einer aktuellen Spiritualität von Frauen heute zeigen deutlich: Klaras Berufung prägte das Leben vieler Frauen und Männer durch die Jahrhunderte hindurch und beeinflusst sie bis heute immer wieder neu. Klara als lebendiger Spiegel des Lichtes ist auch angesichts aller oftmals schwierig zu verstehender Forschungsergebnisse bis heute eindrücklich und faszinierend. Gerade diese Faszination Klaras verweist auf ihr tiefes Geheimnis. Möge dieses Geheimnis Klaras, mit dem Wissen über seine Ausfaltung zu ihrer Lebenszeit und zur weiteren Entfaltung durch acht Jahrhunderte hindurch, auch heute auf eigene Art und Weise aktuell sein und Menschen begeistern können.

1. Klara von Assisi – Zwischen Bettelarmut und Beziehungsreichtum

Martina Kreidler-Kos

Klara von Assisi ist die erste Frau in der Geschichte, von der wir wissen, dass sie eine Ordensregel schrieb und die päpstliche Bestätigung für dieselbe erhielt. Dies ist ein atemberaubender Satz, mit dem ich meinen nun folgenden Vortrag beginnen möchte. Gegeben wurde diese Approbation zwei Tage vor Klaras Tod, zugegebenermaßen improvisiert, aber rechtskräftig, durch Papst Innozenz IV. Ich habe an anderer Stelle bereits formuliert, dass das Anliegen und der Lebenswille dieser Frau auf geheimnisvolle Weise miteinander verknüpft gewesen sind.[1] Man könnte die Geschichte der letzten Wochen und Tage Klaras auch so darstellen: Diese Frau, die sich mit ganzem Herzen auf den Himmel freut, ist doch nicht eher bereit zu sterben, als bis ihr Lebenswerk zu einem rechtlich gesicherten Abschluss gekommen ist.

Um gleich zu Beginn und in einem Satz viele Klischees zu provozieren: All jene, die Klara andauernd krank, eingeschlossen und einigermaßen weltfremd hinter Klostermauer sehen wollen, müssen sich zumindest fragen lassen, woher diese Energie, diese Freiheit und diese Weltliebe kommen, dass Klara künftige Schwestern in derselben Berufung nicht denselben Kämpfen überlassen wissen will. An dieser Stelle ihrer Geschichte handelt sie für mich am eindrücklichsten als Mutter ihrer Gemeinschaft: Nicht nur dort, wo sie Schwestern tröstet und des Nachts zudeckt,[2] wo sie ihre Sehnsüchte errät und ihre Beschwernisse mit trägt, sondern gerade dort, wo sie diesen Schwestern, den gegenwärtigen

---

1 Vgl. u. a. KREIDLER-KOS, Martina: Das Leben der Klara von Assisi. München ²2004, 124–127 und DIES.: Clara von Assisi. In: DIES. (Hg.): Von wegen von gestern! Der Lebenskunst großer Frauen begegnen. Ostfildern 2008, 19–27, 22.
2 Vgl. die Berichte der mitschwesterlichen Zeuginnen im Heiligsprechungsprozess (hier z. B. ProKl 2,14). Meine Übersetzung der Prozessakten, nach der ich im vorliegenden Beitrag zitiere, wird im zweiten Band des Kompendiums zu den Quellen der franziskanisch-klarianischen Frühzeit („Klara-Omnibus") voraussichtlich 2012/13 erscheinen: Zeugnisse des 13. und 14. Jahrhunderts zur Franziskanischen Bewegung, Band II: Klara-Quellen, hg. v. Johannes SCHNEIDER und Paul ZAHNER. Kevelaer (voraussichtlich 2012/13).

und den kommenden, eine Struktur zu schaffen versucht, die sie gesichert und in Frieden ihre Berufung leben lässt.

Diese Regel Klaras, die erste Regel von einer Frau und für Frauen verfasst, ist weder inhaltlich noch konzeptionell als ein Werk im Alleingang zu verstehen. „Klara von Assisi – zwischen Bettelarmut und Beziehungsreichtum" – so habe ich diesen Vortrag überschrieben. Das Stichwort *Armut* deutet noch einmal an, worum es in dieser Ordensregel geht. Ich habe vorhin, in meinem einführenden Lebensbild, und schon vielfach in Veröffentlichungen darauf hingewiesen, dass eben jene Armut in der Nachfolge Christi – also unabhängig von menschlicher Sorge im radikalen Vertrauen auf Gott zu leben und das Evangelium als Richtschnur eines solchen Lebens zu verstehen – für Frauen des beginnenden 13. Jahrhunderts nicht nur ein Novum gewesen, sondern immer auch als ein *Scandalum* wahrgenommen worden ist.[3] Deshalb macht das zweite Stichwort der reichen *Beziehungen* nicht nur deutlich, in welchem gemeinschaftlichen Kontext die Ausarbeitung dieser Regel steht, sondern auch unter welcher Notwendigkeit: Gemeinsam oder modern formuliert, vernetzt, gelingt oftmals, was alleine undenkbar bleiben muss.

Im Folgenden will ich es unternehmen, ihnen wichtige Wegbegleiterinnen und Wegbegleiter Klaras vorzustellen. Ich möchte sie mitnehmen in die Beziehungswelt Klaras. Das ist, das sage ich zuvor und in aller Deutlichkeit, weit mehr, als ein freundlich ausschmückender Blick in die Lebensgeschichte einer Heiligen. Dahinter steckt eine wichtige Erkenntnis auch für unseren Umgang mit Heiligen und Heiligkeit: Heilig wird niemand im Alleingang. Und, das will ich bewusst perspektivisch formulieren: Heilig bleibt niemand im Alleingang. Es muss zum einen im irdischen Leben jedes und jeder zukünftigen Heiligen Menschen geben, die sie oder ihn unterstützen. Auch für Heilige gilt: Glaube geschieht in Gemeinschaft. Außerdem braucht es Menschen, die nach dem Tod vom Glauben dieses Menschen erzählen. „Jeder Held braucht einen Sänger" heißt es in einem Sprichwort. Jede Heldin auch, und Heilige erst recht. Das hat die Kirche sogar institutionalisiert in den seit dem Ende des 10. Jahrhundert sich immer weiter entwickelnden Kanonisationsverfahren.[4]

---

3   Vgl. Kreidler-Kos, Martina: Klara von Assisi, Schattenfrau und Lichtgestalt. Tübingen ²2003 (Tübinger Studien zu Theologie und Philosophie, 17) 298ff. und dies. / Kuster, Niklaus: Christus auf Augenhöhe. Das Kreuz von San Damiano. Kevelaer ²2009, 78ff. Vgl. auch Kreidler-Kos, Martina / Röttger, Ancilla / Kuster, Niklaus: Klara von Assisi. Freundin der Stille und Schwester der Stadt. Kevelaer ³2011.
4   Zur Geschichte des Kanonisationsverfahrens: Wetzstein, Th.: Heilige vor Gericht. Das Kanonisationsverfahren

Klara hatte eine ganze Menge „Sängerinnen", von einigen werden sie gleich ausführlicher hören. Heiligkeit braucht also Beziehung – vor und nach dem Tod. Diese Feststellung gilt nicht nur auf der Ebene historischer Erinnerung. Wenn die Gläubigen der Zukunft nicht in Beziehung treten wollen mit Heiligkeit in der Vergangenheit, dann wird jede Beschäftigung damit wirkungslos bleiben.

Vielleicht ist es gut, sich an dieser Stelle ins Bewusstsein zu holen, dass auch Klara von Assisi in Beziehung zu Heiligen stand. Auch sie hat sich – im Bewusstsein der „Communio Sanctorum" aller gläubigen Menschen – nach Freundinnen und Freunden im Himmel ausgerichtet. Allen voran war Maria ihr eine wichtige Begleiterin oder die heilige Agnes von Rom. Auch eine biblische Gestalt, die alttestamentliche Rahel finden wir als Vorbild in ihren Schriften wieder.[5] Im Folgenden möchte ich es aber unternehmen, ihnen von Klaras *irdischem* Beziehungsreichtum zu erzählen. Da mir heute etwa siebzig Minuten Redezeit zur Verfügung stehen, ist hierzu unbedingt eine Abgrenzung notwendig. Diese Tatsache ist bereits eine Überlegung wert: So vielgestaltig sind Klaras Beziehungen, dass vermutlich das gesamte Symposium nicht ausreichen würde, um alle angemessen darzustellen. Werfen Sie noch einmal einen Blick auf das Tafelbild Klaras in der Kirche Santa Chiara in Assisi[6]: Klara ist nirgends allein gezeichnet. Im Gegenteil: In jeder Szene ist Klara umringt von Menschen. Und wenn wir es genau nehmen, steht sie auch in der Mitte keineswegs alleine da: Sie schaut uns an, den Betrachter, die Betrachterin. Insofern spielt auch hier Beziehung buchstäblich eine zentrale Rolle.

Wenn wir von Menschen in Klaras Nähe hören, dann kann das zunächst schlicht interessant sein. Darüber hinaus aber können solche Beobachtungen unser Klara-Bild erheblich bereichern. Denn um noch ein Klischee zu zitieren: Klara ist keine einsam

---

im europäischen Spätmittelalter. Köln 2004 (Forschungen zur kirchlichen Rechtsgeschichte und zum Kirchenrecht, 28) 212–234.

5 Vgl. KREIDLER-KOS, Martina: „Ich halte dich für eine Gehilfin Gottes selbst". Die Frauenfreundschaften der heiligen Klara von Assisi. In: WiWei 63 (2000) 179–213, 207–212. Neu erschienen in: SCHMIES, Bernd (Hg.): Klara von Assisi – Zwischen Bettelarmut und Beziehungsreichtum. Beiträge zur neuen deutschsprachigen Klaraforschung. Münster 2011 (Franziskanische Forschungen, 51) 3–31.

6 Diese Bemerkung bezieht sich auf eine im Symposium vorausgegangene Einführung anhand von Lichtbildern. Zum sogenannten Tafelbild der heiligen Klara, vgl. KREIDLER-KOS, Martina / KUSTER, Niklaus: Die Tafelikone der Clara von Assisi. Ein neues Bild von Heiligkeit. In: WiWei 67 (2004) 3–32. Neu erschienen in: SCHMIES, Klara von Assisi, 167–192.

herausragende Klosterfrau gewesen. Klara war umgeben von Menschen, die sie geprägt hat und die sie geprägt haben.

Ich möchte für meine Darstellung der Menschen um Klara eine besondere Perspektive wählen. Diese begründet zugleich meine Auswahl: Ich habe in den letzten Jahren intensiv an der Neuübersetzung der Akten ihres Heiligsprechungsprozesses gearbeitet. Diese neuen Forschungsergebnisse sollen Ausgangspunkt meiner nun folgenden Darlegungen sein: Ich werde Ihnen heute von Beziehungen Klaras berichten, die im Prozessprotokoll Erwähnung finden und ich werde in der Weise davon berichten, *wie* sie dort Erwähnung finden. Diese Perspektive, das verspreche ich, hat einige Überraschungen zu bieten.

Sie führt allerdings auch dazu, dass im Folgenden von manchen Menschen in Klaras Leben nicht die Rede sein wird. Ihre leibliche Schwester Agnes etwa, immerhin viele Jahre Mitschwester in San Damiano und in den Wochen vor Klaras Tod auch wieder dort wohnhaft, kommt im Prozess nur zweimal in einer Randbemerkung vor: „Agnes, die jüngere leibliche Schwester der heiligen Klara, die erst vor kurzem gestorben war" (ProKl 1,55 und 6,49) heißt es fast lapidar in zwei Aufzählungen von Wunderzeuginnen. Und nichts, wirklich gar nichts erfahren wir aus den Prozessakten über Klaras Kontakte zur Premyslidenprinzessin Agnes von Prag. Diese wichtige und darüber hinaus auch prominente Freundin, die sich 1234 entschlossen hatte, lieber als arme Schwester denn als kaiserliche Ehefrau zu leben, und die immerhin bis zu Klaras Tod mit der Gemeinschaft von San Damiano in engem Austausch stand, taucht in den Prozessakten nicht ein einziges Mal auf. Den Gründen hierfür kann an dieser Stelle nicht nachgegangen werden. Es soll einzig diese Bemerkung Platz haben: Über Klaras Beziehung zu Agnes von Prag wissen wir zunächst – aus der Perspektive der Klara-Quellen – nur von Klara selbst und das nur aus ihren eigenen Briefen an die böhmische Königstochter.

Wenden wir uns nun den Menschen zu, von denen in den Prozessakten die Rede ist bzw. die dort selbst zu Wort kommen. Damit sie meine nun folgenden Ausführungen einschätzen können, will ich zu dieser Quelle kurz etwas sagen: Bischof Bartholomäus von Spoleto war unmittelbar nach Klaras Tod im Oktober 1253 von Papst Innozenz IV. beauftragt worden, Klaras Heiligkeit zu untersuchen. Im folgenden Monat wurden zu diesem Zweck in San Damiano und auch in der Kirche San Paolo in Assisi insgesamt zwanzig Menschen vernommen, zumindest liegen uns diese Aussagen vor. Zum Tribunal zählten jener Bischof Bartholomäus, zwei weitere Priester, drei Minderbrüder und ein für ein kanonisches Verfahren unverzichtbarer Notar.[7] Von den Zeuginnen und Zeugen stellten den überwiegenden Teil Klaras Mitschwestern, fünfzehn an der Zahl, und es ist außerdem eine kurze Zusammenfassung eines Zeugnisses der ganzen Gemeinschaft überliefert. Folgende Personen wurden zusätzlich in der Stadt vernommen: drei angesehene Bürger Assisis, eine Jugendfreundin und ein Diener des Elternhauses.

Der Quellenwert dieser Dokumente ist nach wie vor umstritten: Die Zeuginnen und Zeugen haben mündliche volkssprachliche Aussagen abgegeben, schriftlich festgehalten aber wurden ihre Aussagen in lateinischer Sprache. Manches liegt außerdem nur in Zusammenfassungen vor. Und schließlich ist uns die verschriftlichte lateinische Version nicht überliefert, sondern eine spätere italienische Rückübersetzung. Diese Arbeit hatte eine gelehrte Klarisse aus Perugia, Sr. Battista Alfani, zu Beginn des 15. Jahrhunderts geleistet.

Meine Einschätzung dieser komplizierten Quellenlage habe ich an anderer Stelle ausführlich dargelegt.[8] Hier nur soviel: Es ist mir bewusst, dass es ein Wagnis darstellt, die Worte des Prozesses für bare Münze zu nehmen. Zumindest die notarielle Hand muss in der Beurteilung mit bedacht werden. Ich gehe aber nach meiner Übersetzungsarbeit mehr denn je davon aus, dass diese Quelle trotz aller sprachlichen Formierungsprozesse die Erfahrungen und Einschätzungen von Klaras Mitschwestern hörbar macht. Weder der Notar noch die Rückübersetzerin haben meines Erachtens in die einzelnen Zeugnisse inhaltlich eingegriffen. Sie haben bestimmte Zusammenfassungen vorgenommen bzw. getreu übernommen. Auf alle Fälle aber haben sie dafür gesorgt, dass die Prozesszeugnisse eine Quelle von ganz eigenem Klang bleiben konnten.[9]

Nun aber genug der Vorrede: Ich wollte Ihnen Menschen aus Klaras Nähe zeigen. Da die Prozessüberlieferung die Perspektive und Auswahl begründet, werden das in der Hauptsache Klaras Mitschwestern sein. Von den Schwestern der ersten Generation, also jenen Frauen, die mit Klara gemeinsam oder nur wenig später nach San Damiano gekommen sind, habe ich Sr. Pacifica di Guelfuccio, die erste Zeugin, und Sr. Filippa di

---

7 Vgl. WETZSTEIN, Heilige vor Gericht, v. a. 176ff.
8 Vgl. KREIDLER-KOS, Martina: Vom eigenen Wohlklang. Beobachtungen zur neuen deutschen Übersetzung des Heiligsprechungsprozesses der Klara von Assisi. In: SCHMIES, Klara von Assisi, 439–505 und die Einleitung zum Heiligsprechungsprozess in den bald erscheinenden „Klara-Quellen".
9 Vgl. ebd.

Gislerio, die dritte Zeugin ausgesucht. Beide stammen ähnlich wie Klara aus adeligen Familien Assisis.[10] Von den Schwestern der nächsten Generation werden wir Sr. Francesca di Capitaneo von Col de Mezzo, die neunte Zeugin, kennenlernen. Außerdem möchte ich einen kurzen Blick auf Sr. Andrea aus Ferrara werfen, die bei Prozessaufnahme nicht mehr am Leben ist, von der allerdings berichtet wird. Sie sehen, das ist schon eine Menge Stoff. Ich halte diese Verteilung für durchaus angemessen. Auch Klaras reales Leben ist in der Hauptsache von mitschwesterlichen Beziehungen bestimmt gewesen. Außerdem werde ich Ihnen Klaras Mutter Ortulana kurz vorstellen. In ihrer Doppelrolle – als Mutter und Schwester – taucht sie auch und gerade in den Prozessakten auf.[11] Sie war vor 1226 ebenfalls in San Damiano eingetreten.

Zu guter Letzt soll auch Klaras Beziehung zu Franziskus zur Sprache kommen. Sie wissen, darüber sind schon viele Seiten gefüllt und lange Vorträge gehalten worden. Außerdem beflügelt diese Beziehung die Fantasie von Erzählern und Erzählerinnen schon seit Generationen. Was ich heute in dieser Angelegenheit unternehmen will, nimmt sich dagegen sehr bescheiden aus: Ich möchte ihnen zeigen, in welcher Weise *in den Prozessakten* von Franziskus gesprochen wird.

Beginnen wir mit Klaras Schwestern, und zwar mit derjenigen, die ich als die Kronzeugin des Prozesses bezeichne[12]: Filippa di Leonardo di Gislerio. Wieso Kronzeugin? Zunächst fällt rein formal ins Auge, Filippas Bericht ist der mit Abstand längste in den Akten und – das halte ich für entscheidender – derjenige, auf den sich die meisten anderen Schwestern beziehen. Innerhalb der schwesterlichen Aussagen gibt es eine Fülle von Querverweisen: „... über die Heilung Schwester Benvenutas sagte sie dasselbe wie ...“ (ProKl 5,10) o. ä. Im Zeugnis von allein sechs Mitschwestern finden wir einen Verweis auf Filippas Aussage, insgesamt ist das achtzehn Mal der Fall. Außerdem wird nur Filippa vor der gemeinsamen Anhörung in der Krankenstube von San Damiano namentlich als unter den Schwestern

---

10   Vgl. ProKl 1,1 und 3,1.
11   Vgl. ProKl 1,11.15 und 4,37.
12   Auch G. Boccali nennt sie „la testimone principale“: BOCCALI, Giovanni: Santa Chiara di Assisi sotto Processo. Lettura storico-teologica degli Atti di canonizzazione. Porziuncola / Assisi 2003, 289, Anm. zu 15,1.

Anwesende genannt.[13] Diese Frau muss also wenigstens für das kirchliche Tribunal eine zentrale Rolle gespielt haben. Ich halte es für möglich, dass dieses Tribunal damit einer Vorgabe aus der Schwesternschaft folgt.[14]

Ihr Bericht ist auffällig klar strukturiert. Filippa erscheint als Zeugin, die einen Überblick über die Vergangenheit hat und diese geordnet wiedergeben kann. Selbst wenn man annehmen muss, dass die Berichte nicht vollständig überliefert wurden, so zeigt sich doch im Vergleich, dass nicht jede Zeugin so strukturiert zu antworten in der Lage ist. Außerdem ist Filippa die erste Zeugin, die es wagt, in ihrer Aussage Klara zu zitieren, und in ihrem Bericht ist auch am meisten wörtliche Rede Klaras überliefert. Am Sterbelager der Heiligen etwa bittet sie eine Mitschwester, um deren gutes Gedächtnis sie weiß, sich die Worte Klaras zu merken.[15] Sie ist also an einer gemeinsamen Erinnerung und an deren getreuer Wiedergabe interessiert.

Nicht genug damit, dass auf ihren Bericht so häufig Bezug genommen wird, sie taucht auch als eine Art Sprecherin der gesamten Gemeinschaft auf. Bereits zu Anfang macht sie eine Bemerkung, die auf ein stellvertretendes Reden für alle hinweist: „Und weder sie selbst, Filippa, noch irgendeine der anderen Schwestern hegten auch nur den geringsten Zweifel an ihrer [Klaras] Heiligkeit" (ProKl 3,8). Als einzige der Schwestern wagt sie außerdem eine abschließende, zusammenfassende Würdigung vor dem hohen Tribunal. Ganz ähnlich wie keine geringere als Klaras Mutter oder der Biograf Thomas von Celano in der Franziskus-Legende 1228[16] und später in der Klara-Legende oder auch die päpstliche Heiligsprechungsbulle spielt sie dabei mit der Bedeutung von Klaras Namen:[17] „Und danach, am darauf folgenden Tag, ging Klara aus diesem Leben zu Gott: wahrhaft als Klare, ohne jegliche Trübung, ohne das Dunkel der Sünde, hinein in die Klarheit des ewigen Lichtes" (ProKl 3,109–110). Und wieder sieht sie sich in der Lage, für alle zu sprechen: „Dass dem

---

13 Vgl. ProKl 15,1.
14 Zur Herkunft Filippas, deren Vater Leonardo 1203 das Bürgerrecht von Perugia annahm, nach dem Friedensschluss nach Assisi zurückkehrte und sich 1215 den Minderbrüdern anschloss, vgl. FORTINI, G.: La famiglia di s. Chiara d'Assisi. In: Anal. TOR 14/134 (1981) 881–908, 903. Zur Bedeutung von Sr. Filippa und zum Profil dieser und anderer Schwestern, vgl. KREIDLER-KOS, Zur neuen deutschen Übersetzung, 490f.
15 Vgl. ProKl 3,76.
16 Vgl. 1 C 18.
17 Dieses Wortspiel deutet sich bereits in der Audition von Klaras Mutter an (vgl. 3,92). Vgl. BulKl 1 und 8–10. Vgl. LebKl 2 und 3.

so gewesen ist, davon wären sie, Filippa, und alle Schwestern und alle anderen, die ihre Heiligkeit kannten, ohne jeden Zweifel überzeugt" (ProKl 3,11).

Filippa weiß außerdem so manches vom spirituellen Geschehen, das Klara bewegt hat, zu berichten: Sie überliefert uns die Audition der Mutter unmittelbar vor Klaras Geburt, erzählt uns Klaras umstrittene Vision von der Brust des Franziskus und das wunderbare Geschehen am jüngst vergangenen Weihnachtsfest, als Klara allein im Schlafraum lag und Gott ihr großen Trost durch die Anteilnahme an der Liturgie der Brüder in San Francesco schenkte.[18] Es ist wichtig zu erwähnen, dass Filippa diese Ereignisse nicht exklusiv kennt, die Brustvision etwa – die die Schwestern im Übrigen völlig unproblematisch wiedergeben, der Biograf dagegen ausgelassen hat – kennen außer ihr noch Amata, Caecilia und Balvina da Coccorano. Bei allen drei jedoch wird im Protokoll in dieser Sache nur noch auf Filippa verwiesen. Außerdem betont Filippa ausdrücklich Klaras Armutsliebe. Allein das Stichwort *Armut* taucht in ihrem Bericht fünfmal auf. Im vergleichenden Blick ist das auffällig viel und deutet darauf hin, dass diese Frau weiß und vor dem kirchlichen Gericht, das immerhin Klaras Heiligkeit untersucht, auch sehr gut formulieren kann, worum es Klara gegangen ist. Dass Filippa zudem von großer Nähe zu Klara sprechen kann, zeigt ihr Selbstverständnis, die *dritte Schwester Klaras* (ProKl 3,21) gewesen zu sein und außerdem eine kleine Nebenbemerkung: Aus der Erzählung einer Heilung erfahren wir, dass Filippa ihren Schlafplatz neben Klara hatte.[19]

Ich gehe davon aus, dass diese Frau innerhalb der Gemeinschaft von San Damiano Verantwortung getragen hat, wenngleich nicht mehr ersichtlich ist, in welcher Form. Es ist ohnehin auffällig, dass wir nichts, aber auch rein gar nichts, über die internen Verantwortungsstrukturen in San Damiano aus dem Prozess erfahren.[20] Keine der aussagenden oder erwähnten Schwestern wird auch nur annähernd durch ein besonderes Amt oder eine besondere Aufgabe herausgehoben. Für mich bleibt außerdem die Frage, warum die formale Verantwortung der Leitung nach Klaras Tod in den Händen einer Frau liegt, die im Prozess keine Rolle spielt: Die Nachfolgerin im Amt der Äbtissin ist Sr. Benedetta. Von

---

18 Vgl. ProKl 3,91–101.
19 Vgl. 3,47.
20 Vgl. hierzu KREIDLER-KOS, Zur neuen deutschen Übersetzung, 444–448.

ihr erfahren wir aus den Akten nur, dass sie in dieser Rolle fungiert,[21] ein eigenes Zeugnis aber liegt uns nicht vor.

Noch ein Hinweis zeichnet Sr. Filippa und ihren Blick für das Ganze aus: Ich habe zu Beginn dieses Vortrages über Klaras Ordensregel gesprochen und über den innovativen Aspekt, der die Ausarbeitung und die Bitte um die Approbation begleitet. In den Prozessakten taucht nur ein einziges Mal das Stichwort dieser *Regel* auf. Es ist wiederum Filippa, die den dramatischen Prozess um die Regelbestätigung im Blick hat: „Und am Ende ihres Lebens hätte Klara alle ihre Schwestern zusammengerufen und sie mit allem Nachdruck auf das Privileg der Armut verwiesen. Und sie hätte sich sehnlichst gewünscht, die Regel des Ordens bestätigt zu bekommen, sogar so, dass sie an einem Tag diese Bulle an ihren Mund drücken und am anderen Tag sterben könnte. Und so, wie sie es ersehnt hatte, so ist es geschehen" (ProKl 3,109).

Schauen wir auf eine zweite wichtige Zeugin, die im Prozess übrigens als erste gehört wird: Pacifica di Guelfuccio. Ohne ihr Alter präzise bestimmen zu können, muß Pacifica im November 1253 eine alte Frau gewesen sein: Sie ist mit Klara gemeinsam nach San Damiano gekommen, sie kannte Klara schon im Elternhaus und sie hat mit Klaras Mutter mehr als eine und noch dazu bemerkenswert weite Pilgerreisen unternommen. Wenn man gar annehmen will, dass Ortulana diese Reisen noch vor der Geburt ihrer Kinder angetreten hat, dann muss Pacifica (beinahe) eine Generation älter gewesen sein als Klara.

Ich habe bereits an anderer Stelle ausgeführt, dass es Pacificas Selbstverständnis gewesen ist, gemeinsam mit Klara das Leben in der Nachfolge Christi begonnen zu haben und dauernd und buchstäblich in ihrer Nähe geblieben zu sein.[22] Sie sagt gleich zu Beginn: „Sie wäre gemeinsam mit Klara in die religiöse Gemeinschaft eingetreten und hätte sie fast Tag und Nacht zum größten Teil umsorgt" (ProKl 1,9). Mit diesem Hinweis, der einer umfassenden Legitimation gleich kommt, unterstreicht sie ihre Aussagen im Prozess. Ich halte es u.a. aufgrund dieser Aussage für möglich, dass sie den Pflegedienst in Klaras Krankheitsphasen übernommen hat.

---

21 Vgl. ProKl 15,13.
22 Vgl. auch Kreidler-Kos, Gehilfin Gottes, 183.

Was allerdings erst im Vergleich mit anderen Zeuginnenberichten ins Auge fallen kann, ist Pacificas klare, fast nüchterne Erinnerung und ihre differenzierte Betrachtung der Anfangsgeschichte von San Damiano. Ihr Bericht ist viel stärker als andere an der Darstellung des Werdens dieser Gemeinschaft interessiert. Und das keineswegs in verklärender Art und Weise. Pacifica kennt und benennt die Konflikte des Anfangs, die Übernahme der Leitung von San Damiano, zu der Franziskus – das wissen wir aufgrund *ihrer* Aussage[23] – Klara fast zwingen musste, oder den Konflikt mit Gregor IX. um das Privileg der Armut[24]. Sie äußert außerdem ihre persönlich große Sorge um Klaras rigorose Fastenpraxis. Weiterhin erwähnt Pacifica als einzige Schwester, dass Klara nicht allein die Armut, sondern auch die Armen[25] geliebt hätte und fügt diesen Hinweis in ihre Erzählung von der jungen Klara ein. Sie berichtet vom Ölwunder, das ihr gemeinsames Vorhaben der allerhöchsten Armut schon früh, leise und doch wirkungsvoll unterstützt hat.[26] Wir werden sehen, dass das Augenmerk keineswegs aller Zeuginnen auf diesen ersten Entwicklungsschritten der Gemeinschaft liegt.

Auch fällt auf, dass Pacifica nicht wie die meisten anderen Zeuginnen von einzelnen Heilungen an Mitschwestern oder Menschen von außerhalb berichtet. Ihr einziger (!) Heilungsbericht trägt eine andere bzw. eine zusätzliche Sinnspitze: Sie erzählt ein von fünf Schwestern *gemeinsam* erlebtes Heilungsgeschehen. Eine der Betroffenen ist sie selbst gewesen. Dieses Ereignis, zudem in den Anfangsjahren von San Damiano anzusiedeln, mag tatsächlich die Gemeinschaft als ganze stark geprägt haben. Fünf Frauen haben zu Beginn der 1220er-Jahre noch einen großen Teil der gesamten Schwesternschaft ausgemacht.

Pacifica betont also Klaras Kraft, Engagement und Durchhaltevermögen im Aufbau der neuen Gemeinschaft. Und sie betont – ähnlich wie Filippa – ihre leidenschaftliche Armutsliebe. Alles Wundersame, Heilungsberichte, aber auch licht- oder klangvolle Erfahrungen, an denen etliche andere Zeuginnen, wie wir gleich sehen werden, ihre Freude haben, scheinen ihr nicht so wichtig zu sein, als dass sie vor dem Tribunal in gleicher Weise

---

23   Vgl. ProKl 1,17.
24   Vgl. ProKl 1,39 und LebKl 14.
25   Vgl. 1,7 und 13.
26   Vgl. ProKl 1,43-57.

zum Ausdruck gebracht werden müssten. Klaras Heiligkeit erweist sich für Pacifica in ihrer unerhörten Liebe zur Armut, die auch Konflikte mit höchsten Autoritäten nicht scheut.

Lernen wir nun eine weitere Mitschwester Klaras kennen, die in ihrem Zeugnis ganz andere Akzente setzt. Das nur nebenbei, lange gingen Forscher und Forscherinnen davon aus, dass die Prozesszeuginnen durch den eine solche Vernehmung üblicherweise bestimmenden Fragekatalog[27] in ihren Aussagen eingeschränkt gewesen seien. Dieser Fragekatalog, der für unseren Prozess verloren gegangen ist, strukturiert zwar die Zeugnisse – wenngleich auch das nicht durchgängig – stellt aber offensichtlich kein inhaltliches Korsett dar, sonst wären die unterschiedlichen Einschätzungen der Schwestern, was zu sagen wichtig sein könnte und was nicht, nicht so auffällig zu nennen.

Diejenige, die nun zu Wort kommen soll, heißt in San Damiano Sr. Francesca. Ihr bürgerlicher Name könnte Massariola di Capitaneo von Col di Mezzo gewesen sein. Sie gehört zu einer zweiten oder gar dritten Generation von Schwestern und war ihrer eigenen und auffällig präzisen Angabe nach im Mai 1232 nach San Damiano gekommen.[28] Damals bestand die Gemeinschaft bereits seit über zwanzig Jahren. Francesca leitet ihre Aussage mit einer kleinen Einführung ein, die ebenso viel Selbstbewusstsein wie Neigung zum Pathos vermuten lässt, und ihr vor dem Tribunal sicherlich Eindruck verschafft hat: „Und sie sagte, selbst wenn sie soviel Weisheit hätte, wie Salomo gehabt habe, und soviel Sprachgewandtheit wie der heilige Paulus, dann glaube sie, [immer noch] nicht das Gutsein und die Heiligkeit vollständig ausdrücken zu können, die sie ... bei Klara gesehen hätte" (ProKl 9,3).

Um es gleich vorweg zu nehmen, diese Schwester ist nicht am Alltäglichen interessiert. Von ihr erfahren wir weder etwas über die *vita* noch über die *conversatio* Klaras.[29] Francesca

---

27 Vgl. Prolog zu den Prozessakten: P,19.

28 Es ist ein Verkaufsdokument von 1238 erhalten geblieben, das fünfzig Schwestern von San Damiano namentlich auflistet. Vgl. BOCCALI, Sotto Processo, 57–60. Eine Schwester Francesca taucht dort nicht auf, was unstimmig erscheint, wenn Francesca doch so präzise angibt, seit Mai 1232 in der Gemeinschaft zu leben. Es könnte allerdings sein, dass sie zu diesem Zeitpunkt noch mit ihrem Mädchennamen geführt wird und sich hinter Schwester Massariola verbirgt, die in der Liste jenes Dokuments an 28. Stelle geführt wird. Vgl. BOCCALI, Sotto Processo, 58 und 241, Anm. zu 9,1–2.

29 Im Prolog der Akten finden sich die im Mittelalter gängigen Kategorien zur Darstellung eines Heiligenlebens

hat vielmehr Freude an außerordentlichen Ereignissen und visionärem Erleben und davon möchte sie berichten. Dies kann oder darf sie offensichtlich auch tun, in ihrer Aussage ist der Duktus des verlorengegangenen Fragekataloges nicht mehr zu erkennen. So reiht sie in ihrem Zeugnis ein Wunder an das andere: die Befreiung des Klosters und der Stadt von den Sarazenen, verschiedene Visionen in Zusammenhang mit dem Christuskind, eine spezielle Audition, ein Heilungsbericht, der einen Jungen betrifft, und schließlich die kleine Begebenheit mit einer Katze, die Klara auf wundersame Weise verstehen kann.[30] In ihrem vergleichsweise langen Bericht – ausführlicher sind nur die ersten drei Zeuginnen – taucht nur eine einzige Bemerkung in Zusammenhang mit dem Alltagsleben von San Damiano auf. Da geht es um Klaras Handarbeit, aber selbst hier flicht die Zeugin den Hinweis ein, wie erstaunlich rege Klara gewesen sei.[31]

Viele dieser außerordentlichen Ereignisse, wenn sie nicht ohnehin schon ihr exklusives Erleben ist, vermag diese Zeugin auch noch durch eigene, wundersame Erfahrungen zu ergänzen: Beim Sarazenenüberfall hört sie zusätzlich zur gemeinsam von allen Schwestern erlebten Befreiung „eine Stimme von unglaublicher Liebenswürdigkeit" (ProKl 9,8) und dies mehrfach. Sie berichtet umfangreich von eigenen Visionen: Sie sieht einen „wunderschönen kleinen Jungen" (ProKl 9,35) auf Klaras Schoß und weiß, dass dieses Kind Jesus Christus ist. Sie sieht ihn auch in einer Hostie, die Klara schwerkrank empfängt. Sie sieht zugleich „über dem Kopf der heiligen Mutter Klara einen strahlend hellen Glanz" (ProKl 9,59). Und einmal kann sie „über dem Kopf Klaras zwei Flügel" erkennen, „strahlend hell wie die Sonne" (ProKl 9,38), die sich auf und ab bewegen.

Die Aussage dieser Zeugin – und darauf will ich hinaus mit der hier vorgetragenen exemplarischen Vorstellung von Menschen um Klara – vermittelt uns ein völlig anderes Klara-Bild als etwa Pacifica oder Filippa. Von Klaras Liebe zur Armut ist bei Francesca nirgends die Rede, das Stichwort *Armut* fällt nicht ein einziges Mal. Auch spricht sie nicht von Klaras Asketepraxis, die durch diese Armutsliebe motiviert gewesen ist und so viele andere Zeuginnen beeindruckt. Wir erfahren von ihr nichts über das Gemeinschaftsleben

---

aufgelistet: *vita* (Lebensgeschichte vor der Bekehrung), *conversio* (Bekehrung, Zeit der Entscheidung), *conversatio* (Lebensführung nach der Bekehrung, Ordensleben), *miracula* (Berichte über Wunder). Vgl. P,19.

30   Vgl ProKl 9,7–38.43–47.51–54 und 58–59.
31   Vgl. 9,56.

in San Damiano,, seine Entwicklung oder Konflikte. Vielmehr steht Francescas persönliches, mystisches Erleben mit Klara im Mittelpunkt.

Entweder ist sie davon überzeugt, nur auf diese Weise könne ihre Aussage einem Heiligsprechungsverfahren dienen oder aber – vorausgesetzt, die Schwestern hören einander in irgendeiner Weise bei den Vernehmungen – sie meint, diese Dimension schwesterlichen Erlebens sei bislang zu kurz gekommen. Auffällig ist, dass das Tribunal ihr offensichtlich diesen Spielraum lässt. Für unsere Lektüre der Prozessakten und vor allem für etwaige Rückschlüsse auf Klaras Geschichte, Persönlichkeit und Anliegen ist es wichtig, diese Verschiedenartigkeit im Auge zu behalten. Liest man den Bericht der ersten und der dritten Zeugin, so gewinnt man ein völlig anderes Klara-Bild, als wenn man etwa den Bericht der neunten Zeugin zugrunde legt.

Wo wir die mitschwesterlichen Zeuginnen hören, hören wir von sehr viel Eintracht. Das ist nicht verwunderlich, geht es doch um ein hohes Ziel, den Ausweis von Klaras Heiligkeit. Doch diese Quelle bewahrt auch die leisen Misstöne oder Schwierigkeiten, die selbst in Klaras Leben nicht ausgeblieben sind. Ich möchte Ihnen ebenfalls davon erzählen, nicht weil ich meine Freude an Missklängen hätte, sondern weil auch diese Wahrnehmung unser Klara-Bild schärfen kann. Vor einigen Jahrzehnten noch wäre niemand auf die Idee gekommen, bei Heiligen nach dem Alltagsgesicht oder nach zwischenmenschlichen Konflikten zu fragen. Das hat sich verändert. Die Zukunft der Heiligenverehrung wird meines Erachtens entscheidend davon abhängen, ob es uns gelingt, Ähnlichkeiten mit eigenen Fragen in den Zügen der Heiligen zu erkennen oder nicht.

Ich will Ihnen in diesem Zusammenhang von zwei weiteren Szenen berichten. In der einen spielt Klaras Mutter Ortulana eine Rolle, in der anderen Sr. Andrea aus Ferrara. Beide sind selbst keine Zeuginnen mehr im Herbst 1253. Im Fall von Ortulana geht es nicht so sehr um einen Konflikt als vielmehr um eine Rollenkollision. Sr. Amata, die vierte Zeugin und leibliche Nichte Klaras erzählt uns davon: „Ein kleiner Junge aus Perugia hatte im Auge einen bestimmten Flecken gehabt, der das ganze Auge bedeckte. Deshalb wurde er zur heiligen Klara gebracht, die das Auge des Jungen berührte und danach das Kreuzzeichen über ihn machte. Und danach sagte sie: Bringt ihn zu meiner Mutter, Schwester Ortulana, (die im Kloster von San Damiano war)[32], sie soll über ihn das Kreuzzeichen machen. Und als diese es so gemacht hatte, war der Junge geheilt. Deshalb sagte die heilige Klara, dass ihre Mutter ihn geheilt hätte, und im Gegensatz dazu sagte die Mutter, dass Klara, ihre Tochter, ihn geheilt hätte, und so gab die eine diese Gnadengabe an die andere weiter" (ProKl 4,36–40).

Dies ist eine spannende Geschichte – im wahrsten Sinne des Wortes. Denn diese kleine Episode spricht nicht nur von der Gnade, Heilkraft zu vermitteln, sondern vor allem von der Schwierigkeit, Rollen zu finden. Klara, die für ihre Schwestern wie eine Mutter ist, will diese Rolle für die eigene Mutter nicht ohne weiteres übernehmen. Und diese möchte in San Damiano offensichtlich selbst gerne „nur" noch Klaras Schwester sein, obwohl in keinem anderen Zusammenhang sonst von der Heilkraft einer anderen als Klara gesprochen wird. Diese Szene macht deutlich, wie die Frauen von San Damiano, ja selbst Klara um ihre Rolle ringen mussten.

Aufschlussreich ist an dieser Stelle, dass das Tribunal nur an der Heilung interessiert bleibt. Auf den abschließenden Kommentar der Zeugin, der diese Rollenfindung thematisiert, gehen die Fragenden nicht ein.[33]

In der anderen Geschichte geht es nicht um die freundliche Zuschreibung von Gnade, sondern um die Schwierigkeit zu vertrauen. Sr. Filippa berichtet uns von einem dramatischen Geschehen bei Nacht, das deutlich macht, dass nicht alle Schwestern und zu jeder Zeit in der Lage gewesen sind, Klara rückhaltlos Vertrauen zu schenken. Filippa erzählt: „Eine der Schwestern, es war Schwester Andrea aus Ferrara, hätte an Skrofeln im Hals gelitten. Klara hätte durch den heiligen Geist erkannt, dass Andrea völlig besetzt war von dem Wunsch, gesund zu werden. Und in einer Nacht, jene Schwester Andrea war unten im Schlafraum, schnürte sich diese mit den eigenen Händen derart fest den Hals zusammen, dass sie die Stimme verlor. Und eben das hätte die Mutter durch den heiligen Geist erkannt. Und ohne Umschweife rief sie die Zeugin, Filippa, die neben ihr schlief und sagte: ‚Geh schnell nach unten in den Schlafraum, denn Schwester Andrea ist schwer krank! Erwärme ein Ei für sie und gib es ihr zu trinken. Und wenn sie ihre Stimme wieder

---

32   Hervorhebung im Original.
33   Vgl. ProKl 4,41–43.

hat, dann bring sie zu mir!' Und so ist es geschehen" (ProKl 3,44–50). Aber die Sache hat ein Nachspiel und offensichtlich geht es um dieses, von der Heilung nämlich wird nicht weiter gesprochen: „Und als Klara bei Schwester Andrea nachfragte, was sie gehabt oder was sie getan hätte, wollte es Schwester Andrea nicht sagen. Und da sagte Klara es ihr, alles der Reihe nach, so wie es sich ereignet hatte" (ProKl 3,51–52).

Sr. Andrea zeigt sich nicht nur einfach widerspenstig, nein, an einem entscheidenden Punkt in ihrem Leben, kann sie Klara nicht offen begegnen. Klara merkt dies und die ganze übrige Gemeinschaft ebenfalls. Zu dieser Heilungsgeschichte wird auffälligerweise ein Kommentar hinzugefügt, der sich sonst in den Berichten der Zeuginnen nicht finden lässt: „Und dies", damit schließt Amata ihren Bericht, „habe sich unter den Schwestern herumgesprochen" (ProKl 3,53). Die Szene scheint also auch damals die Schwestern beschäftigt zu haben.

Das in der Aussage transportierte ungebührliche Verhalten Andreas mag auf diese Schwester selbst zurückfallen.[34] Doch ist an dieser Stelle entscheidend, dass Klara innerhalb ihrer reichen Beziehungen ganz unterschiedliche Erfahrungen machen musste. Sie ist auch der Erfahrung begegnet, dass Verständigung nicht immer reibungslos funktioniert.

Verlassen wir nun für einen letzten Punkt die mitschwesterliche Ebene und wenden wir uns Franziskus zu. Noch einmal zur Erinnerung: Franziskus war im Oktober 1226, also 27 Jahre zuvor gestorben und bereits seit 25 Jahren in die Gemeinschaft der Heiligen aufgenommen worden. Dennoch finden sich im Kanonisationsverfahren Menschen wieder, denen er vertraut gewesen ist. Unter den drei im Tribunal vertretenen Minderbrüdern ist Leo, das Lämmlein Gottes und enger Freund des Franziskus, außerdem Angelo Tancredi, ebenfalls ein früher Gefährte des Heiligen. Die Zeugen und Zeuginnen müssen also davon ausgehen, dass ihre Aussagen auch in dieser Hinsicht klar geprüft werden können, ebenso wie etliche von ihnen Franziskus vermutlich selbst noch persönlich kannten.

Erlauben sie mir zunächst eine kleine Statistik, die ich unter den schwesterlichen Zeuginnen erstellt habe. Von den fünfzehn Schwestern nehmen acht auf Franziskus Bezug,

---

34 Im altitalienischen Text findet sich das Verb *temptare* (bzw. *tentare*) (ProKl 3,44), das sprachlich auf eine Versuchung hinweist, die darin bestanden haben könnte, dass Sr. Andrea mit ihrer Tat dem Willen Gottes keinen Raum mehr lässt oder dass sie gar Suizidgedanken hegte.

sieben tun es nicht.[35] Diese Beobachtung ist einen eigenen Kommentar wert: Sieben der Zeuginnen kommen ohne die Erwähnung des Franziskus' aus, wo es um Klaras Heiligkeit geht. Allerdings muss man hinzufügen, dass sich unter diesen sieben die drei verkürzten Aussagen befinden.

Jene acht Schwestern, die von Franziskus sprechen, tun das insgesamt 21 Mal. Zweimal dient die Erwähnung lediglich als Zeitangabe: „bevor Franziskus starb ...". Es bleiben also 19 Nennungen, die inhaltlich etwas über ihn aussagen. Doch innerhalb dieser Nennungen muss noch einmal eine Einschränkung gemacht werden, da viermal sein Name in Zusammenhang mit Klaras Vision von der Brust des Franziskus fällt. Dabei erfahren wir zunächst mehr über Klara als über Franziskus.

Es verbleiben 15 Nennungen: Die Hälfte davon, nämlich sieben, erzählen im Zusammenhang mit Klaras *conversio* von Franziskus. Hier wird schon ein erstes Ergebnis deutlich. In der mitschwesterlichen Erinnerung spielt der Heilige vor allem für die Bekehrung Klaras – ich sage gerne Lebensentscheidung – eine unverzichtbare Rolle. Diese *conversio* und der Beginn der Gemeinschaft von San Damiano sind ohne ihn ganz offensichtlich nicht zu erzählen.

Es verbleiben acht Nennungen, die etwas über Franziskus' Rolle oder sein Verhalten *nach* der Aufnahme der Schwestern in die Fraternitas berichten. Worauf beziehen sich diese acht Nennungen? Was blieb den Schwestern über seine Rolle in dieser Phase nachdrücklich in Erinnerung?

Es sind dies vier Episoden: Am häufigsten, nämlich fünfmal, ist vom Auftrag des Franziskus' und des Bischofs die Rede, Klara in ihrer frühen und rigiden Fastenpraxis zu einer Milderung zu bewegen. Sie soll mindestens eine geringe Menge Brot pro Tag zu sich nehmen und sie soll auf einem Strohsack statt auf bloßen Rebzweigen schlafen.[36] Dort, wo schwesterliche Sorge nicht ausreicht, müssen weitere Autoritäten hinzugezogen werden – und, lassen Sie mich das mit einem Augenzwinkern sagen – offensichtlich sind Bruder und Bischof auch nur im Duo stark genug, Klara zur Mäßigung zu überreden. Die

---

35 Vgl. ProKl 1,5.17.25; 2,27.29.47; 3,2.93.94; 4,5.14.51; 6,3.36.37.45.48; 7,21; 10,25; 12,4.7.11.
36 Vgl. ProKl 1,25; 2,27.29; 4,14; 10,25.

Schwestern haben also zuerst die Nothilfe des Franziskus' im Blick, die an einem Punkt in Klaras Leben offenbar unumgänglich gewesen ist.

Zweimal erzählen die Schwestern außerdem, wie Franziskus Menschen nach San Damiano schickte, einmal den geisteskranken Bruder Stefano[37], ein anderes Mal fünf Frauen, die ins Kloster aufgenommen werden sollten, wie Caecilia berichtet[38]. Eine in dieser Aufzählung letzte, nichtsdestotrotz sehr wichtige Erwähnung bleibt zu nennen: Pacifica erzählt vom Konflikt um die Leitung von San Damiano: „Nachdem Klara drei Jahre in der Gemeinschaft gelebt hatte, hätte sie auf inständiges Bitten des heiligen Franziskus hin, der sie fast dazu zwang, die Führung und Leitung der Schwestern übernommen" (ProKl 1,17).

Überlegungen zu diesem Konflikt können sie an anderer Stelle nachlesen.[39] Heute hier nur soviel: Franziskus spielt für das *Gemeinschaftsleben* von San Damiano, wie die Schwestern es *im Heiligsprechungsprozess* darstellen, keine entscheidende Rolle. Als wichtig, ja entscheidend sehen sie seinen Part vor allem zu Beginn in den Wochen der Osterzeit 1211, während Klaras eigener *conversio* und seine *Einflussnahme* auf Klaras bedrohliche Askeseübungen.

Eine weitere Beobachtung ist aufschlussreich, kann aber heute nur noch angedeutet werden. Wir wissen von Franziskus, dass er alle väterlichen Attribute und Titel für sich selbst, ja überhaupt für alle sterblichen Menschen strikt abgelehnt hat. Seit dem spektakulären Prozess vor dem Bischofspalast 1206 gibt es für ihn nur noch eine einzige väterliche Autorität: unser aller Vater im Himmel.[40] Sowohl persönlich als auch strukturell wird er jeden Vater-Titel ablehnen, und die Organisation seines Ordens muss ohne Väter auskommen.[41] Klara dagegen scheut sich nicht, Franziskus in ihren Schriften sehr häufig *Vater* zu nennen. Diese Spannung ist in der Forschung noch nicht genügend ausgelotet worden. Natürlich gibt es Erklärungsversuche. Einer, den ich selber unternommen habe, bezieht sich auf die politische Kraft, die dieser Bezeichnung innewohnt: Sich auf einen Heiligen im Himmel

---

37   Vgl. ProKl 2,47.
38   Vgl. ProKl 6,45.
39   Vgl. KUSTER, Niklaus / KREIDLER-KOS, Martina: Neue Chronologie zu Clara von Assisi. In: WiWei 69 (2006) 32–37. Neu erschienen in: SCHMIES, Klara von Assisi, 287–326.
40   Vgl. 2 C 12.
41   Vgl. KUSTER, Niklaus: Franziskus. Rebell und Heiliger. Freiburg i. Br. 2009, 99ff.

beziehen zu können, der in väterlicher Weise die eigene Lebensform gestützt hat, ist eine starke Form der Legitimation. So wird Franziskus zum Argument gegen eine Kirche, die diese Lebensform anfragt.[42]

Dieser Diskussion möchte ich von Seiten der Prozessakten gerne folgende Beobachtung hinzufügen: Von den Mitschwestern Klaras wird Franziskus im Prozess ausnahmslos der *heilige Franziskus* genannt. *Vater* heißt er an keiner einzigen Stelle. Dabei ist oftmals von Vätern die Rede: Vom Vater Klaras selbst, vom Vater eines kleinen Jungen, der geheilt wird. Auch der Vorsitzende der Kommission, Bischof Bartholomäus wird Vater genannt, Franziskus nicht. Auch als Bruder wird er nirgends bezeichnet, und das obwohl eine Menge anderer Brüder im Spiel sind: der kranke Bruder Stefano etwa, die Brüder Almosensammler, die Brüder, die in Marokko den Märtyrertod erleiden oder jene Brüder, die Unfallhilfe leisten, als eine schwere Tür des Klosters auf Klara gefallen war. Franziskus bleibt schlicht und zugleich großartig *der heilige Franziskus*.

Wir müssen uns einmal daran machen, diese Dinge weiter auszuwerten. Für heute nur soviel, Franziskus hat formal eine klare Rolle in der mitschwesterlichen Wahrnehmung und vor dem Tribunal, wie sie uns die Prozessakten überliefern: Er *ist* ihr Fürsprecher im Himmel und er *war* auf Erden vor allem der Wegbegleiter bei den allerersten Schritten Klaras.

Ich komme nun zum Ende meiner Ausführungen, in denen ich noch einmal abrunden möchte, was ich bereits zu Anfang sagte: Den Blick in Klaras Beziehungswelt halte ich für mehr als ein Ornament in ihrer Geschichte. Ich halte ihn für unerlässlich. Unser Klara-Bild kann reicher und klarer werden, wo wir die Menschen um sie herum differenziert betrachten. Und all diese Menschen, damit möchte ich den Bogen zum Anfang schließen, können uns ermuntern und ermutigen, ebenfalls in Beziehung zu Klara zu treten. Damit – und ich meine, dies wäre ganz in Klaras Sinne gewesen – rückt Heiligkeit vom fernen Sockel und deshalb näher zu dem hin, auf den Heiligkeit immer verweist: auf den Gottessohn, der Mensch wurde und in dessen Nachfolge wir alle stehen.

---

42   Vgl. KREIDLER-KOS, Schattenfrau und Lichtgestalt, 325ff.

2. San Damiano und der päpstliche Damiansorden
Die spannungsvolle Gründungsgeschichte der Klarissen im Licht der neuesten Forschung

Niklaus Kuster OFMCap

San Damiano und der Damiansorden: Was haben Klaras Gemeinschaft und der von Päpsten propagierte „Orden des hl. Damian" (Ordo sancti Damiani) miteinander zu tun? Die Geschichtsschreibung der Klarissen und der Franziskaner hat bis in die jüngste Zeit eine harmonische Entwicklung skizziert, die ohne Konflikte verlief und gleichsam spannungsfrei zum Klarissenorden führte. In dieser harmonisierenden Skizze strahlt San Damianos Lebensmodell schon früh aus, wird von den Päpsten ab 1228 international verbreitet und sieht schon zu Klaras Lebzeiten fast 200 Klöster in ihrem Geist entstehen.[1] Marco Bartolis moderne Klarabiografie hat 1989 jedoch auf unlösbare Konflikte zwischen Klara und Papst Gregor IX. hingewiesen und die Redaktion ihrer Ordensregel schließlich als entschiedene Absage ans kuriale Modell weltabgeschiedener Klausurklöster gedeutet.[2] Die päpstliche Ordenspolitik des 13. Jahrhunderts haben italienische Historikerinnen seit den Neunzigerjahren mit einer Reihe von Studien neuer beleuchtet und dabei Kontraste herausgearbeitet, die San Damiano vom Damiansorden zu unterscheiden lehren.

Dass der neue Blick auf die päpstliche Nonnenpolitik die Geschichtsschreibung zu San Damiano im deutschen Sprachraum erst zaghaft verändert, macht das aktuelle „Lexikon für Theologie und Kirche" deutlich. Noch 2003 lässt Dieter Berg, Mittelalterhistoriker der Universität Hannover, zwei Kurzartikel erneut abdrucken, die 14 Jahre nach Bartolis Biografie nicht mehr verbreitet werden dürften: Berg meint noch immer, dass Klara von Franziskus „in Portiunkula ‚eingekleidet' und trotz Pressionen ihrer Familie in San Damiano inklausuriert" worden sei. Der „Ordo sanctae Clarae (OSCl)" sei als „Frauenorden

---

1 Das harmonisierende Geschichtsbild vertritt beispielsweise für den spanischen Sprachraum weltweit bis heute prägend: Escritos de Santa Clara y documentos complementarios. Edición bilingüe, Introducciones, traducción y notas de Ignacio OMAECHEVARRÍA. Madrid ⁵2004, fortan abgekürzt Escritos de Santa Clara (illustrativ etwa: 52–54); für die Klarissen neu die in Französisch und Italienisch erschienene voluminöse Gesamtdarstellung: ROUSSEY, M. C. / GOUNON, M. P.: Nella tua tenda, per sempre. Storia delle Clarisse. Un'avventura di ottocento anni, a cura di R. BARTOLINI. Città di Castello 2005.
2 BARTOLI, Marco: Chiara d'Assisi. Roma 1989; Klara von Assisi. Die Geschichte ihres Lebens. Werl 1993.

von Franziskus und von Klara von Assisi 1212 in Portiunkula gegründet" worden.[3] Die neuere italienische Forschung fließt nur punktuell in die voluminöse Geschichte des Klarissenordens ein, die sich den französischen Schwestern Colette Roussey und Pascale Gounon verdankt: Beim Tode Klaras zählen die beiden Klarissen mindestens 180 Klöster, „die auf Klaras Erfahrung zurückgehen", von denen zwölf der Klararegel folgen und „alle anderen Klöster nach anderen Regeln, aber mit den Observanzen von San Damiano und der Spiritualität der hl. Klara leben"[4].

Tatsächlich hat die italienische Forschung in den letzten Jahren die Entstehungsgeschichte der Klarissen in ein differenzierteres Licht gerückt: San Damiano erachtete sich bis zur Approbation der eigenen Regel als Teil des einen franziskanischen Ordens, während der Zweite Orden sich einer päpstlichen Sammlungspolitik verdankt, von der sich Assisis Schwesternkonvent entschlossen abgesetzt hat. Zehn Jahre nach ihrem Tod wurde Klara ungefragt zur Patronin eines von Urban IV. geschaffenen Nonnenordens, der über 200 Frauenklöster zu vereinheitlichen trachtete, von denen viele weder franziskanisch noch klarianisch inspiriert waren. Vor 1263 ist der Name „Klarissen" weder historisch bekannt noch sachlich sinnvoll, trägt man der verordneten Union sehr unterschiedlicher Klöster Rechnung. Wie diese mitunter konfliktreiche Geschichte verlief und wie es dazu kam, dass sowohl die Armen Schwestern von San Damiano wie die Klausurnonnen des Damiansordens schließlich im einen „Orden der hl. Klara" (Ordo sanctae Clarae) zusammenfanden, soll die folgende Spurensuche anhand illustrativer Quellen zeigen. Sie stützt sich dabei auf die Verdienste und Ergebnisse verschiedener Historikerinnen und Historiker. Die wertvollsten Detailstudien seien hier vorweg erwähnt, andere scheinen in den Anmerkungen auf: Der Erforschung der unterschiedlichen Geschichte von San Damiano und dem hugolinischen Nonnenorden, der von Kirchenmännern ab 1229 ebenso irreführend wie zielstrebig „Damiansorden" genannt wird, hat sich vor allem die Mailänder Historikerin Maria Pia

---

3 BERG, Dieter: Art. „Klara von Assisi", sowie „Klarissen". In: LThK³ VI, 111f.; 113f.; erneut in Lexikon der Heiligen und der Heiligenverehrung, red. B. STEIMER. Freiburg 2003, 897f.

4 ROUSSEY / GOUNON, Storia delle Clarisse (wie Anm. 1) Tafel II, führt 127 Klöster in Italien, 23 in Spanien, 18 in Frankreich, 11 im übrigen Europa und 2 im Heiligen Land auf. Das Armutsprivileg haben im Jahr 1253 Zamora, Burgos, Olite und Zaragoza in Spanien, Florenz, Siena, Perugia, Assisi in Italien, Reims in Frankreich, Prag in Tschechien und Trnava in der Slowakei. „Tutti gli altri monasteri vivono con Regole diverse, ma con le osservanze di San Damiano e la spiritualità di santa Chiara" (Bildlegende).

Alberzoni zur Leidenschaft gemacht.[5] Die frühen Minderschwestern der Toskana sind von Arianna Pecorini Cignoni näher erforscht worden.[6] Das Schicksal der wandernden „Sorores Minores", die als umherziehende Schwestern ab 1241 von der Kirche mit aller Härte verfolgt werden, hat der niederländische Kirchenhistoriker Gerard Pieter Freeman eingehender erhellt. Als kuriale Quellensammlung ist der „Iter storico" wertvoll, mit dem die umbrisch-sardischen Klarissen den Weg zum zweiten Orden dokumentieren, ohne sich allerdings der harmonisierenden Geschichtsschau ganz entziehen zu können.[7] Den Übergang von Armen Schwestern zum Ordo Sancti Damiano in Mittel- und Norditalien zeichnete Cristina Andenna in einer detailreichen Gesamtskizze der Jahre 1216–1235 nach.[8]

Mit Blick auf San Damiano erlaube ich mir, auf die „Neue Chronologie" hinzuweisen, die Martina Kreidler-Kos und ich aufgenommen und verfeinert haben: Sie datiert Klaras Flucht und die Gründung ihrer Gemeinschaft mit Giovanni Boccali eindeutig in den Frühling 1211. Damit verschieben sich viele Ereignisse der Frühzeit gegenüber Lothar

---

5 Die bedeutendsten Beiträge sind chronologisch geordnet: ALBERZONI, Maria Pia: Francescanesimo a Milano nel Duecento. Milano 1991 (Fonti e Ricerche, 1); DIES., „Nequaquam a Christi sequela in perpetuum absolvi desidero". Chiara tra carisma e istituzione. In: Chiara d'Assisi e la memoria di Francesco. Atti del Convegno per l'VIII centenario della nascita di s. Chiara, Fara Sabina 19–20 maggio 1994, a cura di A. MARINI / M. B. MISTRETTA. Città di Castello 1995, 41–65; DIES., Chiara e il papato. Milano 1995; DIES., San Damiano nel 1228. Contributo alla ,questione clariana'. In: CFr 67 (1997) 459–476; DIES., La nascita di un'istituzione. L'Ordine di San Damiano nel XIII secolo. Milano 1996 (zusammengefasst im Beitrag: Chiara d'Assisi e il francescanesimo femminile. In: Francesco d'Assisi e il primo secolo di storia francescana, a cura di A. BARTOLI LANGELI / E. PRINZIVALLI. Torino 1997, 203–235); DIES., Papato e nuovi Ordini religiosi femminili. In: Il Papato Duecentesco e gli Ordini Mendicanti. Atti del XXV convegno internazionale, Assisi 13–14 febbraio 1998. Spoleto 1998, 205–261; DIES., „Sorores Minores" e autorità ecclesiastica fino al pontificato di Urbano IV. In: Chiara e la diffusione delle Clarisse nel secolo XIII. Atti del Convegno, Manduria, 14–15 dicembre 1994, a cura di G. ANDENNA / B. VETERE. Galatina 1998, 165–194; DIES., Servum vestrum et ancillarum Christi omnium: Gregorio IX e la vita religiosa femminile. In: FrancSt 64 (2006) 145–178.
6 PECORINI CIGNONI, Arianna: Francescanesimo al femminile: la ,Provincia Tusciae' fra XIII e XIV secolo. In: Frate Francesco [= FraFra] 73 (2007) 217–235; zuvor bereits: Gregorio IX e il francescanesimo femminile: il monastero di Ognissanti in Pisa. In: StFr 95 (1998) 383–406; BORELLI, L. / PECORINI CIGNONI, Arianna: Gregorio IX e il francescanesimo femminile nel territorio pisano-lucchese. In: Bollettino Storico Pisano 73 (2003) 169–182.
7 Federazione S. Chiara di Assisi delle Clarisse di Umbria-Sardegna: Chiara di Assisi. Una vita prende forma. Iter storico [Secundum perfectionem sancti evangelii. La forma di vita dell'Ordine delle Sorelle Povere. Vol. II]. Padova 2005.
8 ANDENNA, Cristina: Dalla „Religio pauperum dominarum de Valle Spoliti" all',,Ordo Sancti Damiani". In: MELVILLE, Gerd / OBERSTE, Jörg (Hg.): Die Bettelorden im Aufbau. Beiträge zu Institutionalisierungsprozessen im mittelalterlichen Religiosentum. Münster 1999 (Vita Regularis, 11) 429–492.

Hardicks allgemein vertretener Zeittafel (1953) um ein Jahr vor und sind in neuen Kon-
texten zu deuten.[9] Auf diese neue Chronologie stützen sich denn auch die Zeitangaben
dieses Beitrags.

1. Teil
Quellen aus der Frühzeit von San Damiano

Die schriftlichen Zeugnisse, die aus den ersten Jahren von Klaras Gemeinschaft stammen, sind nicht zahlreich. San Damiano war zu arm, um ein Archiv zu führen. Dennoch
spiegeln drei Quellentexte das Profil und die Originalität der Gründung vor Assisis Toren
in der Zeit, bevor die kuriale Schwesternpolitik mittelitalienische Frauengemeinschaften
zu sammeln, zu klausurieren und zu uniformieren begann. Ebenso deutlich wie diese
frühen Quellen weisen die jüngsten archäologischen Untersuchungen in San Damiano auf
eine Lebensweise hin, die vom Ort und den vorhandenen Bauten her zunächst jener der
Brüder in der Portiunkula glich. Wie die Minderbrüder wählen auch Klaras Schwestern
eine semireligiose Lebensweise in Reichweite der Stadt Assisi: Baulich deutet zunächst
nichts auf ein klösterliches Projekt hin.[10]

1.1 Lebensform von San Damiano (1212/14)
„Forma vivendi" (FormKl)

Die älteste Quelle, die uns zu San Damiano und zur Vorgeschichte des späteren Klarissenordens überliefert ist, liegt in der so genannten Lebensform von San Damiano vor. Die

---

9   KUSTER, Niklaus / KREIDLER-KOS, Martina: Neue Chronologie zu Clara von Assisi. In: WiWei 69 (2006)
    3–46; erneut in: SCHMIES, Bernd (Hg.): Klara von Assisi. Zwischen Bettelarmut und Beziehungsreichtum.
    Beiträge zur neueren deutschsprachigen Klara-Forschung. Münster 2010 (Franziskanische Forschungen,
    51) 287–326.
10 Klara trifft in San Damiano eine Kapelle an, die in etwa den Altarraum des jetzigen Kirchleins umfasste
    und ziemlich genau die Länge der Portiunkulakapelle aufwies. Hier wie dort lag ein weiteres Gebäude
    im Bereich der Kapelle. Zu den entsprechenden Untersuchungen: ERMINI PANI, L. / FICHERA, M. G. /
    MANCINELLI, M. L.: Indagini archeologiche nella chiesa di San Damiano in Assisi. Assisi 2005 (Arte, 1);

meisten Forscher gehen von einer fragmentarischen Überlieferung des kurzen Textes aus, den Klara ins Zentrum ihrer Regel eingefügt hat.[11] Eine inhaltliche Analyse dieser *forma vivendi* zeigt jedoch, dass Franziskus das Wesentliche in einen einzigen Satz verdichtet.[12] Dieser erweist sich spirituell als wahre Perle:[13] Die Lebensweise der Schwestern (*vos*) wird in lauter Beziehungen beschrieben, deren einzige Norm evangelische Nachfolge in radikaler Armut ist. Als Töchter des einzigen Vaters und intim verbunden mit dem Heiligen Geist folgen sie Jesus wie die Apostel (Mk 10,21) und können sich dabei auf die liebende Sorge der Brüder verlassen.[14] Eine „Entscheidung für ein abgeschlossenes Leben", wie sie Edith van den Goorbergh und Theo Zweerman hier finden mochten, lässt sich nicht greifen:[15]

[3]Da ihr euch auf göttliche Eingebung hin

zu Töchtern und Mägden des erhabensten, höchsten Königs, des himmlischen Vaters, gemacht

und euch dem Heiligen Geist verlobt habt,

ERMINI PANI, L.: ‚De Portiuncula': dalla frequentazione romana all'insediamento francescano. In: San Francesco e la Porziuncola. Dalla „chiesa piccola e povera" alla Basilica di Santa Maria degli Angeli. Atti del Convegno di studi storici, Assisi, 2–3 marzo 2007, a cura di P. MESSA. Assisi 2008, 41–62. Die erste Studie wird in den Kernteilen übersetzt und diskutiert von RÖTTGER, Ancilla: Die archäologischen Untersuchungen in San Damiano. Interpretierende Zusammenfassung des Grabungsberichts. In: SCHMIES, Klara von Assisi, 529–558.

11 Die entsprechenden Positionen von Lothar Hardick, Engelbert Grau, Chiara Augusta Lainati, Alfonso Marini, Ignacio Omaechevarría, Clara Gennaro, Jean François Godet, Peter van Leeuwen, Roberto Rusconi, Jacques Dalarun, Maria Pia Alberzoni und Fernando Uribe sichtet der folgende Artikel: KUSTER, Niklaus: Schriften des Franziskus an Klara von Assisi. Eine Spurensuche zwischen „plura scripta" und dem Schweigen der Quellen. In: WiWei 65 (2002) 163–179, erneut in: Schmies, Klara von Assisi, 57–71, speziell 62–65.

12 Formal gut beobachtet von FELD, H.: Die Eingeschlossene von San Damiano. 800 Jahre Klara von Assisi 1193-1993. Tübingen 1993, 82: „Die aus einem Satz bestehende *forma vivendi*, die Franziskus für sie aufgeschrieben hatte und die vor allem die Forderung des beständigen Ausharrens in der ‚heiligen Armut' enthielt, genügte Klara vollständig." Letzteres bezieht sich jedoch auf die *Ultima voluntas*. Präziser und richtig URIBE, Fernando: L'iter storico della Regola di S. Chiara: una prova di fedeltà al Vangelo. In: Dialoghi con Chiara di Assisi. Atti delle Giornate di studio e riflessione per l'VIII Centenario di Santa Chiara, celebrate a S. Damiano di Assisi ottobre 1993 – luglio 1994, a cura di L. GIACOMETTI. Assisi 1995, 211–240, 216, und PAOLAZZI, C.: Francesco per Chiara. Milano 1994 (Presenza di san Francesco, 40) 34f.

13 Treffend: Escritos de Santa Clara, 204: „por lo demás es una verdadera joya".

14 ANDENNA, Ordo Sancti Damiani, 443, hebt Klaras entschiedene Wahl evangelischer Nachfolge nach Mt 19 / Mk 10 unter den anderen Gründungen von *mulieres religiosae* in jenen Jahren hervor; dass dies in „una sorta di comunità doppia" und sesshaft geschieht, lässt an das Nachfolgemodell von Marta, Maria und Lazarus in Betanien denken.

15 VAN DEN GOORBERGH, Edith / ZWEERMAN, Theo: Klara von Assisi – Licht aus der Stille. Zu ihren Briefen

indem ihr erwähltet, nach der Vollkommenheit des heiligen Evangeliums zu leben,

[4]so will ich – und ich verspreche dies für mich und meine Brüder -,

für euch genauso wie für diese immer

liebevolle Sorge und besondere Aufmerksamkeit hegen.

[3]Quia divina inspiratione

fecistis vos filias et ancillas altissimi summi regis Patris caelestis

et Spiritui Sancto vos desponsastis

eligendo vivere secundum perfectionem sancti Evangelii,

[4]volo et promitto per me et fratres meos

semper habere de vobis tamquam de ipsis

curam diligentem et sollicitudinem specialem.   (KlReg 6,3–4)

Nicht sehr glücklich erweist sich die Einschätzung dieses Textes als „*Direktive* für das religiöse Leben nach dem Evangelium" durch Stanislao da Campagnola oder gar als „*Ermahnung zur Vollkommenheit des Evangeliums*", wie Alfonso Marini sie deutet.[16] Klara schreibt, dass Franziskus ihre Lebensform „von Ehrfurcht bewegt schrieb" (*pietate motus scripsit*). Der Poverello hat hier keine Lebensform gegeben und schon gar nicht vorgegeben,[17] sondern er beschreibt und verdichtet, was er in San Damiano wahrnimmt. Es gelingt ihm in einen einzigen Satz zu fassen, welches „Leben" die Schwestern „wählen":[18] Erstes Subjekt des

---

an Agnes von Prag. Kevelaer 2001, 28.

16   Ital. „*direttiva* per una vita religiosa conforme al Vangelo": DA CAMPAGNOLA, Stanislao: Francisci Assisiensis Opuscula. In: Fontes Franciscani, a cura di Ernesto MENESTÒ / Stefano BRUFANI. Assisi 1995, 15; MARINI, A.: La ‚forma vitae' di san Francesco per San Damiano tra Chiara d'Assisi, Agnese di Boemia ed interventi papali. In: Hagiographica 4 (1997) 179–195, 186: „parole di esortazione che il santo padre rivolse in forma solenne alle sorores".

17   So IRIARTE, Lazaro: La Regola di santa Chiara: lettera e spirito. Milano 1976, ²1988, 8; MARINI, La ‚forma vitae' per San Damiano, 184-186; CARNEY, M.: The First Franciscan Woman. Clare of Assisi and her form of life. Quincy 1993, 65–67; vgl. ALBERZONI, Chiara e il Papato, 85f.: „modello di vita religiosa femminile proposta da Francesco"; in leichter Spannung dazu betont DALARUN, Jacques: Francesco, Chiara e le altre. In: Chiara d'Assisi e la memoria di Francesco, 25–39, 30: „l'assenza di un *propositum* specifico, dettagliato da parte di Francesco per le donne che l'hanno raggiunto".

18   Gut gesehen von PAOLAZZI, Francesco per Chiara, 35f.: „la lettura che Francesco nella *forma vivendi* fa del l'evento di grazia compiutosi in Chiara: nessun cenno alla sua ‚mediazione' personale [...], e di contro piena evidenza non solo alla ‚divina ispirazione' del Signore, secondo un atteggiamento abituale

Handelns ist der Geist Gottes (*inspiratio divina*), zweites Subjekt sind die Schwestern mit ihrer Antwort auf die göttliche Initiative und Franziskus erscheint mit den Brüdern als drittes Subjekt, das die Lebenswahl der Schwestern unterstützt. Die Bezeichnung *Lebensform von San Damiano* könnte patriarchale Missverständnisse vermeiden. Franziskus' kurze Zeilen atmen vielmehr Ehrfurcht vor der Lebenswahl einer Gemeinschaft als legislative Autorität – ganz im Gegensatz zu Hugolins Lebensform von 1219.

Die *Forma vivendi* wird einhellig in die Anfänge von San Damiano und in die Zeit zwischen 1212–1214 datiert.[19] Tatsächlich hat die Lebensform, die Franziskus beschrieb, bereits ein klares Profil entwickelt: weibliche Nachfolge Jesu in radikaler Armut, tragender Gottestochterschaft, -freundschaft und -jüngerinnenschaft und geschwisterlich verbunden mit den Brüdern. Klaras Testament erinnert daran, dass es seine Zeit dauerte, bis die Brüder sich durch Tatbeweise von der entschiedenen Nachfolge der Schwestern überzeugen ließen. In San Damiano sind ab Sommer 1212 erste Brüder nachzuweisen, die das brüderliche Versprechen der Lebensform vor Ort umsetzen. Auch die neue Chronologie kommt daher – mit neuen Gründen – auf den Zeitraum 1212–1214.

Fernando Uribe unterstreicht die Bedeutung dieser Lebensform mit Blick auf ihre Wirkungsgeschichte: „Die *Forma vivendi* stellt demnach den ursprünglichen Kern dar, der die evangelische Erfahrung der Damianitinnen inspirierte. Er wird seinerseits zum Eckstein, der ihren ganzen Lebensentwurf nach dem Evangelium stützte und ihm die Richtung gab. Vier Elemente charakterisieren im Wesentlichen dieses Leben: a) der liebevolle Ruf Gottes, b) die freie Antwort der Schwestern, die das Evangelium radikal zu leben wählen, c) die trinitarische Beziehungsfülle dieses Lebens, d) der Bezug zu Franziskus als Inspirationsquelle und Stütze. Diese vier Elemente bleiben durch das ganze evangelische Abenteuer Klaras hindurch – über 40 Jahre – Fixpunkte und stellen die Grundinspiration der Lebensform von San Damiano dar. Mit großer Wahrscheinlichkeit war diese *Forma vitae* dazu bestimmt, einen der Proto-Regel der Brüder vergleichbaren Weg zu machen [...] Durch die Erfahrungen der Gemeinschaft laufend angereichert", reift und entfaltet sie allmählich zur approbierten Regel. Dass Klara diese *forma* – nachdem Gregor IX. sie

di Francesco, ma anche alla libera risposta di Chiara e delle compagne (,vi siete fatte figlie [...] vi siete sposate [...] scegliendo di vivere [...]').“

19   Die Datierungen im einzelnen präsentiert KUSTER, Schriften des Franziskus an Klara, 172f.; neu auch die Franziskus-Quellen, 68, mit Anm. 1.

1238 despektierlich als Babynahrung bzw. *potum lactis* bezeichnet hat – „ins Herz ihrer Regel" einfügt, verleiht ihr nach Alfonso Marini „auch polemischen Wert".[20]

1.2 Viertes Laterankonzil (1215)
Konstitution 13: „Ne nimia religionum" (1 OSD)

Das Vierte Laterankonzil, das vom 11.–30. November 1215 unter Innozenz III. in Rom tagte, verbot künftig neue religiöse Gemeinschaften anzuerkennen, die nicht eine der drei klassischen Regeln befolgen wollten. Die 404 beteiligten Bischöfe bewirkten dadurch eine ordenspolitische Kurskorrektur. Begrüßte Innozenz III. seit Beginn seines Pontifikats ausdrücklich die „*diversitas*" und „*varietas*" religiöser Lebensformen und Orden in der Kirche, will das Konzil künftig sämtliche Neuaufbrüche entweder in den *ordo monasticus* oder im *ordo canonicus* integriert sehen.[21]

> [1]Damit nicht eine zu große Vielfalt religiöser Gemeinschaften zu einer großen Verwirrung in der Kirche Gottes führt,[22] verbieten wir mit Entschiedenheit, künftig eine neue religiöse Gemeinschaft zu gründen. [2]Vielmehr soll jeder, der sich zum Ordensleben bekehren will, eine der approbierten religiösen Gemeinschaften wählen. [3]Ähnlich gilt: Wer ein Klostergebäude neu errichten will, übernimmt Regel und Satzung von den approbierten religiösen Gemeinschaften.[23]

Die Konstitution XIII wurde für Gemeinschaften wie San Damiano erst dann zum Problem, wenn sie aus ihren semireligiosen Anfängen hinauswuchsen und ihr Lebensmodell

---

20 URIBE, L'iter storico della Regola di S. Chiara, 213–218, 215; MARINI, Scritti di santa Chiara, 125.
21 Innozenz III. wünscht Vielfalt in der Kirche, *in qua videlicet diversi ordines militant ordinati*: Littera „Licet multitudinis" vom Dezember 1200 an die Humiliaten (PL 214, Sp. 921f.), dazu ANDENNA, Ordo Sancti Damiani, 429f., und eingehend: ALBERZONI, Maria Pia: Die Humiliaten zwischen Legende und Wirklichkeit. In: MIÖG 107 (1999) 324–353.
22 Den Vorwurf, zu *gravem in ecclesia Dei confusionem* beizutragen, wird sich Agnes von Prag 1238 von Gregor IX. einhandeln, als sie sich in Absprache mit Klara an ein eigenes Regelprojekt macht: siehe unten Quellentext OSD 12.11.
23 Aus: Conciliorum Oecumenicorum Decreta – Dekrete der ökumenischen Konzilien, hg. von G. ALBERIGO /

über den Schutzbereich des eigenen Bischofs hinaus Verbreitung fand[24]. Indem Klara von Innozenz III. – vor oder nach dem Konzil – ein Armutsprivileg erreichte, gelang ihr eine indirekte Anerkennung ihrer Lebensweise. Während traditionelle Abteien sich materiell und existenziell durch Besitzurkunden päpstlich absicherten, lässt Klara sich die neuartige Lebensweise ihrer Gemeinschaft durch ein Privileg der Besitzlosigkeit höchstinstanzlich bestätigen. Damit werden sich vom Laterankonzil ungehindert schon bald „reguläre Observanzen" eines *Ordo sancti Damiani de Assisio* bis in die Toskana verbreiten.

Die Minderbrüder werden sich auf eine mündliche Approbation ihrer Urregel berufen, die unter Innozenz III. 1209 erfolgte und dem Konzil damit vorausging.[25] Dominikaner müssen ihr Lebensmodell im Frühjahr 1216 kurz nach dem Laterankonzil auf die Augustinusregel stützen[26]. Die päpstliche Nonnenpolitik sucht unter den *religiones novae* neue religiöse Frauengemeinschaften ab 1219 zunächst auf die Benediktsregel zu verpflichten[27] und greift ab 1247 auf die Franziskusregel zurück. Das Streben nach Vereinheitlichung religiöser Lebensweisen kennzeichnet die kuriale Politik des ganzen 13. Jahrhunderts. Dass es Klara 1253 gelingen wird, als erste Frau der Geschichte eine eigene Regel vom Papst approbieren zu lassen, unterstreicht ihr mutiges Ringen um die Originalität der schwesterlichen Berufung. Sie widersteht dabei über Jahrzehnte nicht nur päpstlicher Nonnenpolitik, sondern findet gegen den Konzilsbeschluss auch höchste kirchliche Anerkennung.

J. Wohlmuth, Band 2: Konzilien des Mittelalters. Paderborn 2000, 242f. (lateinisch-deutsch).

24 Eremiten, Pönitentengemeinschaften, Wanderprediger und *fratres* oder *sorores* in einem *hospitale* oder einem Siechenhaus waren von der Konstitution nicht betroffen: Maccarrone, M.: Studi su Innocenzo III. Padova 1972 (Italia Sacra. Studi e documenti di storia ecclesiastica, 17) 307–327.

25 Vgl. Francesco a Roma dal Signor Papa, Atti del VI Convegno storico di Greccio, 9–10 maggio 2008, a cura di A. Cacciotti / M. Melli. Milano 2008.

26 Vgl. Hinnebusch, W. A.: Kleine Geschichte des Dominikanerordens. Leipzig 2004, 28f.

27 Das Laterankonzil verbietet wörtlich, dass jemand *novam religionem inveniat*. *Religio* meint eine religiöse Gemeinschaft oder Lebensweise. Klaras Gemeinschaft zählt zu den *religiones novae*: vgl. Alberzoni, La nascita di un'istituzione, 5.

1.3 Armutsprivileg (1214/16)
„Altissimae paupertatis propositum" (1 Priv)

In ihrem testamentarischen Rückblick auf San Damianos frühe Geschichte erwähnt Klara
eine erste bedeutsame Anerkennung ihrer Gemeinschaft und der Originalität ihrer Berufung (KlTest 42). Indem der „Herr Papst Innozenz, unter dessen Pontifikat wir begonnen
haben", den Schwestern „das Gelöbnis heiligster Armut" mit einem „Privileg" zugesteht,
vollzieht er zwei Akte: einen rechtlichen und einen spirituellen. Innozenz III. anerkennt
mit einem formellen Privileg aus seiner Kurie juristisch die Existenz der angesprochenen
Gemeinschaft. Zudem schafft er Raum für eine neue Lebensform in der Kirche, die in
Abkehr von traditionell monastischen Modellen auf gemeinschaftliche Armut in radikaler
Besitzlosigkeit baut. Die weibliche Armutsbewegung sieht in jenen Jahren auch anderswo
Gemeinschaften entstehen, die sich am Rand der Städte entweder eremitisch orientieren
oder sozial engagiert einem armen Leben verschreiben. Den meisten Gründungen von
sorores pauperes wird die kuriale Ordenspolitik radikale Armut bald einmal verwehren.
Klara dagegen hält bis zu ihrem Tod „am Privileg höchster Armut" fest und findet sie 1253
in ihrer Regel für alle Zeit kirchlich anerkannt.[28] Das erste päpstliche Privileg bestätigt in
der Motivation, die das Zugeständnis begründet, die tiefe biblische Verwurzelung dieser
Lebenswahl radikal armer Nachfolge (*altissimae paupertatis propositum*):

> [2]Wie es sich klar zeigt, wünscht ihr euch dem Herrn allein hinzugeben und habt daher dem
> Verlangen nach zeitlichen Dingen entsagt. [3]Nachdem ihr deswegen alles verkauft und an
> die Armen verteilt habt [Lk 18,22], nehmt ihr euch nun vor, überhaupt kein Eigentum und
> keinen Besitz mehr zu haben, um euch in allem an die Spuren dessen zu heften [1Petr 2,21],
> der für uns arm geworden ist, Weg, Wahrheit und Leben [Joh 14,6, 2 Kor 8,9].

> [4]Von einem derartigen Vorhaben schreckt euch auch nicht der Mangel an Dingen ab,
> [5]denn die Linke des himmlischen Bräutigams ist unter eurem Haupt [Hld 2,6; 8,3], um zu

---

28   Dazu bieten Schlüsselquellen: 1 Agn 6–30; 2 Agn 2.7.12–18; 3 Agn 25; 4 Agn 18–23; KlTest 43–52; 1 C 19–20;
        BullKan 1; ProKl I 13, II 22, III 3.13.60, IV 13, VI 10, VII 8, XII 6, XIII 3–11, XIV 97; LebKl 13–14.40–41.45.

stützen, was schwach ist an eurem Leib, das ihr in geordneter Liebe dem Gesetz des Geistes unterworfen habt.

[6]Schließlich wird der, der die Vögel des Himmels nährt und die Lilien des Feldes kleidet [Mt 6,26.28], es euch weder an Nahrung noch an Kleidung mangeln lassen,[29] bis er selbst euch reihum bedient in der Ewigkeit [Lk 12,37], wenn nämlich seine Rechte euch glückseliger umarmt [Hld 2,6, 8,3] in der Fülle seiner Anschauung.

[7]Wie ihr also gebeten habt, so bekräftigen wir euren Lebensentwurf in höchster Armut[30] mit apostolischer Gunst indem wir euch durch die Autorität des vorliegenden Schreibens zugestehen, dass ihr von niemandem gezwungen werden könnt, Besitz und Güter anzunehmen.[31]

Werner Maleczek hat 1996 mit einer sensationellen Studie an der Echtheit eines ersten Armutsprivilegs gezweifelt, welches weder formal noch sachlich aus der Hand Innozenz' III. stammen könne.[32] Die Fälschungsthese des Wiener Papstdiplomatikers beschäftigt die Forschung bis heute.[33] Die Tatsache eines Privilegs höchster Armut aus der persönlichen Feder des Segnipapstes bezeugt jedoch neben Klaras Testament auch ihr Biograf Thomas von Celano (LebKl 14). Um die Existenz eines ersten Armutsprivilegs unter Innozenz III. bestreiten zu können, muss Werner Maleczek nicht nur die beiden Kronzeugen Klara und

29   GRAU, Engelbert / SCHLOSSER, Marianne: Leben und Schriften der heiligen Klara von Assisi. Kevelaer [8]2001, 326 übersetzen: „es euch in gleicher Weise an Nahrung und Kleidung nicht mangeln lassen".

30   Lat. *altissimae paupertatis propositum*: *Propositum* bezeichnet die frühe Lebensform einer Gemeinschaft, bevor sie sich um eine kirchliche Approbation bemüht. Innozenz III. erkennt und anerkennt, dass sich Klaras Berufung durch radikale evangelische Armut auszeichnet. Sein Nachfolger Gregor IX. streicht dagegen die Armut aus seinen eigenen Konstitutionen für Gemeinschaften der weiblichen Armutsbewegung.

31   Der Text des Privilegs (1 Priv) ist bis hierher mit dem im Original erhaltenen Gregorprivileg von 1228 identisch. Auf die Verse 8–11 stützt sich denn auch die Fälschungsthese von MALECZEK, Privilegium (s.u.), 21–27, 88. Die Echtheitsdiskussion über das Privileg könnte sich auf die Formulierung des Adressaten und auf den hier anschließenden Teil konzentrieren.

32   MALECZEK, Werner: Klara von Assisi. Das „Privilegium Paupertatis" Innocenz' III. und das Testament der Klara von Assisi – Überlegungen zur Frage ihrer Echtheit. Roma 1995 (Bibliotheca seraphico-capuccina, 47).

33   Die Kontroverse findet sich zusammengefasst in: KUSTER, Niklaus: Eine neu entdeckte Lichtgestalt: Forschungsbericht zu Clara von Assisi. In: WiWei 68 (2005) 125–153, 135f. (bis ins Jahr 2005), und weitergeführt bis 2010 in: SCHMIES, Klara von Assisi, 213–236, speziell 221f. Sie wird in diesem Sammelband weitergeführt: 259–261 und 271f. (Niklaus Kuster), sowie 405–438 (Leonhard Lehmann) und 459–462 (Martina Kreidler-Kos).

Thomas widerlegen, deren hohe Glaubwürdigkeit in den letzten Jahren bestätigt worden ist.[34] Nach den Regeln der Urkundenforschung muss eine Fälschungsthese zudem „den Zeitpunkt und die Umstände der Fälschung" nachweisen.[35] Das ist bis heute nicht gelungen: das älteste erhaltene Manuskript mit dem Privilegtext stammt aus dem 13. Jahrhundert. Versuche von Attilio Bartoli Langeli und anderen, es Bruder Leos Fälscherhand zuzu-schreiben[36], sind von Leonhard Lehmann inhaltlich entkräftet worden.[37] Die sachliche Wahrscheinlichkeit eines Privilegs Innozenz' III. hat Michael F. Cusato 2006 mit neuen Argumenten vertreten.[38] Der französische Altmeister André Vauchez geht in seiner neuen Franziskusbiografie von einem mündlich oder schriftlich gewährten Armutsprivileg aus, das der Papst San Damiano 1215/16 auf Franziskus' Intervention hin gewährt haben kann.[39]

Am *Faktum* eines Privilegs von Innozenz III. kann unsere neue Chronologie aufgrund der Forschungsdiskussion nicht zweifeln. Gerade der Kampf um radikale evangelische Armut unterscheidet Klaras Gemeinschaft von der großen Mehrheit jener Nonnenklöster, die später von den Päpsten Gregor IX. und Innozenz IV. im „Damianorden" gesammelt und reguliert werden.[40] Mit Chiara Frugoni hat neulich eine versierte Mediävistin sowohl dem

34   Zu Thomas von Celano neuestens: GUIDA, M.: Legenda Sanctae Clarae Virginis. Analisi storico-critica di una fonte della spiritualità medievale (Estratto dalla Diss. Roma). Roma 2008; GUIDA, M.: Una leggenda in cerca d'autore: La ‚Vita' di santa Chiara d'Assisi. Bruxelles 2010; KUSTER, Niklaus: Klaras San Damiano in der Franziskusvita des Thomas von Celano: Eine Schlüsselquelle zur Wende von 1228/29. In: SCHMIES, Klara von Assisi, 385–403; zum Testament Klaras aktuell der Beitrag von LEHMANN, Leonhard: Die Echtheit des Testaments der heiligen Klara. Ein Vergleich mit ihren Briefen. In: SCHMIES, Klara von Assisi, 405–438.
35   MALECZEK, Privilegium Paupertatis, 72.
36   BARTOLI LANGELI, Attilio: Chi se non Frate Leone? Nota in margine al codicetto messinese di S. Chiara. In: MILIGI, G.: Francescanesimo al femminile. Chiara d'Assisi ed Eustochia da Messina. Messina ²2004, 43–47.
37   LEHMANN, Leonhard: La questione del testamento di santa Chiara. In: Clara claris praeclara. Atti del Convegno internazionale, Assisi 20–22 novembre 2003. Assisi 2004, 257–305; Professor Maleczek selber schließt Bruder Leo als Fälscher entschieden aus: Er tut es u.a. in einem privaten Brief an Niklaus Kuster vom März 2009.
38   CUSATO, Michael F.: From the ‚Perfectio sancti Evangelii' to the ‚Sanctissima Vita et Paupertas': An Hypothesis on the Origin of the ‚Privilegium Paupertatis' to Clare and Her Sisters at San Damiano. In: FrancSt 64 (2006) 123–144.
39   VAUCHEZ, André: François d'Assise. Entre histoire et mémoire. Paris 2009, 164f.: „Que le privilège soit demeuré purement oral – comme l'avait été l'approbation de la «forme de vie» des Mineurs par le pape en 1209 – ou qu'il ait fait l'objet d'un document écrit ne rien change à l'affaire."
40   Dazu BARTOLI, M.: Fonti Francescane. Nuova Edizione, a cura di E. CAROLI. Padova 2004, 1747: „un lungo e accurato studio di N. Kuster [...] scoglie i dubbi posti da Maleczek [...] a favore dell'autenticità del Testamento"; und ARMSTRONG, Hermes and the „Co-Incidence" of San Damiano, 432f.: „Thanks in part

Inhalt wie der Textgestalt des Armutsprivilegs eine mögliche Authentizität zugetraut.[41] Die Kontroverse wird weitergehen. Die Echtheitsdiskussion dürfte sich auf die konkrete Form des nur indirekt überlieferten Privilegtextes konzentrieren. Politisch ist ein Armutsprivileg um 1214/16 sehr wohl möglich, wie Michael Cusato nachweist. Die literarischen Zeugen – Klara mit dem Testament, ihre Gefährtinnen im Prozess und Thomas von Celano mit der *Legenda sanctae Clarae* – sind als verlässliche Quellen rehabilitiert. Es sind einzelne formale Auffälligkeiten, welche die Fälschungsdiskussion auslösten: Eine nicht authentisch überlieferte *Form* stellt jedoch noch nicht das *Faktum* eines Privilegs in Frage.

Ein päpstliches Privileg sichert Klaras Gemeinschaft noch unter Innozenz III. höchste kirchliche Anerkennung. Das erstaunt mit Blick auf den weiterhin semireligiosen Charakter der Gemeinschaft, der noch 1228 im Bestätigungsprivileg Gregors IX. ersichtlich ist. Benediktinische Abteien sicherten sich mit einer Besitzbestätigung päpstlichen Schutz. Klara tut es – ungewöhnlich, doch für ihre Berufung bezeichnend – mit einer Bestätigung besitzloser Christusnachfolge. Für die Datierung des Privilegs ist Frühling 1214 der „terminus post quem" und Sommer 1216 der „terminus ad quem": Vor Pfingsten 1214 übernimmt Klara – von Franziskus gedrängt – die Leitung ihrer Gemeinschaft,[42] und sie erhält das Privileg vor dem Tod Innozenz' III. im Sommer 1216. Ein Bezug zum Ordensbeschluss des Vierten Laterankonzils Ende November 1215 ist zwar möglich, wenn auch nicht mehr zwingend anzunehmen. Das Innozenz-Privileg ist eines von mehreren Privilegien. Klaras Testament spricht auch von solchen „seiner Nachfolger", was mindestens zwei weitere Bestätigungen voraussetzt. Eine wurde von Gregor IX. neu ausgestellt und ist original erhalten [2 Priv], eine weitere dürfte demnach zuvor durch Honorius III. gewährt worden sein. Erhalten geblieben ist nur das letzte vom Herbst 1228, da dieses rechtlich bis zur höchstinstanzlichen Regelbestätigung unter Innozenz IV. Klaras einzige Hoffnung blieb.[43]

---

to the dialogue between Werner Maleczek, Maria Pia Alberzoni and Niklaus Kuster, Clare's Testament has been mined as never before." Eingehendere Gründe für die Echtheit liefert Leonhard Lehmanns Beitrag in SCHMIES, Klara von Assisi, 405–438.

41 FRUGONI, Chriara: Una solitudine abitata. Chiara d'Assisi. Milano 2007, 26.

42 Diesen Konflikt deuten mit einer kritischen Quellendiskussion mit neuer Datierung in neuem Kontext: KUSTER / KREIDLER-KOS, Neue Chronologie zu Clara, 32–37 (vgl. SCHMIES, Klara von Assisi, 314–318 [= „Die Frage nach der Leitung von San Damiano"]).

43 Zu dieser Diskussion eingehender: KUSTER, Niklaus: Das Armutsprivileg Innozenz' III und Klaras Testament: echt oder raffinierte Fälschungen? In: CFr 66 (1996) 58–60.

1.4 Jacques de Vitry (1216)
Brief aus Genua (Vitry 1)

Das berühmteste und meist zitierte Zeugnis aus der Frühzeit der minoritischen Bewegung ist ein Reisebrief, den Jacques de Vitry-sur-Seine im Herbst 1216 aus dem Hafen von Genua an Freunde schreibt. Schon als Kanoniker ist er ein aufmerksamer Beobachter neuer spiritueller Aufbrüche in Frankreich gewesen. Er kommt in jenem Sommer nach Perugia, um zum Kreuzfahrerbischof geweiht zu werden, trifft Innozenz III. aber bereits tot an und erlebt die Wahl Honorius III. zu dessen Nachfolger. Während er auf seine Bischofsweihe wartet, lernt der Prediger gegen die Albigenser und Freund der Begine Marie d'Oignies auch die noch junge Bewegung um Franziskus kennen. Sein Zeugnis ist ebenso wertvoll wie delikat zu interpretieren. Nach einigen Zeilen über das Leben am päpstlichen Hof, das ihn nicht wenig angewidert habe, schreibt Bischof Jacques in seinem Reisebericht:

„Einen einzigen Trost habe ich in jener Gegend immerhin gefunden; unzählige Männer und Frauen, Reiche und Weltleute, haben nämlich um Christi willen alles verlassen und das weltliche Leben aufgegeben. Sie nennen sich ‚kleine Brüder' (*fratres minores*) und ‚kleine Schwestern' (*sorores minores*). Vom Herrn Papst und von den Kardinälen werden sie in hohen Ehren gehalten. Diese nun sorgen sich in der Tat nicht um zeitliche Güter, sondern bemühen sich mit glühender Leidenschaft und brennendem Eifer um das Heil der Seelen. […] Am Tag kommen sie in die Städte und Dörfer, sprechen den Menschen zu Herzen und gehen der Arbeit nach; nachts kehren sie dann an einsame Orte zurück, wo sie sich dem Gebet hingeben. Die Frauen jedoch leben in *hospitia* (Herbergen) zusammen wie Pilgerinnen; sie nehmen nichts an, sondern leben von ihrer Hände Arbeit. […] Die Männer versammeln sich alle jährlich einmal an einem bestimmten Ort, um sich miteinander im Herrn zu freuen, Mahl zu halten und mit dem Rat erfahrener Männer ihr Leben zu regeln. Danach gehen sie auseinander für das ganze Jahr und wandern durch die Lombardei, die Toskana, Apulien und Sizilien" (1 Vitry).

Die Beobachtungen des französischen Neubischofs sind in mancher Hinsicht aufschluss-reich: Es gibt im Sommer 1216 bereits mehrere Schwesterngemeinschaften, die mit den Minderbrüdern verbunden sind[44] und einen analogen Namen tragen. Ihre Lebensweise scheint sesshaft gewesen zu sein, trägt jedoch offensichtlich keine klösterlichen Züge. Historiker nennen solche Gemeinschaften „semireligios". Diese „Minderschwestern" wohnen in einer Art von „Herbergen" in der Nähe mehrerer Städte. Im Unterschied zu den Benediktinerinnen und anderen klassischen Frauenklöstern leben sie äußerlich be-trachtet wie Pilgerinnen – ohne strikte Klausur. Von den Nonnen unterscheiden sie sich auch durch ihre Armut und den Lebenserwerb mittels eigener Handarbeit.

Der lateinische Originaltext des Briefes lässt an einem entscheidenden Punkt zwei verschiedene Interpretationen zu, deren eine in der Forschung vorschnell übergangen wird. Das Porträt spricht zunächst von Aspekten, die diese Frauen und Männer gleicher-maßen kennzeichnen: *Fratres Minores* und *Sorores Minores* waren Reiche und sind Laien, folgen der Liebe Christi, geben alles auf, gewinnen den Respekt der Kurie, entwickeln eine pastorale Dynamik – Tag für Tag im Einsatz – und engagieren sich leidenschaftlich, um Menschen für Christus zu gewinnen. Indem sie einander in *enger Einheit* verbunden sind („ein Herz und eine Seele"), erinnern sie an die Lebensform der Urkirche.

Zwei unterschiedliche Lesarten der Skizze entstehen in den nächsten Sätzen, je nachdem worauf die folgende Unterscheidung bezogen wird und wie die Satzzeichen gesetzt werden:

Lesart I

- *Fratres Minores* und *Sorores Minores* gehen tagsüber in Städte und Dörfer
- und ziehen sich nachts an *einsame Orte* zurück:
   Die *Fratres* tun es ungeschützt in Einsiedeleien,
      die *Sorores* weniger exponiert in Herbergen *(hospitia)* unweit der Städte.

---

44 Gegen eine vorschnelle Verknüpfung dieser „sorores minores" mit Minderbrüdern ist ANDENNA, Ordo Sancti Damiani, 441: „minor" beziehe sich zunächst primär auf die Wahl des sozialen Status. Allerdings beleuchten ihre Fallbeispiele ab 1217 mehrere Frauengemeinschaften, die am Rand der Städte entstehen, bald „pauperes sorores" heißen und – zumindest teilweise – in Kontakt zu Minderbrüdern entstehen; für Norditalien auch: ALBERZONI, Francescanesimo a Milano, passim.

- Beide verdienen sich das Leben durch Handarbeit,
- nehmen keine anderen Einkünfte an
- und erfahren auch negative Seiten der Verehrung.
    Die Fratres treffen sich zu regelmäßigen Versammlungen
    und – nur sie – durchwandern 1216 bereits ganz Italien.

Lesart II

- Nur die *Fratres Minores* gehen tagsüber in Städte und Dörfer
  und ziehen sich nachts an einsame Orte und in *Einsiedeleien* zurück.
    - Die *Sorores Minores* leben in „*hospitia*" unweit der Städte,
        verdienen sich das Leben durch Handarbeit, wollen keine anderen
        Einkünfte und erfahren auch negative Seiten der Verehrung.
- Die *Fratres* treffen sich zu regelmäßigen Versammlungen
  und durchwandern ganz Italien.

Die zweite Lesart ist die allgemein vertretene. Sie neigt dazu, den lateinischen Text mit Blick auf das spätere Leben in Klausur zu lesen und zeichnet das Bild eines bereits möglichst sesshaften Lebens, ohne dass Schwestern in die Stadt kommen. Maria Pia Alberzonis Studien belegen nun aber, dass *sorores minores* in Nord- und Mittelitalien verschiedenerorts offene Gemeinschaften bildeten und nicht selten auch sozial ausgerichtet waren.[45] Der Stadtbezug ist eng und gewollt, von Klausur kann da keine Rede sein. Jacques de Vitry unterstreicht tatsächlich mit dem Begriff „Herbergen", der auch von der Waldenserbewegung benutzt wurde, dass diese Schwestern ganz unklösterlich offene Häuser bewohnen, in denen Menschen wie „Pilgernde" leben und die auch Notsuchenden zugänglich sind. Beides – Pilgergeist und Offenheit für Nöte aller Art – bezeugen Klaras Schriften und die Zeugnisse ihrer Schwestern auch für San Damiano in vielfältiger Weise. Zu denken geben

---

45 Zwei illustrative Bespiele finden sich zusammengefasst in der Gesamtskizze von ANDENNA, Ordo Sancti Damiani, 453 und 460, für Siena („una comunità ospedaliera" an der Porta Camullia) und Verona (Sant'Agata sub Aquario: Leprosarium).

müssen den Freunden von Lesart II auch Martina Kreidlers neue Erkenntnisse, die noch in den Prozessakten vom Spätherbst 1253 jede monastische Begrifflichkeit vermissen lassen.[46]

Wir werden mit Blick in die letzten Jahre des Poverello mehrere Arten von „*sorores minores*" unterscheiden lernen: ein paar wenige Gemeinschaften, die mit San Damiano eng verbunden sind, und andere, die in Mittel- und Norditalien von den „*fratres minores*" gefördert werden, ohne Klara zu kennen. Eine dritte Art von „*sorores minores*" nimmt sich offenbar das Wanderleben der Brüder zum Vorbild, weshalb sie in den vierziger und fünfziger Jahren im päpstlichen Auftrag von den Bischöfen Norditaliens, Frankreichs, Englands und Spaniens unerbittlich verfolgt werden. Gemeinsam ist all diesen Spielarten von „Minderschwestern" der Bezug zur franziskanischen *fraternitas,* die sich nach Elias' Sturz 1239 allerdings nur noch für sesshafte und klausurierte Gemeinschaften engagiert! Doch weder Bischof Jacques noch Franziskus und Klara sehen im Herbst 1216 solche Probleme kommen.

2. Teil
Ordenspolitik von Hugolin und Honorius III.

Der mächtige Kardinal Hugolin von Ostia ist der erste Vertreter der Römischen Kurie, der sich dem Phänomen neuer religiöser Frauengemeinschaften gezielt und aktiv annimmt. Als päpstlicher Legat findet er seit 1217 in der Toskana und in Umbrien Aufbrüche der weiblichen Armutsbewegung vor, die am Rand der Städte entstehen. Zugleich lernt der Kardinal, der wie der eben verstorbene Innozenz III. aus dem Geschlecht der Segnigrafen stammt, Franziskus in Florenz kennen. Im Sommer 1218 erbittet er sich von Honorius III. Direktiven, wie die „mulieres religiosae" in kirchliche Strukturen eingegliedert werden sollen. Ab 1220 wird Hugolin die beiden vitalen Bewegungen, jene der Brüder und die vielfältige Realität armer „sorores", miteinander zu verbinden suchen.

---

46 Kreidler-Kos, Martina: Von eigenem Wohlklang. Beobachtungen zur neuen deutschen Übersetzung des Heiligsprechungsprozesses der Klara von Assisi. In: Schmies, Klara von Assisi, 439–505, speziell 445–459.

Bereits 1219 kann Hugolin erste neuartige Gemeinschaften religiöser Frauen in den bedeutenden Städten Siena, Lucca, Florenz und Perugia unter direkten päpstlichen Schutz stellen. Zugleich erarbeitet er eine strenge Lebensordnung, die ihren Wunsch nach evangelischer Armut aufnimmt und zugleich bereits eine strenge Klausur vorsieht (HugReg). Dabei wird Hugolin auf San Damiano aufmerksam, dessen spezielle Lebensform bis in die Toskana ausstrahlt. Im März 1220 nutzt der Kardinal einen Aufenthalt in Assisi, um Klara persönlich kennen zu lernen. Fasziniert von ihrem Profil, reift in ihm die Idee, neue Frauengemeinschaften unter päpstlicher Kontrolle um das Zentrum Assisi zu sammeln und nach seiner eigenen Regel zu vereinheitlichen. Sowohl Klara wie Franziskus widersetzen sich dieser Politik. Eine Reihe der neuen Frauengemeinschaften, die Hugolins Ordnungssinn zu sammeln und zu organisieren sucht, haben keinen Kontakt zur franziskanischen Bewegung. Andere sind mit Minderbrüdern verbunden. Bereits in den frühen Zwanzigerjahren bieten Franziskaner Hand, um „arme Frauen" oder „Minderschwestern" in Hugolins Klosterverband zu integrieren. Dabei werden auch Gemeinschaften, die um ein Hospital entstanden sind, oder zunächst sozial-karitativ tätige Schwestern zielstrebig zu „armen eingeschlossenen Damen" gemacht.

Die Schwesternpolitik der Römischen Kurie ist im Kontext der zisterziensischen Generalkapitel zu sehen. Die versammelten Äbte verschärfen 1213 in Cîteaux die Klausurbestimmungen für ihre Schwesterngemeinschaften, verlangen ab 1218 die totale Inklusion der „moniales" als Bedingung für die Zugehörigkeit zum Orden und verfügen 1220, künftig keine weiteren Frauenklöster mehr zu inkorporieren. Dieser Beschluss wird 1228 definitiv umgesetzt und die Seelsorge für neue Frauengemeinschaften zugleich rigoros ausgeschlossen.[47] Hugolin übernimmt von den Weißen Mönchen zum einen das neue Konzept strikter Klausur für weibliches Ordensleben und sieht sich zum anderen gezwungen, einen autonomen Frauenorden aufzubauen, für dessen Seelsorge er die Min-

---

47 Die Beschlüsse der Zisterzienser Generalkapitel sammelt CANIVEZ, J.-M. (Ed.): Statuta capitolorum generalium Ordinis Cisterciensis ab anno 1116 ad annum 1786, Band 1–2. Louvain 1933–1934 (für das Hochmittelalter). Zur Nonnen- und Klausurpolitik der Zisterzienser: DEGLER-SPENGLER, B.: „Zahlreich wie die Sterne des Himmels". Zisterzienser, Dominikaner und Franziskaner vor dem Problem der Inkorporation von Frauenklöstern. In: Rottenburger Jahrbuch für Kirchengeschichte 4 (1985) 37–50; THOMPSON, S.: The Problem of the Cistercian Nuns in the Twelfth and Early Thirteenth Centuries. In: BAKER, D. (Ed.): Medieval Women. Oxford 1978, 227–252.

derbrüder zu gewinnen sucht.[48] Die Erfolge dieser Politik und die Rolle von San Damiano gilt es im Folgenden auszuleuchten.

2.1 Honorius III.
„Litterae tuae nobis" vom 27. August 1218 (2 OSD)

Honorius III. unterstützt die ersten markanten Massnahmen seines Leganten Hugolin für Frauengemeinschaften, die aus der Armutsbewegung entstehen. Das päpstliche Schreiben vom Sommer 1218 antwortet auf ein Gesuch des Kardinals, neue weibliche Lebensformen entschieden unter höchsten kirchlichen Schutz zu nehmen.[49] Der Typus solcher Gründungen wird noch bemerkenswert offen beschrieben und lässt sich rechtlich nicht näher einordnen. Von „Jungfrauen und erfahrenen Frauen" ist die Rede, die meist adeliger Abstammung sind und „nichts besitzen" wollen.[50] Sie richten sich gemeinsame Wohnstätten ein, die mit einem Oratorium versehen sind: einem Gebetsraum, der zunächst keinen geweihten Altar aufweist oder nicht öffentlich zugänglich ist. Schutz und Aufsicht über die neue Lebensform am Rand von Toskaner Städten werden zur pastoralen Chefsache erklärt. Innovative religiöse Frauen sind aus der Obhut der Ortsbischöfe herauszulösen und sollen unter direkte päpstliche Hirtensorge gelangen. Stiftungen von Gebäuden und Land zu ihren Gunsten haben in den „Besitz der römischen Kirche" zu wechseln – *in ius et proprietatem romanae Ecclesiae*. Damit sind die Gemeinschaften exemt, d. h. jeder lokalkirchlichen und weltlichen Einflussnahme entzogen. Exemption und Donation sind zwei der drei Grundpfeiler der künftigen kurialen Politik gegenüber neuen Frauenge-

---

48 Hugolins Klausurmodell im Kontext der Zisterzienser beleuchtet ANDENNA, Ordo Sancti Damiani, 455, 476–480.

49 Lateinischer Text der „Litterae tuae nobis" in: Iter storico, 121f.; BF I, 1f. Alle bedeutsamen kurialen Quellen erscheinen deutsch im Gesamtband der „Klara-Quellen", die Johannes Schneider und Paul Zahner im Frühjahr 2013 veröffentlichen werden.

50 Der lateinische Originaltext des Schreibens findet sich in BF I, 1-2; Iter storico, 121f. Die Passage lautet: *Virgines et mulieres* [...] *nihil possidentes*. *Mulier* bezeichnet im Gegensatz zur Jungfrau eine Ehefrau. Nach Verlust des Mannes, Verstoßung aus der Ehe oder mit Zustimmung ihres Gatten ist auch verheirateten Frauen eine religiöse Lebensweise außerhalb ihrer Familie möglich.

meinschaften. Den dritten Pfeiler fügt Hugolin mit strikter Klausur (*reclusio*) in seinen Konstitutionen hinzu (HugReg).[51]

2.2 Honorius III.
„Sacrosancta Romana Ecclesia" vom 9. Dezember 1219 (3 OSD)

Anderthalb Jahre nachdem Kardinal Hugolin mit Monticelli eine erste Frauengemeinschaft der mittelitalienischen Armutsbewegung unter seinen direkten Schutz genommen hat, zeigt die Gründung bei Florenz bereits ein klösterliches Profil.[52] Honorius III. bestätigt Ende 1219 der „Äbtissin und den Nonnen des Klosters Santa Maria von Monticelli" ihre Exemption und ihre Lebensweise. Dazu verleiht er dem wörtlich übernommenen Privileg „*Prudentibus virginibus*" seines Legaten Hugolin, das die „Äbtissin und Schwestern" unter die Benediktsregel stellt, päpstliche Gültigkeit. Schon im Juli 1219 hat mit Fons Carpelli in Foligno auch die erste umbrische Gemeinschaft dasselbe hugolinsche Privileg erhalten.

Die rasche Regulierung neuer religiöser Frauengemeinschaften schreitet mit den erwähnten „Statuten" des Kardinallegaten schnell voran: In den gleichen Sommertagen 1219 geht Hugolins Privileg an die Schwestern von Gattaiola in Lucca, von Porta Camullia in Siena und von Monteluce in Perugia. Im Unterschied zu Monticelli haben diese jedoch auch die Lebensform zu beobachten, die der Kardinal ihnen gegeben hat. Honorius III. bestätigt den drei Klöstern das Privileg mit derselben Bulle im September 1222.[53] Ein Jahr später ist auch die eremitisch orientierte Gründung in Fons Carpelli bei Foligno reif für die päpstliche Bestätigung.[54] Die Regulierung greift zehn Jahre später weit über Italien

---

51 Kurze Kommentare zur „Litterae tuae nobis" schreiben ZOPPETTI, G. / BARTOLI, M.: Santa Chiara d'Assisi. Scritti e documenti. Assisi 1994, 377–379; Iter storico, 41–46, und ANDENNA, Ordo Sancti Damiani, 447f. Zum Hintergrund: MACCARRONE, M.: Romana Ecclesia – Cathedra Petri, hg. v. P. ZERBI / R. VOLPINI / A. GALUZZI. Roma 1991.

52 Die Florentiner Gründung von Monticelli wird am 19. März 1218 initiiert; dabei nimmt Berlinghieri de' Girolami das gestiftete Grundstück im Namen der römischen Kirche an. Am 27. Juli 1219 verpflichtet Hugolin sie formell auf die Benediktsregel. Detailstudien: CIGNONI, P.: Francescanesimo al femminile, und ANDENNA, Ordo Sancti Damiani, 449f.

53 Lateinischer Text in: BF I, 13–15.

54 Die Gemeinschaft verpflichtet sich mit dem Diplom „Sacrosancta Romana Ecclesia" ebenfalls zur hugolinschen Lebensform und erhält die Exemtion: SENSI, M.: Le Clarisse a Foligno nel secolo XIII. In:

hinaus:[55] Im Juni 1231 erhalten auch Frauen in Dubronik das Schreiben „*Sacrosancta Romana Ecclesia*", 1245 ein neues Kloster in Bordeaux, im August 1248 Schwestern in Toulouse und 1251 neue Gemeinschaften in Montpellier und Mailand. Exemption wird jeweils klar an eine klausurierte Lebensweise gebunden und die neuen Gemeinschaften dabei in den *ordo monasticus* integriert.

Die wörtliche Fassung der hugolinschen Konstitutionen (HugReg), auf die mit wenigen Ausnahmen alle Gemeinschaften seit 1219 verpflichtet werden, ist uns erst in einer Version von 1228 überliefert, die der Kardinal bereits als Papst dem Kloster Santa Maria de las Vírgenes in Pamplona zustellt.[56] Diese Fassung lässt ein Kapitel weg, das ursprünglich auch „*de possessionibus non habendis*" gesprochen hat: Die Armutsliebe der ersten Gemeinschaften ist in den Zwanzigerjahren noch Bedingung für die päpstliche Exemtion, lässt sich jedoch schwerlich mit der strikten Klausurpraxis verbinden, die Gregor IX. seinen Nonnenklöstern ab 1227 entschlossen auferlegt.[57]

Die Gemeinschaft Monticelli bei Florenz hebt sich 1219 von allen anderen toskanischen Gründungen ab, indem sie neben der Benediktsregel „reguläre Observanzen gemäß des *ordo* der Frauen von Santa Maria in San Damiano bei Assisi" beobachten darf.[58] Das Modell von San Damiano strahlt demnach bereits 1219 weit in die Toskana aus und verbreitet sich parallel zu Hugolins Lebensordnung. Am 9. Dezember jenes Jahres spricht auch der Papst von kirchlich anerkannten Observanzen, die mit San Damianos Lebensordnung (*ordo*) bereits von weiteren Gemeinschaften befolgt werden.[59]

CFr 47 (1977) 349–363, 353.

55   Dass sich die Politik auch in Italien selbst unverändert fortsetzt, zeigt das Beispiel der neuen Gemeinschaft von Cittanova, die das Schreiben „Sacrosancta Romana Ecclesia" am 2. Oktober 1229 erhält.

56   Der Originaltext dieser Konstitutionen (HugReg) findet sich in: Iter storico, 128–138, und Escritos de Santa Clara, 217–232.

57   Dazu Iter storico, 49; ANDENNA, Ordo Sancti Damiani, 453–455, 479–483.

58   Lat. *Observantias nihilominus Regulares, quas iuxta Ordinem Dominarum Sanctae Mariae de Sancto Damiano de Assisio praeter generalem Beati Benedicti Regulam vobis voluntarie indixistis, ratas habemus*: Papstbrief mit Schreiben des Kardinals in: Iter storico, 122–127. Situierungen bei ALBERZONI, Chiara e il Papato, 117f.; ALBERZONI, Maria Pia: Clare of Assisi and the Poor Sisters in the Thirteenth Century. Saint Bonaventure 2004, 212f.; Iter storico, 44–46.

59   Lat. *ordo* bezeichnet hier noch nicht Orden im eigentlichen Sinn, sondern die exportierbare Lebensweise einer Gemeinschaft, die eine Gruppe von *coenobia* derselben oder ähnlicher Observanz entstehen lässt. So wird das päpstlich-dominikanische Reformprojekt von San Sisto in Rom mit Augustinusregel und

2.3 Kardinal Hugolin
„Ab illa hora" von Ende April 1220 (HugKl)

Dass Hugolin, der mächtigste Kardinal in der Römischen Kurie, die Karwoche 1220 in Assisi und in engem Kontakt zu San Damiano verbringt, lässt sich kaum mit Frömmigkeit erklären. Offensichtlich will der päpstliche Legat Ende März jene Gemeinschaft persönlich kennen lernen, die bis in die Toskana ausstrahlt und an deren Observanzen die Florentiner Schwestern in Monticelli derart entschieden festhalten, dass Honorius III. sie nicht auf seine neuen Konstitutionen verpflichten kann. Ende April 1220 schaut ein persönlicher Brief Hugolins, in Viterbo verfasst, auf die gemeinsamen Kar- und Ostertage zurück. Er nennt Klara darin „liebste Schwester in Christus und Mutter meines Heils". Die Zeilen lassen erkennen, wie sehr ihn diese Gemeinschaft fasziniert.[60] Im Schreiben ist von „Dienerinnen Christi" und „Schwestern" die Rede, nicht jedoch von Kloster (*monasterium*) noch von einem zurückgezogenen Leben: Der Kardinal bewundert die Strenge ihrer religiösen Lebensweise (*religio*). Klara erscheint nicht als *abbatissa*, sondern als Schwester, Mutter, Herrin und Jungfrau (*soror, mater, domina, virgo*). Es fragt sich, ob diese Ersterfahrung mit San Damiano im „elenden und sündigen Bischof", der seine Versöhnung mit Gott dem Gebet Klaras anvertraut, nicht auch politische Visionen weckt: seinen Verband von Frauenklöstern um diese faszinierende Gemeinschaft zu gruppieren und San Damiano zum Bezugspunkt der päpstlich gesammelten Klausurnonnen zu machen? Für die Sammelpolitik einer noch sehr disparaten Gruppe von Gemeinschaften konnte ein Zentrum nur von Vorteil sein, zumal San Damiano seine Ausstrahlungskraft bereits über Umbrien hinaus erweist.

   In den frühen Zwanzigerjahren lässt sich allerdings eine parallele Expansion des hugolinschen und des klarianischen Lebensmodells erkennen. Die Konkurrenz der beiden „*ordines*" erreicht 1223 Mailand. Hugolins weitere Strategie spricht zunächst aus einem

---

> *institutiones ordinis monialium Sancti Sixti de Urbe*, 1216 lanciert, ab 1232 nach Deutschland verbreitet und da auf Büßerinnen ausgedehnt; Hugolin spricht seinerseits ab 1224 vom *ordo spolitanus* oder „de Tuscia", um seinen eigenen Verband zu benennen. Zur Terminologie und zum langwierigen Aufbau eines eigentlichen päpstlichen Frauenordens: Andenna, Ordo Sancti Damiani, 436–439, 456–458, 471–492.

60 Der Text des Privatbriefes „Ab illa hora" ist uns nur indirekt durch die „Chronik der XXIV Generalminister" überliefert. Der lateinische Wortlaut findet sich abgedruckt in: Iter storico, 127f. Die Kartage und Ostern fallen auf den 22.–29. März 1220.

Formular, das Bischöfe veranlassen soll, entstehende Frauengemeinschaften der direkten Sorge der Römischen Kirche anzuvertrauen.

2.4 Kardinal Hugolin
Formular für Bischöfe aus dem Jahre 1219 (4 OSD)

Nach den ersten Erfolgen in der Toskana drängt Kardinal Hugolin Bischöfe in Mittel- und Norditalien systematisch, unter ihrem Schutz entstehende Frauengemeinschaften in den neuen Verband klausurierter „Armer Frauen" wechseln zu lassen. Dazu erarbeitet er ein Formular, das in den Registern seiner Legation überliefert ist. Es lässt bereits 1219 die Absicht erkennen, einen Frauenorden zu gründen, der seinen Schwerpunkt in Umbrien und in der Toskana hat. Er soll Frauen sammeln, die „in Armut Gott dienen nach der Lebensform oder gemäß der *Regel der Armen Frauen vom Spoletotal oder von der Toskana*". Modell dafür sind „die Klöster desselben Ordens in Perugia, Siena und Lucca". Monticelli bei Florenz wird auffallender Weise aus dem entstehenden Orden ausgeklammert. Hugolin bezieht das Florentiner Kloster unter Äbtissin Avvegnente, das „reguläre Observanzen von San Damiano befolgt", hier nicht in sein Projekt ein: ein erstes Indiz dafür, dass der Kardinal die Orientierung an einer abweichenden Observanz verhindern will.[61]

2.5 Rechtsakte von Bischöfen (5 OSD)

Mit seinen Konstitutionen und der besonderen *libertas*, die der Papst mit der Exemtion neuen Schwesterngemeinschaften gewährt, hat Hugolin den Weg sorgfältig bereitet. Es gelingt ihm denn auch in den folgenden Jahren, eine Reihe weiblicher Aufbrüche in den

---

61   Monticelli entsteht 1217, als *sorores* sich außerhalb der Mauern niederlassen, um erklärtermaßen ein Kloster zu gründen: Archivio di Stato di Firenze, Diplomatico Regio Acquisto Dainelli, verzeichnet zum 19. März 1217 den Wechsel des Grundstücks auf dem Monticelli-Hügel mit Wald und ein paar Hütten „in die Nutzung durch Frau Avvegnente di Albizzo und die anderen *sorores*, die mit ihr künftig in einem Kloster leben möchten, das der hl. Maria vom Heiligen Grab (*Sanctum Sepulcrum*) geweiht sein soll." Nach CIGNONI, P.: Francescanesimo al femminile, kommt Klaras Schwester Agnes „gegen 1229-1230" nach Monticelli.

entstehenden Verband von „Armen Damen" zu sammeln. Sowohl eremitisch geprägte Gründungen wie die in Lucca und Foligno, aber auch karitative wie die in Siena und Verona lassen sich bewegen, die strengste Form der Klausur zu übernehmen. Auszüge aus bischöflichen Briefen lassen interessante Benennungen des geplanten Ordens erkennen. Dabei kommt der Kardinal zunächst nicht in Versuchung, neue Gemeinschaften mit San Damiano als Zentrum zu verbinden.[62]

2.5.1.   Mailand 1223-1225

Am 11. Februar 1223 verkaufen Chunradus und Sigebaldus, Priester der Mailänder Kirche Sant'Apollinare, mit Zustimmung des Erzbischofs Enrico I. de Settala an Siro Morone, Verwalter des designierten Klosters Santa Maria, ein Grundstück bei ihrer Kirche, damit darauf ein Kloster erbaut werde zu Ehren Gottes und der seligen Maria: „In diesem Kloster sollen Nonnen leben, die gemäß des ‚ordo' *und der Regel des Seligen Damian vom Spoletotal bei der Stadt Assisi* zu leben haben"[63]. Die umbrischen Klarissen interpretieren das Schreiben so, dass San Damiano selbst bis Norditalien ausstrahlt[64]. Cristina Andenna vermutet, dass Minderbrüder den Schwestern und wohl auch dem Mailänder Metropoliten von San Damiano berichten.[65] Ein Jahr später allerdings macht Enrico de Settala am 2. November 1224 auf Hugolins Drängen hin klar, dass diese armen Schwestern (*pauperes sorores*) „die *Regel des Spoleto-Ordens* befolgen, die ihnen der Herr Papst gegeben hat"[66]. Damit setzt sich der Einfluss Hugolins durch. In einem nächsten Schritt wird der Name der „armen Schwestern" erweitert und betont neu die Klausur: Ein Schreiben des Erzbischofs vom 4. Fe-

---

62 Zu diesem Abschnitt: Iter storico, 41–62, mit Quellen 153–156.

63 Im lat. Originaltext: *vivere secundum ordinem et regulam Beati Damiani de valle Spolliti iuxta civitatem de Sixi* nach: ALBERZONI, Maria Pia: Francescanesimo a Milano nel Duecento. Milano 1991, 178; Iter storico, 154 (Auszug).

64 Vgl. Iter storico, 55: „la realtà assisana si era diffusa fin nel nord dell'Italia, probabilmente grazie all'espansione dei frati in quelle regioni".

65 Das Gründungsgeschehen in Mailand fasst zusammen: ANDENNA, Ordo Sancti Damiani, 456–464.

66 Dieses und das folgende Zitat finden sich lateinisch in: Iter storico, 55, Anm. 17: *secundum regulam Ordini spolitano a domino Papa concessam; secundum formam vite Pauperum Dominarum clausarum in Valle Spoleti manentium.*

bruar 1225 richtet sich an Äbtissin Giacoma und ihre „armen eingeschlossenen Schwestern"
(*sorores pauperes inclusae*). Es bezieht sich ausdrücklich auf Kardinal Hugolin, verpflichtet
auf dessen Konstitutionen und tritt die Kirche Sant'Apollinare mit all ihren Nebenbauten
ab, damit da ein Kloster entstehe, das „nach der Lebensform der *armen Klausurfrauen
im Spoletotal*" lebe. Im folgenden Sommer bestätigt Papst Honorius III. dem Mailänder
Erzbischof diese Vergabung mit dem Schreiben „*Ex tua parte*" vom 16. August 1225: „Mit
dem Wunsche, die *religio* der Nonnen von Tuszien einzupflanzen, deren Orden (*ordo*) es
nicht erlaubt ist, über die Kirche und die Wohnbauten hinaus irgendwelchen Besitz zu
haben, hast du die Kirche Sant'Apollinare mit allen dazugehörigen Bauten und Gütern den
Nonnen selbst geschenkt, damit sie dort Gott in der Art ihres Ordens dienen." Damit sind
die *sorores pauperes* in kurzer Zeit zu Klausurfrauen (*dominae inclusae*) und schließlich zu
einem „Nonnenkloster" geworden, das der *religio monalium de Tuscia* angehört.

2.5.2.   Faenza 1224

Anfang Juni wird für Faenza erstmals eine Gruppe von *sorores* erwähnt, denen Rodolfo
Tabellioni ein Grundstück stiftet. Am 13. Juli 1224 bestätigt der Ortsbischof Alberto dem
Frater Bartolo, der im Namen Kardinal Hugolins handelt, dieses Landstück und die Kirche
Santa Maria delle Vergini auf der Insel San Martino für die römische Kirche anzunehmen:
„An diesem Ort sollen Gott ergebene Jungfrauen und andere Mägde Christi leben, die
frei von jedem Besitz, von Bestattungsrecht und Zehnten dem Herrn in Armut dienen
nach der Lebensform, die diesen und anderen Schwestern derselben *religio* mit Vollmacht
des Herrn Papstes *vom genannten Bischof [von Ostia] übergeben* worden ist"[67]. Cristina
Andenna erkennt in dieser Gründung von Anfang an „eine Kreation des Kardinals". Es
lässt sich nicht eindeutig bestimmen, ob der genannte Bruder Bartolo und zwei weitere,
frate Guglielmo und frate Viviano, die als Zeugen fungieren, Minderbrüder sind.[68]

---

67   Textauszug in: Iter storico, 154f. Lat. *iuxta formam vitae ipsis et aliis sororibus eiusdem religionis traditam*:
     religio bezeichnet eine religiöse Gemeinschaft oder Bewegung.
68   Das Gründungsgeschehen in Faenza fasst zusammen: ANDENNA, Ordo Sancti Damiani, 459f.

2.5.3. Cortona 1225

Cortona steht als Beispiel für Gründungen, die ohne jede Mitwirkung von Minderbrüdern geschehen, obwohl sich hier am 13. Mai 1225 eine *domina Lucia sanctimonialis* an der Grenze zu Umbrien mit Gefährtinnen zusammentut. Auch hier lassen sich Schwestern auf das hugolinsche Lebensmodell verpflichten.[69]

2.5.4. Verona 1226

Im folgenden März nennt ein Schreiben des Bischofs Jacobo di Breganze von Verona auch Assisi im Verband jener Klöster, die Hugolin in der *religio* der Armen Frauen vom Spoletotal und der Toskana vereint habe. Die genannten Privilegien lassen sich für Perugia und Siena, nicht aber für Assisi tatsächlich nachweisen. Interessanterweise sollen hier *sorores minores* reguliert werden, die bereits im Januar 1224 bezeugt werden und die bei der Kirche Sant'Agata sub Aquario bei einem Leprosarium leben. Um diese semireligiose Gemeinschaft im Dienste der Aussätzigen kümmert sich der Minderbruder Leone da Perego, der später Karriere machen und der erste franziskanische Erzbischof sein wird.[70]

Am 3. März 1226 tritt der Ortsbischof ein Grundstück an den Kardinal von Ostia ab, das die Stadtbehörde von Verona zuvor zum Bau eines Klosters den „*Pauperes Dominae*" vergabt hatte: „In diesem Kloster sollen gottgeweihte Jungfrauen und andere Mägde Christi dem Herrn in Armut dienen nach der Lebensweise oder der *religio* der Armen Herrinnen vom Spoletotal oder der Toskana, wie der Herr Hugolin, ehrwürdiger Bischof von Ostia, sie kraft einer Vollmacht des Herrn Papstes jenen Schwestern übergeben hat [...]. Und wir verleihen jenem Ort selbst und den Schwestern, den gegenwärtigen wie den zukünftigen, jene volle Freiheit, die unseres Wissens die Klöster jener *religio* in Assisi, Perugia und

---

69 ANDENNA, Ordo Sancti Damiani, 462, schließt die legendäre Überlieferung aus, nach der es sich um Sr. Lucia aus San Damiano handelt. Diese späte Lokaltradition geht auf das 18. Jahrhundert zurück.

70 Zu *Frater Lionus, visitator illarum sororum*, ab 1241 bis zu seinem Tod 1257 Erzbischof von Mailand: ALBERZONI, La nascita, 88–93; zur Veroneser Gründung auch PELLEGRINI, Luigi: Le 'pauperes dominae' nel contesto dei movimenti italiani del secolo XIII. In: Chiara e il Secondo Ordine. Il fenomeno francescano nel Salento. Atti del convegno di studi Nardò 12–13 novembre 1993, hg. v. B. VETERE / G. ANDENNA. Galatina 1997, 75–80.

Siena vom Apostolischen Stuhl durch Privilegien bestätigt erhalten haben."[71] In diesem Fall drängt der Minderbruder, von Hugolin als Visitator eingesetzt, die karitativ tätigen Schwestern zum Wechsel ins neue Kloster innerhalb der Stadtmauern und provoziert eine Spaltung der Gruppe. Ein Teil der Schwestern ist nicht bereit, die hugolinsche Lebensweise anzunehmen. Die Nennung von Assisi unter den Modellgemeinschaften erklärt sich wohl mit dem Versuch des franziskanischen Visitators und des Bischofs, die Spaltung der Gemeinschaft doch noch abzuwenden.[72]

2.5.5.   Gubbio 1226

Kurz vor dem Tod des Poverello gelingt Hugolin in der Strategie seiner Nonnenpolitik ein weiterer wichtiger Schritt: Hat bisher der Zisterzienser Ambrogio als Visitator und somit als rechte Hand des Kardinals die neuen Frauenklöster begleitet und beaufsichtigt, soll künftig mit Frate Pacifico einer der Gefährten des Franziskus diese Aufgabe wahrnehmen.[73] Ein Schreiben des Bischofs Villano von Gubbio, verfasst am 13. April 1226, nennt den Bruder erstmals als Hugolins Beauftragten für „die Klöster der Armen eingeschlossenen Damen" (*dominae pauperes inclusae*).[74] In Gubbio ersucht Pacifico den Bischof erfolgreich,

---

71 Es handelt sich offensichtlich um die Bulle „Sacrosancta Romana Ecclesia" [OSD 2], welche Siena, Perugia, Lucca und Firenze 1219 die volle Exemption und päpstlichen Schutz verliehen hat. Das Privileg ist für Assisi nicht bezeugt.

72 Der Bischof schreibt wörtlich: *iuxta formam vitae vel religionis pauperum dominarum de valle Spoleti sive Tuscia per dominum Ugolinum venerabilem episcopum Hostiensem auctoritate domini Papae eisdem sororibus traditam* [...] *habere noscuntur monasteria eiusdem religionis de Azisio, de Perusio et de Senis.* ANDENNA, Ordo Sancti Damiani, 46of., relativiert das „Indiz" dahingegend, „che nel 1226 San Damiano poteva essere assimilato, almeno per i Minori padani, alla realtà dei monasteri della religio pauperum dominarum dell'Italia centrale"; da auch das Quellenzitat (Anm. 113).

73 Pacifico ist erwiesenermassen „*il primo frate minore realmente noto come visitatore delle monache*": RUSCONI, R.: L'espansione del francescanesimo femminile nel secolo XIII. In: Movimento religioso femminile e francescanesimo nel secolo XIII. Atti del VII convegno internazionale, Assisi 11–13 ottobre 1979. Assisi 1980, 263–313, 284; DALARUN, Jacques: Francesco – un passaggio. Donna e donne negli scritti e nelle leggende di Francesco d'Assisi. Roma 1994, 54.

74 Neben Pacifico, der mit der *cura et sollicitudo monasteriorum dominarum pauperum inclusarum* beauftragt ist, erscheint im Schreiben des Villanus ein „frater Bonaccorsus, der als Prokurator des Bischofs Hugo selbst im Namen der Römischen Kirche handelt". Pacifico wird als Visitator 1228 von Filippo Longo abgelöst.

am Ort Perlasio ein Frauenkloster bauen zu lassen, dem die Exemtion zu den bekannten Bedingungen gewährt wird.

Hugolins Politik zeigt eine klare Stossrichtung: Seine Konstitutionen werden Bischöfen empfohlen, die sie neuen Frauengemeinschaften auferlegen. Die sich parallel verbreitende „Regel des seligen Damian vom Spoletotal bei Assisi", 1223 bereits in die Lombardei gelangt, wird durch die *„regula ordini spoletani a domino papa concessa"* abgelöst. Mitte der Zwanzigerjahre kann der Papst selbst schon von einem neuen Nonnenorden sprechen, der seinen Schwerpunkt in der *Tuscia* hat und der sich an Hugolins Lebensordnung orientiert. Das Spoletotal und die Toskana erscheinen wiederholt als Bezugspunkt. Im Spoletotal folgen seit 1219 Perugia und Foligno dem hugolinschen Lebensmodell. Es fragt sich, ob und wann Klaras Gemeinschaft die Konstitutionen des Kardinals übernommen hat und ob seine Schwestern dadurch ebenfalls zu *sorores pauperes inclusae* oder *pauperes Dominae clausae* wurden.

2.6 Klara und Franziskus im Konflikt mit Hugolins Nonnenpolitik

Alle vorgenannten Gemeinschaften entwickeln in kurzer Zeit klare monastische Strukturen. Die zitierten Schreiben richten sich an „Äbtissinnen", sprechen bald auch von „Nonnen" (*moniales*) und fördern die Gründung oder die Konsolidierung von Klöstern (*monasteria*). Sie verleihen den Gründungen eine *libertas*, wie sie Frauenklöster bisher nicht genossen haben: Statt einem Männerorden zugeordnet zu sein, wie das im römischen Reformprojekt San Sisto ab 1216 erneut geschieht, wechseln die Neugründungen mit Hugolins Konstitutionen und bischöflicher Exemtion unter die direkte Jurisdiktion des Papstes und mit ihren Gütern ins *patrimonium beati Petri*.[75] Muss es da nicht überraschen, dass das original erhaltene Armutsprivileg für San Damiano aus der Hand Gregors IX., wie Hugolin sich in seiner neuen Würde nennt, im Herbst 1228 jedes monastische Element vermissen lässt? Die Adresse des Privilegs weist auf eine noch immer semireligiose Gemeinschaft hin: Es richtet sich am 17. September an „Klara und die anderen Dienerinnen Christi, die bei der

---

75 ANDENNA, Ordo Sancti Damiani, 45of. (am Beispiel von Monteluce aufgezeigt), 48of. (zur „plena libertas").

Kirche des hl. Damian im Bistum Assisi versammelt sind". Der versierte Kirchenrechtler Gregor IX. weiß nach seinem zweiten Besuch in San Damiano Mitte Juli 1228, dass er weder von einer Äbtissin noch von Kloster und Nonnen sprechen kann. Auch findet sich im Privileg kein Hinweis auf eine *„vita regularis"*, auf Konstitutionen und auf einen *Ordo.*[76]

Dem Armutsprivileg geht ein heftiger Zusammenstoß voraus, von dem noch die Rede sein wird. Doch schon lange vorher gibt es Anzeichen für Differenzen zwischen Klara und Papst Gregor IX. alias Kardinal Hugolin. Nicht nur Klara entzieht sich dessen Politik und erkämpft sich 1228 eine Bestätigung ihrer armen Nachfolge, die sich durch Hugolins Klausurpolitik auf den drei Säulen *donatio – exemptio – reclusio* gefährdet sieht.[77] Franziskus' Testament für San Damiano bestärkt die Schwestern 1226 darin, der gemeinsamen Christusnachfolge in Armut auch dann treu zu bleiben, wenn Einflussreiche in Kirche oder Gesellschaft davon abzubringen suchten – „wer immer es auch sein mag" (VermKl).[78] Stefan von Narni weiß als Gefährte des Franziskus zu berichten, wie der Bruder sich in direkter Konfrontation mit dem Kardinal von all jenen Frauengemeinschaften distanzierte, die hugolinisch geprägt waren und die künftig nicht mehr „sorores" heißen sollten. Die scharfe Reaktion des Heiligen lässt aufhorchen. Obwohl erst ein halbes Jahrhundert später schriftlich festgehalten und im Wortlaut dabei möglicherweise auf aktuelle Konflikte nach 1260 zugespitzt, fügt sich der Kern der Aussage sachlich in die Politik der Zwanzigerjahre und lehrt klar zwischen Hugolins Klausurfrauen und Klaras Schwestern zu unterscheiden:[79]

---

[76] Dass die unsicher überlieferte Textgestalt des ersten Armutsprivilegs unter Innozenz III. von „vita regularis" spricht, gehört zu den formalen Auffälligkeiten, die Werner Maleczek zu seiner Fälschungsthese veranlasst haben.

[77] Die Annahme von Gütern (*donatio*) und die Absicherung des Lebensunterhalts sind unabdingbar, um Hugolins Klausurmodell leben zu können: POZZI, G. / RIMA, B.: Lettere ad Agnese – La visione dello specchio. Milano 1999, 36f.; ANDENNA, Ordo Sancti Damiani, 455, 480–483 (= „Rapporto fra clausura, sostentamento e proprietà").

[78] Lat. *Et rogo vos, dominas meas, et consilio do vobis, ut in ista sanctissima vita et paupertate semper vivatis. Et custodite vos multum, ne doctrina vel consilio alicuius ab ipsa in perpetuum ullatenus recedatis* (Ultima voluntas; VermKl 3). Zur Bedeutung des persönlichen Vermächtnisses: KUSTER, Niklaus: Gli Scritti di Francesco a Chiara. Autenticità e importanza. In: Verba Domini mei – Gli Opuscula di Francesco d'Assisi a 25 anni dalla edizione di Kajetan Esser ofm. Atti del Convegno internazionale, Roma 10–12 aprile 2002, a cura di A. CACCIOTTI. Roma 2003 (Collana Medioevo, 6) 363–381, 375–377.

[79] Originaltext in: AFH 12 (1919) 383; das Zeugnis mag im Wortlaut ordenspolitische Spannungen zwischen Minderbrüdern, Kurie und Nonnenorden unter Bonaventura spiegeln: dazu ALBERZONI, La nascita, 109;

„Bruder Stephanus sagte, dass Franziskus offenbar einzig Klara eine tiefe Liebe entgegenbrachte [...] Ihr und ihrem Kloster habe er Sorge getragen. Und niemals hätte er ein anderes Kloster gründen lassen, wenn zu seiner Zeit auch Klöster entstanden sind, die andere gründeten. Als er vernahm, dass die Frauen in jenen Klöstern ‚Schwestern' genannt wurden, soll er ganz aufgewühlt und erregt gesagt haben: Der Herr hat uns Gattinnen genommen, der Teufel aber besorgt uns Schwestern (*Dominus a nobis uxores abstulit, dyabolus autem nobis procurat sorores*). Herr Hugolinus, Bischof von Ostia, der Protektor des Minoritenordens war, förderte jene Schwestern aber mit großer Liebe. Als er diese einmal dem seligen Franziskus mit den Worten empfahl: ‚Bruder, ich empfehle dir jene Herrinnen von Herzen', habe Franziskus mit heiterem Gesicht geantwortet: Ja, Vater, künftig sollen sie nicht mehr ‚*sorores minores*', sondern Herrinnen heißen [...] Und von da an nannte man sie ‚*dominae*' und nicht mehr Schwestern" (Stef).

Die hier greifbare Opposition des Franziskus fließt in seine Ordensregel ein, die den Brüdern den freien Kontakt zu Frauenklöstern und Nonnenseelsorge ohne kurialen Auftrag verbietet. Bereits die Regel von 1221 erschwert den Zugang zu Frauenklöstern (NbR 12), und die definitive Regel von 1223 schreibt dazu ein spezifisches Kapitel: *ne ingrediantur monasteria monacharum praeter illos, quibus a sede apostolica concessa est licentia specialis* (BR 11). San Damiano, das noch 1228 kein Kloster im rechtlichen Sinne ist, fällt zu Lebzeiten des Franziskus nie unter diese Regelbestimmung. Sie betrifft primär den Klausurklosterverband des Kardinals Hugolin. Klara bezeugt denn auch in ihrer Regel, dass Franziskus ihren Schwestern sein Leben lang wie versprochen „dieselbe liebende Sorge und Verbundenheit wie den Brüdern" erwiesen hat (KlReg 6,4–5).

VAN ASSELDONK, O.: ‚Sorores Minores'. Una nuova impostazione del problema. In: CFr 62 (1992) 618–621, DALARUN, Francesco – un passaggio, 51–56. Die Erinnerung des Gefährten jedoch setzt einen Konflikt als historisches Faktum voraus und die Stoßrichtung des Franziskus deckt sich mit seinen Schriften an San Damiano (Lebensform, Ultima voluntas, Audite Poverelle).

3. Teil
San Damiano und der Damiansorden unter Gregor IX.

Kardinalbischof Hugolin aus dem Geschlecht der Segnigrafen folgt Honorius III. am 19. März 1227 auf den Papstthron nach. Persönlich ein Freund zisterziensischer Spiritualität, nennt er sich nach dem ersten Mönchspapst Gregor dem Großen. Seine Nonnenpolitik zeigt künftig noch stärker Farben zisterziensischer Brautmystik verbunden mit der strengen Klausurvorstellung, welche die Mönche von Cîteaux für ihren weiblichen Zweig entwickelt hatten.[80] Spätestens 1228 streicht Gregor IX. aus seinen hugolinschen Konstitutionen das Kapitel über die Armut,[81] das unter seinem Vorgänger Honorius III. noch Bedingung für die Anerkennung neuer Frauengemeinschaften unter päpstlichem Schutz (exemptio) gewesen war. Absicherung durch Güter (donatio) erlaubt eine Verschärfung der Klausur (reclusio) und eine zusätzliche Isolierung der Frauenklöster von ihrer Umwelt. Da die Zisterzienser selber sich jedoch nun der Nonnenseelsorge kompromisslos verschlossen und einige der neuen Gemeinschaften „armer Schwestern" oder „armer Frauen" mit Minderbrüdern in Kontakt standen, strebt Gregor IX. nach einer engeren Verbindung seines noch lockeren Klausurnonnenverbands mit dem Franziskusorden. San Damiano soll zudem bewegt werden, die hugolinsche Lebensordnung anzunehmen und Zentrum dieses päpstlichen Frauenordens zu werden. Klara wird sich dieser Politik weiterhin widersetzen. Die folgenden Dokumente zeichnen Gregors IX. Ordenspolitik nach, soweit sie die Klausurnonnen seines hugolinschen Verbandes, San Damiano selbst, das königliche Kloster der Agnes von Prag, die wandernden Minderschwestern und die Minderbrüder betrifft.

---

80 Zu Hugolinos Biografie, Person und Spiritualität: CAPITANI, O.: Gregorio IX. In: Dizionario Biografico degli Italiani 59 (2002) 166–178; ebenso in: Enciclopedia dei Papi 2, 2000, 363–380; zu seiner Person und Spiritualität: KÖPF, Ulrich: Hugolino von Ostia (Gregor IX.) und Franziskus. In: Franziskus von Assisi. Das Bild des Heiligen aus neuer Sicht, hg. v. D. R. BAUER / H. FELD / U. KÖPF. Köln – Weimar – Wien 2005, 163–182.

81 Dazu: Iter storico, 46–50, mit Indizien für ein früheres Kapitel „De possessionibus non habendis" in HugReg.

3.1 Gregor IX.
„Magna sicut dicitur" im Juli / August 1227

Monate nach seiner Wahl zum Papst bedauert Gregor IX. im Hochsommer 1227 in einem Brief an die Klöster seines hugolinschen Verbandes, dass er nun in der neuen Verantwortung nicht mehr denselben Kontakt zu ihnen pflegen könne. Erhalten sind drei Schreiben dieses Rundbriefs, der nach Umbrien, in die Toskana und die Lombardei ging: Ein erstes sendet Gregor IX. am 28. Juli aus seiner Heimatstadt Anagni an das Frauenkloster in Mailand. Derselbe Brief *Magna sicut dicitur* geht am 1. August nach Spello und am 12. August nach Siena.[82] Gregor IX. bittet darin um das Gebet der Schwestern: Nach den ersten konflikt-reichen Monaten seines Pontifikats sieht der Stellvertreter Christi sich selber am Kreuz. Sein Schreiben teilt den „klagenden" Nonnen zudem mit, dass er sie mit der Gottesmutter „meinem Sohn, dem Bruder Pacificus anvertraut". Äbtissin Benedetta und ihr Konvent Santa Maria von Siena gehören zum ersten Kern des hugolinschen Klosterverbandes. Frate Pacifico wurde 1226 der erste franziskanische Visitator der Klausurschwestern und findet 1228 in Filippo Longo seinen Nachfolger.[83]

3.2 Gregor IX.
„Quoties cordis oculus" vom 14. Dezember 1227 (6 OSD)

Ein nächster Schritt nimmt die Minderbrüder insgesamt in die Pflicht. Erst neun Monate im Amt, überrascht Gregor IX. den Brüderorden, deren Protektor er persönlich bleibt, mit

---

82   Quellentexte in: Alberzoni, Francescanesimo a Milano, 209 (Mailand); Potthast (Hg.): Regesta pontificum Romanorum, Band 1. Berlin 1874, 691 (Spello); BF I, 33f. (Siena); Situierung des Schreibens in: Andenna, Ordo Sancti Damiani, 464.

83   Roberto Rusconi und Maria Pia Alberzoni haben überzeugend nachgewiesen, dass der von Jordan von Giano für 1220 berichtete Eifer des Philippus Longus für die „Armen Frauen" nichts mit einem Visitatorenamt zu tun hat (vgl. Jord 13–14). Das Szenario eines franziskanischen Visitators war im Jahr 1220 sowohl ordensrechtlich wie praktisch unmöglich: siehe unten Anm. 73. Entsprechend kritisch sind Quellen zu prüfen, die vor Franziskus' Tod von einem Visitator Philippus sprechen: Franziskus-Quellen, 597 (Anm. 40 zu AP 41), 977 (Anm. 52) und 1500 (Stef 4). Ambrogio wurde erst 1226 abgelöst, und zwar durch Pacifico, nicht Philippo Longo von Atri.

einem vorweihnachtlichen Schreiben an den Generalminister Giovanni Parenti. Die Littera vom Dezember 1227 nimmt geschickt Schlüsselformulierungen auf, mit denen Franziskus in der Lebensform von San Damiano seine Brüder mit Klaras Schwestern verbindet.[84] Der Versuch, die spezielle Beziehung zwischen San Damiano und dem Brüderorden auf die wachsende Zahl klausurierter Nonnenklöster auszuweiten und damit die pastorale Not der päpstlich organisierten „Pauperes moniales reclusae" zu lösen, schockiert die Brüder und stößt auf ihren schnell wachsenden Widerstand. Das Schreiben „Quoties cordis" leitet bewegte Jahrzehnte ein, in denen verantwortliche Minderbrüder und Päpste anhaltend um eine franziskanische Seelsorge am wachsenden Großverband der „Eingeschlossenen Nonnen" und die Freiheit des Ersten Ordens ringen (vgl. 3 BonKl).

„Quoties cordis" ist über den politischen Aspekt hinaus auch spirituell aufschlussreich. Das Schreiben zeugt zum einen von der effizienten Strategie des Oberhirten, der mit Schwestern patriarchal und mit Brüdern direktiv umgeht. Zum anderen verdeutlicht es, wie Gregor IX. religiösen Frauen mit einem hohen Maß an Weltpessimismus begegnet. Weil die Frau in päpstlicher Sicht schwach und die Welt verdorben ist, garantieren nur weibliche Isolation und strenge männliche Hirtensorge, dass der Satan den kontemplativen Aufstieg der Nonnen zum himmlischen Herrn nicht zum Absturz bringt. Klara wird bis zu ihrem Tod eine fundamental positive Sicht von Schöpfung und Welt bewahren: Gottesliebe und Menschenliebe verbinden in San Damiano Stille und Stadt, kontemplativen Rückzug und Verbundenheit mit Assisi, Gebet und Einsatz für Hilfesuchende aller Art.[85]

---

84   Text in: BF I, 36. Kommentare: ZOPPETTI / BARTOLI, Scritti e documenti, 394; Iter storico, 56-62; ALBERZONI, Chiara e San Damiano tra Ordine minoritico e Curia papale, 48f. Zum Problem der hochmittelalterlichen Schwesternseelsorge noch immer grundlegend: GRUNDMANN, Herbert: Religiöse Bewegungen im Mittelalter. Untersuchungen über die geschichtlichen Zusammenhänge zwischen der Ketzerei, den Bettelorden und der religiösen Frauenbewegung des 12. und 13. Jahrhunderts und über die geschichtlichen Grundlagen der deutschen Mystik. Darmstadt 1961, 199–284; dazu die oben in Anm. 47 genannten Untersuchungen von Degler-Spengler und Thompson.

85   Vgl. dazu: KREIDLER-KOS, Martina / RÖTTGER, Ancilla / KUSTER, Niklaus: Klara von Assisi. Freundin der Stille – Schwester der Stadt. Kevelaer ³2011.

3.3 Kardinal Rainald
„Munificentiae Conditoris laudes" vom 18. August 1228 (7 OSD)

Nach der feierlichen Heiligsprechung des Poverello in Assisi besucht der Papst die Schwestern in San Damiano persönlich mit seinem Gefolge. Es dürfte das erste Wiedersehen der Schwestern mit Hugolin sein, seitdem dieser den Stuhl Petri bestiegen hat. Klara „widersteht aufs unerschrockenste" dem Versuch Gregors IX., ihre Gemeinschaft in den neuen päpstlichen Nonnenorden einzufügen und seinem Modell klösterlichen Lebens anzunähern.[86] Marco Bartoli zeigt auf, dass es im Sommer 1228 nur vordergründig um die Milderung der Armutspraxis ging. Das Aufdrängen von Gütern war unverzichtbarer Bestandteil hugolinscher Nonnenpolitik: *donatio* und *exemptio* verbinden sich mit einer *reclusio*, die Weltabkehr und größtmögliche Isolation ermöglicht[87]. Zehn Jahre später wird Gregor IX. an Agnes von Prag schreiben, San Damiano habe noch unter Honorius III. die Exemption und dann auch seine Konstitutionen angenommen. Die direkte Unterstellung unter die päpstliche Hirtensorge ist, wie das frühe Beispiel von Monticelli beweist, noch ohne hugolinsche Lebensordnung möglich (vgl. 3 OSD). *Donatio* und *inclusio* bedingen sich und sind, wie die kuriale Klosterpolitik in der Toskana und in Norditalien gezeigt hat, die beiden anderen Pfeiler von Gregors IX. Strategie.

Im gleichen Sommer 1228 wird für die Schwestern und Brüder ein neuer Protektor ernannt in der Person des Kardinals Rainaldo de Sant'Eustachio aus dem Geschlecht der Grafen von Jenne. Er soll Gregors Nonnenpolitik weiterführen und unterschiedlichste Arten neuer Frauengemeinschaften in einem einzigen Orden zusammenfassen. Maria Pia Alberzoni gliedert diese Klöster in drei Gruppen: 1. Frauengemeinschaften, die ihre Prägung Hugolin verdanken (Siena, Lucca, Perugia und Spoleto), 2. Gründungen mit direktem Bezug zu San Damiano (Vallegloria, Arezzo, Gubbio, Firenze), und 3. Schwestern, die aufgrund franziskanischer Predigt entstanden sind (Castelfiorentino, Trento, Milano).

Der neue Kardinalprotektor Rainaldo setzt kurz nach dem Besuch Gregors IX. in San Damiano, bei dem er selber zugegen war, Klaras Gemeinschaft an die Spitze von 24

---

86 Vgl. LebKl 14; vom Konflikt berichtet selbst die Kanonisationsbulle BulKl 52.
87 BARTOLI, Chiara d'Assisi, 115–128, 172–175, dazu auch BARTOLI, M.: Gregorio IX, Chiara d'Assisi e le prime dispute all'interno del movimento francescano. In: Rendiconti dell'Accademia Nazionale dei Lincei. Classe di scienze morali, storiche e filosofiche 35 (1980) 97–108.

Konventen (*conventus*).[88] Die kollektive Adresse nennt unter den Äbtissinnen (*abbatis-sae*) auch jene von „San Damiano in Assisi". Die politische Stoßrichtung des Schreibens ist unverkennbar: Klaras Gemeinschaft soll Haupt und Zentrum des kurialen Verbandes „armer Klöster" werden. Die Interpretation dieses Schreibens fällt in der Forschung kontrovers aus: Die umbrisch-sardischen Klarissen leiten aus diesem Dokument ab, dass San Damiano damit die Hugolinsregel akzeptiert. Diese könnte Klaras Schwestern in der „früheren Fassung" gewährt worden sein, welche das Kapitel *De possessionibus non habendis* noch enthält (vgl. 1 GregKl). Damit wäre auch das folgende Armutsprivileg kompatibel (2 Priv), das Gregor IX. Klara einen Monat später ausstellt, und der Papst kann seinen Klausurnonnenverband in der Folge mit gutem Recht *Ordo sancti Damiani* nennen las-sen.[89] Ganz anders fällt die Überzeugung Maria Pia Alberzonis aus: Das Schreiben spiegle nur das Wunschziel kurialer Politik und nicht die Realität. San Damiano habe dem päp-stlichen Damiansorden tatsächlich nie angehört und Klara betrachte ihre Gemeinschaft bis zu ihrem Tod als Teil des einen und einzigen franziskanischen Ordens der *Minores*: So komme es zum „Paradox eines Ordens, der nach einem Kloster benannt ist, das sich jedoch nicht als Teil dieses Ordens erachtet".[90] Tatsächlich kann die akzeptierte Exemtion jedoch genügen, um San Damiano zu den *paupera monasteria* zu zählen.[91] Dass dies im Sommer 1228 dennoch voreilig und vereinnahmend geschieht, belegen zwei Quellen der folgenden Monate. Zunächst überrascht die semireligiose Adresse des Armutsprivilegs, das Klara dem Papst wenige Wochen später abringt, und dann eine sensationelle Neuentdeckung aus Graz, die wohl aus dem Kloster Judenburg in Österreich stammt: eine Bulle, die San Damianos Exemption in den November 1229 datieren lässt (vgl. OSD 8).

---

88 Der Originaltext findet sich in: AHF 5 (1912) 445f.; Escritos de Santa Clara, 364–367; Iter storico, 138–140.

89 Vgl. Iter storico, 60–62.

90 Vgl. ALBERZONI, Maria Pia: San Damiano nel 1228. Contributo alla 'questione clariana'. In: CFr 67 (1997) 459–476, 471, spricht vom „paradosso di un Ordine che prende il nome da un monastero il quale però non si riconosce parte dell'Ordine stesso". Zu Klaras Zugehörigkeit zum einen (Ersten) Orden: ALBERZONI, Chiara e San Damiano tra Ordine minoritico e Curia papale, 27–32, 49–50, 59.

91 ANDENNA, Ordo Sancti Damiani, 491, sieht Gregors IX. Vereinnahmungspolitik von 1228 erst sieben Jahre später zum Erfolg kommen: „1235 circa [...] la definitiva assimilazione del cenobio clariano alla *religio* delle *pauperes mulieres* umbro-toscane, almeno dal punto di vista della curia romana, era stata realizzata".

Rainaldo benennt – von der Idee her der Lebensform von San Damiano vergleichbar – die wesentlichen Beziehungen, aus denen die schwesterliche Spiritualität sich nährt. Sind es für Klara jedoch geschwisterliche Verbundenheit unter Menschen und intime Beziehungen zu Gott – ihre Schwestern machen sich zu Töchtern des Vaters, Geliebten des Geistes und Jüngerinnen Christi – werden in diesem Rundschreiben die Rollen kirchlicher Hirten betont: Der Papst erscheint als Herr und Vater der Schwestern, Stellvertreter Gottes auf Erden, Freund des Bräutigams, als Bischof und Hirte der ganzen Herde. Christus erscheint als ferner Bräutigam, Himmelskönig und Herr, der durch seinen Stellvertreter auf Erden spricht. Der Kardinalprotektor übernimmt die väterliche Verantwortung für seine Töchter und unterstellt sie in strenger Disziplin einem neuen Visitator, dem sie sich als gottesfürchtigem Mann und Diener Gottes gehorsam unterordnen sollen. Kuriale Spiritualität zeigt sich hier in hartem Kontrast zur geschwisterlichen Nachfolge Klaras, die sich durch frei gewählte und intime Gottesnähe auszeichnet.

Einen patriarchalen Eingriff hat Klara kurz vor Rainaldos Rundschreiben beim Besuch Gregors IX. erlitten und mit „unerschrockenem" Mut zurückgewiesen.[92] Christus wie die Apostel folgend (Mk 10), lässt Klara auch beim persönlichen Besuch des Papstes und seines Gefolges keine Eingriffe irdischer Autoritäten in ihre Gemeinschaft zu, die sie „von der Nachfolge Christi dispensieren" wollen. Es ist bemerkenswert, dass die kirchlich offizielle *Legenda sanctae Clarae virginis*, mit der die neue Heilige der ganzen Kirche als Modellgestalt verkündet wird, den offenen und mutigen Konflikt mit Gregor IX. klar benennt. Die Legenda wurde von Papst Alexander IV. approbiert, der im Sommer 1228 als neuer Kardinalprotektor Rainaldo da Jenne im Gefolge Gregors IX. ein Augenzeuge des Geschehens war. Alexander IV. selbst wird in der Heiligsprechungsbulle direkt auf Klaras erfolgreichen Widerstand zu sprechen kommen und diesen ebenfalls modellhaft finden.[93]

---

92   Thomas von Celano streut dem Papst zunächst Weihrauch, um den Konflikt dann offen benennen zu können: *dominus papa Gregorius, vir sicut sede dignissimus, ita et meritis venerandus, paterno affectu sanctam istam arctius diligebat. Cui cum suaderet ut propter eventus temporum et pericula saeculorum aliquas possessiones assentiret habere quas et ipse liberaliter offerebat, fortissimo animo restitit, et nullatenus aquievit* (LegKl 14,4–5).

93   Lat. *Nec aliquibus prorsus potuit induci suasibus ad consentiendum, quod suum monasterium proprias possessiones haberet, quamquam fel. rec. Gregorius papa, praedecessor noster, de multa indigentia ipsius*

3.4 Gregor IX.
Armutsprivileg für San Damiano (1228):
„Altissimae paupertatis propositum" (2 Priv)

Gregors IX. Versuch, seinem Frauenorden in Assisi ein inspirierendes Zentrum und eine charismatische Leitgestalt zu geben, ist im Juli 1228 gescheitert. Klara hat dem Papst und seiner Politik mit dem Mut des Apostels Paulus ins Angesicht widerstanden: auch der Stellvertreter Christi darf sie und ihre Schwestern nicht daran hindern, Christus selber zu folgen.[94] Zwei Monate nach dem direkten Konflikt mit Klara bestätigt Gregor IX. das Armutsprivileg für San Damiano. Das Dokument vom 17. September 1228 ist im Original erhalten. Hat der neue Kardinalprotektor Rainaldo da Jenne einen Monat zuvor noch unter den „Äbtissinnen und Konventen der armen Klöster" auch San Damiano genannt, nimmt der Papst selber hier die monastischen Titel zurück:

[1] Gregor, Bischof, Diener der Diener Gottes,
an die in Christus geliebten Töchter, Klara und die anderen Mägde Christi
die bei der Kirche San Damiano im Bistum Assisi zusammenleben,
Gruß und apostolischen Segen.
[2] Wie es sich klar zeigt, wünscht ihr euch dem Herrn allein hinzugeben
und habt daher dem Verlangen nach zeitlichen Dingen entsagt.[3] Nachdem ihr deswegen
alles verkauft und an die Armen verteilt habt [Lk 18,22],
nehmt ihr euch nun vor, überhaupt kein Eigentum und keinen Besitz mehr zu haben,
um euch in allem an die Spuren dessen zu heften [1Petr 2,21],
der für uns arm geworden ist, Weg, Wahrheit und Leben [Joh 14,6, 2 Kor 8,9].
[4] Von einem derartigen Vorhaben schreckt euch auch nicht der Mangel an Dingen ab,

---

monasterii pie cogitans, libenter illi voluerit, pro Sororum eius sustentatione, possessiones sufficientes et congruas deputare (BulKl 52).

94   Zusätzlich zu den bereits zitierten offiziellen Quellen LebKl 14, BulKl 52 sind die Erinnerungen der Schwestern bemerkenswert, die 25 Jahre nach dem Geschehen im Heiligsprechungsprozess noch davon sprechen: ProKl I 13; II 22; III 14.

⁵denn die Linke des himmlischen Bräutigams ist unter eurem Haupt [Hld 2,6; 8,3],

um zu stützen, was schwach ist an eurem Leib,

das ihr in geordneter Liebe dem Gesetz des Geistes unterworfen habt.

⁶Schließlich wird der,

der die Vögel des Himmels nährt und die Lilien des Feldes kleidet [Mt 6,26.28],

es euch weder an Nahrung noch an Kleidung mangeln lassen,bis er selbst euch reihum

bedient in der Ewigkeit [Lk 12,37], wenn nämlich

seine Rechte euch glückseliger umarmt [Hld 2,6, 8,3] in der Fülle seiner Anschauung.

⁷Wie ihr also gebeten habt, so bekräftigen wir euren Lebensentwurf in höchster Armut

mit apostolischer Gunst

indem wir euch durch die Autorität des vorliegenden Schreibens zugestehen,

dass ihr von niemandem gezwungen werden könnt, Besitz und Güter anzunehmen.

⁸Keinem unter den Menschen sei es deshalb erlaubt, in irgendeiner Weise

gegen den Wortlaut dieses unseres Zugeständnisses zu verstoßen

oder ihm mit verwegener Kühnheit zuwider zu handeln.

Sollte sich jemand anmaßen, solches auch nur zu versuchen,

so wisse er, dass er den Zorn des allmächtigen Gottes

und der seligen Apostel Petrus und Paulus auf sich zieht.

Gegeben in Perugia, am 15. Tag vor Anfang Oktober, im zweiten Jahr unseres Pontifikats.

Das original erhaltene päpstliche Privileg macht in aller Klarheit deutlich, dass der Jurist Klaras Gemeinschaft im Herbst 1228 noch immer kein klösterliches Profil zusprechen kann. Engelbert Grau hat vermutet, dass die Kurie das Privileg anachronistisch adressierte. Solches konnte bei der bloßen Bestätigung eines früher ausgestellten Privilegs geschehen.⁹⁵ Für diese These könnte sprechen, dass das Kloster Monteluce von Perugia am 16. Juni 1229 ein identisches Armutsprivileg erhält. Es richtet sich „an die in Christus geliebten Töchter Agnes und die anderen Dienerinnen Christi bei der Kirche Santa Maria von Monteluce im Bistum Perugia"⁹⁶. Monate später schreibt derselbe Papst jedoch an „die in Christus

---

95   Vgl. GRAU, Engelbert: Das Privilegium Innozenz' III. In: FrSt 31 (1949) 337–349, 348; Grau stützt sich
     auf SABATIER, Paul: Le privilège de la pauvreté. In: Revue d'histoire franciscaine 1 (1924) 1–54, 44–47.
96   Gregor IX., „Sicut manifestum est" (16. Juni 1229) an Monteluce in Perugia: BF I, 50.

geliebten Töchter, die Äbtissin des Klosters Santa Maria von Monteluce in Perugia und ihre Schwestern". Monteluce ist nachweislich schon 1222 ein Kloster (*monasterium*).[97] Im Gegensatz zu Perugia ist uns jedoch vor 1229 kein kuriales Dokument greifbar, das San Damiano individuell als Kloster und Klara als Äbtissin bezeichnet hätte. Zudem erscheint ein unaufmerksames Abschreiben der Adresse bei der ordenspolitischen Brisanz, den das Privileg für Assisi kurz nach dem ernsten Konflikt mit dem Papst bedeutet, schwerlich denkbar.

Die seltsame Inkonsequenz in der Privilegadresse an Monteluce kann dadurch erklärt werden, dass Perugias Schwestern 1229 das Armutsprivileg von San Damiano kopieren lassen, dessen semireligiose Adresse übernommen und unsachgemäß adaptiert wird.[98]

San Damianos Armutsprivileg von 1228 – original erhalten und juristisch an eine noch un- oder halbklösterliche Gemeinschaft gerichtet – wird zum Meilenstein in Klaras Geschichte mit Gregor IX. Dessen Nonnenpolitik hält am Ziel fest, San Damiano zum Zentrum eines päpstlich geleiteten Frauenordens zu machen, für den erstmals bereits 1229 der neue Namen *Ordo sancti Damiani* aufkommt. Während die Armut spätestens 1228 aus den hugolinschen Konstitutionen gestrichen wird, garantiert das Armutsprivileg desselben Jahres San Damiano die Originalität der eigenen Nachfolge.[99] Klara hält an diesem Privileg bis zur Bestätigung ihrer eigenen Ordensregel kurz vor ihrem Tod fest. Sie verteidigt mit der Armut auch ihre enge Verbundenheit mit der Stadt, deren Brot ihre Schwestern ebenso teilen wie sie zugänglich bleiben für die Nöte der Menschen von nah und fern.[100]

---

97 Honorius III., „Sacrosancta Romana Ecclesia" (24. September 1222) an Monteluce: BF I, 13–15.

98 Dazu Kuster, Armutsprivileg Innozenz, 15 und 65, mit Synopse der lateinischen Texte, nun aber neuer Situierung.

99 Andenna, Ordo Sancti Damiani, 482f., verdeutlicht den Kontrast in der päpstlichen Politik: 1228 sendet Gregor IX. seine Konstitutionen ohne Armutskapitel nach Pamplona und verbreitet sie künftig in dieser Form. Im September 1229 erhalten Frauen in Trient die HugReg ausdrücklich ohne Armutskapitel: „si tratta della concessione opposta rispetto a quella ottenuta da Chiara per San Damiano con il *privilegium paupertatis*".

100 Ein beredtes Zeugnis dafür sind die Prozessakten; bezüglich Brot aus der Stadt: ProKl I 13; V 16.

3.5 Thomas von Celano
„Vita beati Francisci" im Jahre 1229 (1 C 18-20)

San Damiano erscheint im Armutsprivileg Gregors IX. vom September 1228 noch immer als semi-religiose Gemeinschaft. Genau zwei Jahre später dürfte es sich selber allerdings auch formell als ein Kloster betrachten. Ein deutliches Indiz dafür ist Klaras Reaktion auf die erste päpstliche Regelerklärung. Die Bulle „Quo elongati" vom September 1230 verbietet den Brüdern, Frauenklöster jeder Art zu betreten. Dass Klara mit einem Hungerstreik drohen muss, um die päpstliche Verfügung von San Damiano abzuwenden, erklärt sich nur, wenn ihre Gemeinschaft inzwischen tatsächlich ein *coenobium monialium* ist.[101]

Eine erste Schlüsselquelle für diese spannende Zwischenzeit zeigt San Damianos Profil im Frühjahr 1229. Marco Guida hat im Rahmen seiner Dissertation überzeugend nachgewiesen, dass das so genannte „Porträt von San Damiano und weiterer Schwesterngemeinschaften" in der offiziellen Franziskusvita ein späterer Einschub ist. Thomas von Celano hat den Ausblick auf die Schwesterngemeinschaft, die in San Damiano entstehen und zum Orientierungspunkt eines Ordens wird, sowohl chronologisch wie auch literarisch störend in seine Hagiografie eingefügt. Dass er es widerwillig und auf Druck des Papstes tat, der im Exkurs denn auch gebührend genannt sein will, kann aus der Tatsache abgeleitet werden, dass der versierte Schriftsteller die Nahtstellen des Exkurses nicht verbirgt.[102] Profil und Bedeutung dieser besonderen Gemeinschaft werden mit dem Bild eines spirituellen Baus beschrieben. Die Spiritualität, wie San Damiano sie lebt, wird als Modell für andere Frauengemeinschaften programmatisch skizziert. Die Einleitung dieses Exkurses betont auffallend den Ort, verbindet ihn mit Franziskus und erklärt San Damiano zum Ausgangspunkt eines Frauenordens:

---

101   Die Antwort des Papstes lautet: *generaliter esse prohibitum de quarumlibet coenobia monialium*. Die Bulle „Quo elongati" vom 28. September 1230 wird im nächsten Abschnitt eingehender beleuchtet.

102   Vgl. GUIDA, Marco: Legenda Sanctae Clarae Virginis. Analisi storico-critica di una fonte della spiritualità medievale (Estratto dalla Diss. Roma). Roma 2008; die Dissertation erschien als Band 90 unter den "Subsidia hagiographica" der Société des Bollandistes: GUIDA, Marco: Una leggenda in cerca d'autore: La ,Vita' di santa Chiara d'Assisi. Bruxelles 2010.

⁴Das ist jene selige und heilige *Stätte*, an der die ruhmreiche Gemeinschaft und der so hervorragende *Orden der Armen Frauen* und heiligen Jungfrauen etwa sechs Jahre nach der Bekehrung des seligen *Franziskus* durch eben diesen seligen Mann seinen glücklichen Anfang nahm. ⁵Hier erstand in Herrin *Klara*, aus der Stadt Assisi gebürtig, der kostbarste und mächtigste Stein als *Fundament* der übrigen darübergelegten Steine (1 C 18).

Dem aufmerksamen Leser muss auffallen, dass Klara nur als Grundstein fungiert, nicht als Gründerin. Die abschließende Notiz erklärt diese Rolle mit einem weiteren Akteur neben Franziskus:

⁴Der ewige Gott möge sich würdigen, mit seiner heiligen Gnade einen so heiligen Anfang mit einem noch heiligeren Ende zu beschließen! ⁵Und was hier vorläufig über die Gott geweihten Jungfrauen und die so frommen Mägde Christi gesagt wurde, möge genügen, da ihr wunderbares Leben und ihre ruhmvolle Regel, die sie vom *Herrn Papst Gregor*, dem damaligen *Bischof von Ostia*, erhielten, ein eigenes Werk und Muße verlangen würden (1 C 20).

Thomas von Celano, der lebende Personen in seinen Werken nur ausnahmsweise mit Namen nennt, tut Gregor IX. den gewünschten Gefallen und würdigt seine Verdienste für den neuen Frauenorden. Bereits als Kardinal ist er 1224 in Mailand als *provisor et rector* aller *moniales* des Spoletotal-Ordens aufgetreten.[103] Als Papst wird er auch rechtlich dessen eigentlicher Gründer. Er gibt dem Klosterverband mit der Regel eine klare Ausrichtung, hat Franziskus' Zusage der brüderlichen Sorge für San Damiano bereits Ende 1227 per Dekret auf die päpstlichen Klausurnonnen ausgedehnt und will nun Klara zur leuchtenden Leitfigur stilisieren.

In seiner Genialität macht sich der Franziskusbiograf, zu einem propagandistischen Exkurs über die päpstliche Nonnenpolitik gezwungen, jedoch auch zu einem Sprecher Klaras. Das von ihm skizzierte geistliche Gebäude verdeutlicht in seiner raffinierten Komposition, was für ein Schwesternkloster unabdingbar ist, will es sich auf Franziskus und Klara berufen. Eine sorgsame Strukturanalyse zeigt die Symmetrie zwischen den

---

103 ANDENNA, Ordo Sancti Damiani, 456f. (für Mailand) und 462f.

sieben Elementen auf.[104] Die Symbolzahl 7 steht für eine heilige Ganzheit und eine von Gott geschenkte Fülle. Stilistische Akzente geben den Schlüssel zur Gesamtkomposition in die Hand. Die Tugenden sind nicht linear im Sinn einer Rangliste zu lesen,[105] sondern erweisen sich einander feinsinnig zugeordnet:[106]

1°	virtus mutuae ac continuae charitatis (praecipua ante omnia)	
2°	humilitatis gemma	
3°	virginitatis et castitatis lilium	
4°	altissimae paupertatis titulus	
5°	abstinentiae et taciturnitatis gratia	
6°	virtus patientiae	
7°	contemplationis summa	

Thomas markiert das erste, das vierte und das letzte Element mit einem Superlativ. Der dritte und der fünfte Baustein setzen sich aus einem Doppelbegriff zusammen. Die Perle der Demut und die Tugend der Geduld sind ihrem Inhalt entsprechend am schlichtesten

104 Marco Guida verpasst es in seiner Dissertation, die Feinkomposition des Exkurses aufmerksam zu lesen. Eine Fortsetzungsstudie, die den spirituellen Bau schrittweise und nach dem neuen Wissensstand erschließt, erschien in: KUSTER, Niklaus: Klaras San Damiano in der Franziskusvita des Thomas von Celano: Eine Schlüsselquelle zur Wende von 1228/29. In: SCHMIES, Bettelarmut und Beziehungsreichtum, 385–403.

105 Entsprechend irreführend bietet die neueste Gesamtausgabe der französischen Franziskus-Quellen eine lineare „Rangliste" der sieben Tugenden: François d'Assise, Écrits, Vies, témoignages. Sources franciscaines – Édition du VIIIe centenaire sous la direction de J. DALARUN. Paris 2010, 487f. Auch der versierte Mediävist und Quellenforscher Jacques Dalarun liest 1 C 18–20 damit ähnlich oberflächlich wie Marco Bartoli, Anton Rotzetter und Regis Armstrong vor 20–30 Jahren. Dagegen KUSTER, Niklaus: Thomas von Celano und Klaras Armut in San Damiano. Beitrag zu einer Neuinterpretation der beiden Franziskusviten und zur Diskussion über den Verfasser der Klaralegende. In: WiWei 59 (1996) 47–79.

106 Die sieben Tugenden (1 C 19–20) übersetzt Johann-Baptist FREYER in den Franziskus-Quellen, 210f., wie folgt: „Hauptsächlich blüht unter ihnen vor allem die Tugend gegenseitiger und stetiger Liebe, die ihren Willen in eins verbindet [...] Zweitens leuchtet an einer jeden der Edelstein der Demut [...] Drittens übergießt die Lilie der Jungfräulichkeit und Reinheit sie alle mit solch wunderbarem Duft [...] Viertens sind sie alle so mit dem Ruhm der allerhöchsten Armut ausgezeichnet [...] Fünftens aber haben sie eine so einzigartige Gnade der Enthaltsamkeit und Schweigsamkeit erlangt [...] Sechstens sind sie bei all dem mit der Tugend der Geduld so wunderbar geziert [...] Siebtens endlich haben sie sich den höchsten Grad der Beschauung in einer Weise verdient [...]"

benannt. Die Armut wird im Zentrum der Skizze textlich am kürzesten und prägnant charakterisiert. Inhaltlich spielt die schwesterliche Liebe in dieser Struktur mit der „Fülle der Kontemplation" zusammen: die Einheit unter den Schwestern mit der intimen Beziehung zu Gott. Nächstenliebe und Gottesliebe werden von Klaras Schwestern radikal gelebt, in einer schwesterlichen Gemeinschaft und in kontemplativer Ausrichtung. Das Tugendpaar Demut und Geduld kennzeichnet die Grundhaltung von Menschen, die sich als „Mindere" verstehen. Es sind die beiden Tugenden, an denen die Ermahnungen des Franziskus echte Minderbrüder und franziskanische Menschen erkennen.[107] Der Celanese erkennt diese *minoritas* auch im Leben von San Damiano. Jungfräulichkeit und Keuschheit bilden dann zusammen mit Abstinenz und Schweigsamkeit besonders wichtige Tugenden des klösterlichen Lebens. In der Mitte bleibt – einzig und gewissermaßen einzigartig – die „höchste Armut", wie Klaras Schwestern sie leben. Diese Armut wird ganz in ihrer materiellen Dimension beschrieben:

> Viertens sind sie alle mit dem Titel (*titulus*) der allerhöchsten Armut derart ausgezeichnet, dass sie sich kaum oder niemals herbeilassen, den minimalsten Bedürfnissen an Lebensunterhalt (*victus*) und Kleidung (*vestitus*) zu genügen (1 C 19).

Der Wortlaut erinnert unverkennbar an das Armutsprivileg, das Klara während der Redaktionszeit dieser Vita Papst Gregor IX. abgerungen hat. Dessen neuer Orden von Klausurnonnen wird auf eine zisterziensisch geprägte Form von Weltabgeschiedenheit mit strikter Klausur, direkte Unterstellung unter Rom und den nötigen Güterbesitz gegründet. Für San Damiano steht daher die ureigene Inspiration und franziskanische Originalität auf dem Spiel. Gregor IX. gesteht in seinem „Armutsprivileg" gerade das zu, was die vierte Tugend beschreibt – radikale materielle Armut, die sich direkt auf Jesus beruft. Er verwendet dabei zentrale Begriffe, die kurz darauf im Damiano-Exkurs der Franziskusvita erscheinen: Diese spricht ebenfalls von *altissima paupertas*, die sich in *victus* und *vestitus* auf Gottes Sorge verlässt. Das päpstliche Zugeständnis bedeutet einen „Titel" im rechtlichen Sinn, wie

---

107   „Demut und Geduld" lassen sich als „prägnantes Kennzeichen der Verhaltensweise in der jungen Brudergemeinschaft" am Beispiel der Erm aufzeigen: FREYER, Johann-Baptist: Humilitas und Patientia in den Ermahnungen des hl. Franziskus. In: WiWei 53 (1990) 19–31.

Feliciano Olgiati bemerkt.[108] Thomas von Celano weiß im Frühjahr 1229 offensichtlich um Klaras hartnäckiges Einstehen für ihre „höchste Armut". Der Autor befragt auch Zeugen und hat ebenso Kontakt zur päpstlichen Kurie in Perugia. Sein Text muss dem Auftrag gebenden Papst gefallen. Dennoch zögert der Hagiograf nicht, auch Klaras Hauptanliegen zu jenem Zeitpunkt wiederzugeben, da die päpstliche Ordenspolitik Armut gerade in der materiellen Realität gefährdet hat – und, wie sich zeigen sollte, weiterhin gefährden wird. Interessant erscheint nicht nur, wie Thomas von Celano die Armut umreißt, sondern auch die Stellung, die sie in seinem „Tugendgebäude" erhält. Sie nimmt in der symmetrischen Gesamtstruktur den zentralen Ort ein. Die ausgefeilte Komposition spielt mit Superlativen, welche die beiden „Eckpfeiler" und die Mitte des Gebäudes besonders betonen: Das Lied des Dichters und Theologen besingt eine Gemeinschaft, die das christliche Doppelgebot der Nächsten- und Gottesliebe in kontemplativer Lebensweise aufs innigste verwirklicht (1°+7°), und zwar als franziskanische Schwestern (2°+6°) in klösterlichem Rahmen (3°+5°) und in einer Einzigartigkeit, die sich in radikalster Armut auszeichnet (4°).

Die beiden Grundsteine und der Schlussstein sind in einem romanisch-gotischen Gewölbe die markantesten Bauelemente, die die ganze Struktur tragen und verbinden. Werden diese geschwächt, ist der Bau in seiner Gesamtheit gefährdet. Das doppelte Liebesgebot, schwesterlich-kontemplativ eindrucksvoll gelebt, ist das tragende Fundament und die evangelische Armut der krönende Schlussstein, ohne die das spirituelle Gebäude zusammenkracht.[109]

Klaras San Damiano im Winter 1228/29

in der Armut Jesu:
evangelisch

in klösterlichem Rahmen:
monastisch

in der Bewegung der Minores:
franziskanisch

das doppelte Liebesgebot
schwesterlich-mystisch
radikal leben

108   OLGIATI, Feliciano: Vita Prima di San Francesco d'Assisi. In: Fonti Francescane. Scritti e biografie di san Francesco d'Assisi – Cronache e altre testimonianze del primo secolo francescano – Scritti e biografie di santa Chiara d'Assisi, ed. Biblioteca francescana di Milano. Padova ⁴1990, 426 (Anm. 33).

109   Zur evangelischen Radikalität Klaras, die ihre unverzichtbare Armut auf Nachfolgeworte Jesu stützt: GODET-CALOGERAS, J.-F.: Evangelical Radicalism in the Writings of Francis and Clare of Assisi. In: FrancStud 64 (2006) 103–121.

Das Mittelalter liebt feinsinnige Symmetrien in sorgsam komponierten Texten. Thomas von Celano gesellt sich damit an die Seite von Franziskus und Klara, deren Kompositionen ebenfalls mit Symmetrien spielen.[110] Marco Guida trägt der Genialität des Hagiografen nicht ganz Rechnung, wenn er in 1 C 18–20 nicht San Damiano, sondern den päpstlichen Damiansorden charakterisiert findet. Die Feinanalyse der Perikope widerlegt sein Urteil, der Hagiograf beschreibe „das Leben in der Observanz der Konstitutionen von Kardinal Hugolin", und die „Schilderung der sieben charakteristischen Tugenden" bestehe „über alle Maßen auf Aspekten des Ordenslebens, wie sie der gefestigten monastischen Tradition eigen sind und wie Hugolin sie in seinen Konstitutionen aufgreift, um die Klöster seiner eigenen *religio* zu regeln und zu vereinheitlichen". Es muss auffallen, dass der in Hugolins Konstitutionen zentrale Klausurgedanke hier kaum eine Rolle spielt und die entsprechende Begrifflichkeit (*claustrum, clausae, inclusae, reclusio, clausura*) nicht vorkommt. Thomas von Celano kennt die Originalität von Klaras Spiritualität, die er genial in sein Gesamt-bild einfließen lässt, und er macht auch dem Papst deutlich, unter welchen Bedingungen und mit welchem Profil sein Klosterverband sich auf Franziskus und Klara berufen darf.

3.6 Gregor IX.
„Religiosam vitam eligentibus" vom 22. November 1229 (1 GregKl)

Die glückliche Entdeckung einer neuen Quelle, die Giovanni Boccali im Winter 2011 der Fachwelt vorstellt, gibt uns jenes Puzzleteil in die Hand, das San Damiano erstmals direkt und eindeutig als Kloster bezeichnet. Es handelt sich um die Abschrift einer Bulle, die Gregor IX. im November 1229 auf Klaras Bitte hin ausgestellt hat und die San Damiano unter direkten päpstlichen Schutz stellt. Rainaldo von Jenne bestätigt diese Bulle.

---

110   Dazu Zweerman, Theo: Mystik bei Franziskus von Assisi. Unter besonderer Berücksichtigung der ‚Salutatio Virtutum'. In: Mystik in den franziskanischen Orden, hg. v. J.-B. Freyer. Kevelaer 1993, 20–46 (speziell: 33–42); Zweerman, Theo: Franziskus von Assisi als Mystiker. In: Bauer / Feld / Köpf, Franziskus von Assisi, 17–48; Zweerman, Theo / van den Goorbergh, Edith: Klara von Assisi – Licht aus der Stille. Zu ihren Briefen an Agnes von Prag. Kevelaer 2001; Zweerman, Theo / van den Goorbergh, Edith: Franz von Assisi – gelebtes Evangelium. Kevelaer 2009.

Nicht nur San Damiano droht, vereinnahmt zu werden. Den Minderbrüdern ergeht es in der Nonnenpolitik ebenso – und sie tun sich schwer mit der Ende 1227 päpstlich auferlegten *cura monialium*. So erscheint denn auch das Verbot der Regel, zu Nonnenklöstern zu gehen, unter den strittigen Punkten, die das Generalkapitel von Pfingsten 1230 dem Papst zur Prüfung unterbreiten will. Unter der Leitung des Generalministers Giovanni Parenti wird „eine offizielle Gesandtschaft zu Papst Gregor geschickt, um eine Erklärung der Regel zu erbitten. Es waren dies der hl. Antonius, Bruder Gerard Rossignol, der Pönitentiar des Herrn Papstes, Bruder Haymo, der später Generalminister war, Bruder Leo, der später Erzbischof von Mailand war, Bruder Gerard von Modena und Bruder Petrus von Brescia" (Eccl XIII 78,1–2). Unter den Genannten treffen wir Leone da Perego an, der sich bereits 1224 in Verona engagiert um die *Sorores Minores* bemühte.[111] Der Druck, der auf den Minderbrüdern lastet, ist ein zweifacher. Seit ihrem Generalkapitel 1228 verweigern die Zisterzienser nicht nur jede weitere Inkorporation neuer Frauengemeinschaften, sondern auch die *cura monialium* außerhalb ihrer eigenen Klöster. Gregor IX. muss für Dutzende neuer Frauengemeinschaften Seelsorger finden. Zudem gibt es Schwestern, die nicht in die Klausur wechseln wollen, sondern ihre Nachfolge Jesu im Dienst an den Ärmsten leben. Beispiele für diese „Schwestern in der Welt" haben wir in den *sorores minores* von Verona angetroffen und ist in diesen Jahren auch Elisabeth von Thüringen, die in Marburg seit 1228 im neuen Franziskushospital wirkt.[112] In der Frage der brüderlichen Delegation, die von Gregor IX. die Regelerklärung erwirkt, geht es nicht um die bereits 1227 definierte Seelsorge an hugolinschen Klöstern, sondern um andere Gemeinschaften.[113]

San Damiano gilt noch im Armutsprivileg Gregors IX. nicht als *monasterium* und fiel damit noch immer nicht unter das Regelverbot der Minderbrüder, Nonnenklöster zu betreten. Zwei Jahre später lässt Gregor IX. „Religiosam vitam eligentibus" integral abschreiben und in seinen Brief „Noverit universitas vestra" vom 5. Juli 1254 integrieren. Dieses Schreiben ist auf uns unbekannten Wegen ins österreichische Kloster Judenburg

---

111 Pellegrini, Le ‚pauperes dominae', 75–80.
112 Dazu: Reber, Ortrud:Elisabeth von Thüringen. Landgräfin und Heilige. Eine Biografie. Regensburg 2006.
113 Andenna, Ordo Sancti Damiani, 490: „Il duro provvedimento deciso dal pontefice era finalizzato a limitare il proliferare di rapporti di *cura animarum* da parte dei frati nei confronti di quelle *mulieres religiosae*, che aspiravano a realizzare una modalità di vita simile a quella dei frati. Il legame istituzionale fra i monasteri femminili appartenenti alla nuova *religio* e i Minori permaneva pertanto inalterato."

gelangt und vor kurzem im Grazer Landesarchiv von einem Klara-Interessierten aufgefunden worden.[114]

Das feierliche Privileg des Papstes situiert San Damiano nun eindeutig im *ordo monasticus* und gesellt es rechtlich zu anderen Klöstern armer Frauen, die formal der Benediktsregel folgen und direkt dem Papst unterstellt sind. In der Adresse wird Klara erstmals von Gregor IX. selbst als Äbtissin angesprochen:

> Gregor, Bischof, Diener der Diener Gottes, seinen in Christus geliebten Töchtern Klara, Äbtissin des Klosters San Damiano in Assisi, und ihren Schwestern, den gegenwärtigen wie den zukünftigen, die das reguläre Leben geloben, für ewige Zeiten.
>
> Denen, die das religiöse Leben wählen, geziemt es mit apostolischer Schutzaufsicht (*praesidium*) beizustehen, auf dass keine allfälligen Eingriffe irgendeiner verwegenen Instanz sie von ihrem Vorhaben abbringen oder aber, was fern sei, die Kraft des heiligen Ordenslebens lähmen. Deswegen stimmen wir, in Christus geliebte Schwester, euren gerechten Bitten gütig zu und nehmen das Kloster des heiligen Damian von Assisi, in dem ihr in göttlichem Gehorsam eure Hingabe lebt, samt seinen Gütern unter den Schutz des heiligen Petrus und den unsrigen und sichern dies durch das Privileg dieses Schreibens.
>
> Zunächst halten wir fest, dass die monastische Ordnung („*ordo monasticus*"), die bekanntlich gemäß Gott und der Regel des heiligen Benedikt an jenem Ort errichtet worden ist, ebendort für ewigen Zeiten unverletzlich beobachtet werde [...]

Die im Folgenden einzeln genannten *libertates* (Freiheiten) erlauben dem Kloster die freie Aufnahme neuer Schwestern, verbieten Professschwestern das Kloster ohne Erlaubnis der Äbtissin zu verlassen, gewähren den Empfang der Sakramente von Priestern eigener Wahl, regeln die Zuständigkeiten des Bischofs bezüglich Altar-, Kirchen- und Nonnenweihe, verbieten es kirchlichen Autoritäten das Kloster mit Exkommunikation oder Interdikt zu

---

114 Die Auffindungsgeschichte beschreibt BOCCALI, Giovanni: Alcuni nuovi documenti su s. Chiara di Assisi e le Clarisse. In: Frate Francesco 77 (2011) 288-297. Der umbrische Altmeister beschreibt in dieser Studie die Quelle, gibt den Text wieder und versucht eine erste Interpretation der Inhalte. Ich danke Paul Zahner im Franziskanerkloster Graz, der die Bedeutung des Fundes erkannt, eine rasche Veröffentlichung veranlasst und mir eine Kopie von Boccalis Studie zur Verfügung gestellt hat. Genauere Angaben zur Bulle gibt schon: Urkundenbuch des Herzogthums Steiermark, bearb. v. Josef v. ZAHN, Bd. III: 1246–1260. Graz 1903, 44–47 und 221f.

bedrohen, erlauben das interne Feiern der Sakramente in Zeiten eines generellen Interdikts, sichern dem Kloster die freie Äbtissinnenwahl zu, schützen es gegen Raub und gewalt- tätige Übergiffe und bestätigen schließlich alle früheren, von Honorius III. gewährten Freiheiten und Immunitäten. Unter letzterem kann die Bestätigung des Armutsprivilegs (2 Priv) gemeint sein.[115]

Giovanni Boccali stellt aufmerksam fest, dass San Damiano damit im Spätherbst 1229 dieselben Freiheiten und dieselben Auflagen erhält wie das Kloster Monticelli von Florenz zehn Jahre zuvor unter Honorius III. Auch Monticelli muss nicht – weder damals noch später – die Hugolinsregel akzeptieren, sondern kann als Kloster unter einer Äbtissin und auf der rein formalen Grundlage der Benediktsregel den „regulären Observanzen gemäß der Lebensordnung der Frauen von Santa Maria in San Damiano" folgen (3 OSD). Dieses erste Privileg wird Monticelli am 21. Dezember 1229 durch Gregor IX. erneuert. Am selben Tag wie Assisi erhalten es im November 1229 auch Gattaiolo in Lucca und Pontecuti bei Todi.[116]

Boccali fragt nicht nach dem Anlass dieses feierlichen Privilegs im Spätherbst 1229, sondern sucht die Motive des Kardinalprotektors zu erhellen, der die Exemption im Som- mer 1254 bestätigt. Gregors IX. Schreiben von Ende 1229 an Klara setzt ein schwester- liches Gesuch voraus. Zwei Gründe mögen San Damiano zum Wechsel von bischöflicher zu päpstlicher Sorge bewegt haben: Im Sommer 1228 ist Bischof Guido II. gestorben, unter dessen schützender Hand Klaras Gemeinschaft entstanden ist und der sie sorgsam begleitet hat. Ihm folgt Bischof Matteo, über den sich die franziskanischen Quellen aus- schweigen. Politisch bedeutsamer mag die Tatsache sein, dass Klara ab 1229 Schwestern aussendet, um andere Gemeinschaften „zu informieren". Die prominenteste ist ihre leibliche Schwester Agnes, die damals nach Florenz ins Kloster Monticelli wechselt und da Äbtissin wird.[117] Andere Schwestern begeben sich nach Spello, Foligno und Arezzo.

---

115   Klara erinnert im Testament daran, dass sie sich die Nachfolge in evangelischer Armut „von Innozenz III. und seinen Nachfolgern" (*et ab aliis successoribus suis*) mit Privilegien habe bestätigen lassen (KlTest 42). Der Plural schließt neben Gregors IX. Privileg von 1228 mindestens ein weiteres ein. Dass San Damiano einzig die Fassung von 1228 im Original aufbewahrt, ist ein Indiz dafür, dass es die letzte Bestätigung und damit die bleibende juristische Sicherheit darstellt.

116   Vgl. die entsprechenden Texte in BF I, 52–53; 54; 56.

117   Dazu KREIDLER-KOS, Martina: „Ich halte dich für eine Gehilfin Gottes selbst". Die Frauenfreundschaften der heiligen Klara von Assisi. In: SCHMIES, Bettelarmut und Beziehungsreichtum, 3–31, 8–12, und Johannes

Auch wenn man nicht mit Anna Benvenuti von „Filiationen" sprechen möchte, ist doch von einer gezielten Vernetzung auszugehen, die San Damianos Beziehungen zu bereits klösterlich strukturierten Gemeinschaften vertieft und auch institutionell verstärkt. Damit Schwestern in solchen Klöstern ab 1229/31 Äbtissinnen werden können, wie dies für Spello und Florenz zutrifft, muss Klaras Gemeinschaft selber dem *ordo monasticus* angehören.[118] San Damiano unterstellt sich dem päpstlichen Schutz durchaus mit eigenen Gründen, die mit Vorteilen und Risiken verbunden sind. Ohne Hugolins Lebensform zu übernehmen, zählt es seit Herbst 1229 zum noch sehr disparaten päpstlich organisierten Klosterverband. Auch Gregor IX. kommt damit allerdings einen großen Schritt weiter. Nachdem seit Mai 1229 erste Bischöfe – Thomas von Celanos programmatischer Skizze in der Franziskusvita folgend – schon von einem Damiansorden sprechen, wird auch der Kanonist auf dem Papstthron es bald tun. Der neue Name für seinen Klosterverband weist auf ein neues Zentrum hin: San Damiano.

3.7 Gregor IX.
„Quo elongati" vom 28. September 1230 (8 OSD)

San Damiano gilt im Armutsprivileg Gregors IX. rechtlich nicht als *monasterium* und fiel damit noch immer nicht unter das Regelverbot der Minderbrüder, Nonnenklöster zu betreten. Seit November 1229 leitet auch Klara als Äbtissin in Assisi eine Gemeinschaft des *ordo monasticus*. Obwohl das feierliche Privileg ihr die freie Wahl der Seelsorger zusichert, sieht Klara ihre Gemeinschaft nun erstmals betroffen, indem die päpstliche Interpretation das Verbot auf alle Arten von Frauenklöstern ausweitet.[119] Indem der Papst

SCHNEIDERS Kommentar zu ARNALD VON SARRANT(?): Das Leben der heiligen Agnes von Assisi und ihr Brief an ihre Schwester, die heilige Klara. In: SCHMIES, Bettelarmut und Beziehungsreichtum, 507–528, speziell 515–523.

118 MAIER, Theresia: Forma vitae. Eine Interpretation der Ordensregel der heiligen Klara von Assisi. In: SCHMIES, Bettelarmut und Beziehungsreichtum, 326–374, 346, fragt zu Recht, wie denn Agnes in Monticelli Äbtissin wurde, durch kanonische Wahl oder durch Berufung. Die Quellen schweigen sich darüber aus.

119 Quellentext und Kommentare: SCHNEIDER, Johannes: Die Bulle „Quo elongati" Papst Gregors IX. Eingeleitet, übersetzt und mit Anmerkungen versehen. In: Regel und Leben. Materialien zur Franziskus-Regel I, hg. von der Werkstatt Franziskanische Forschung. Münster 2007, 109–117; ROTZETTER, Anton:

mit „Quo elongati" den Zutritt zu Frauenklöstern generell allen Brüdern verbietet, die keine päpstliche Erlaubnis haben, fürchtet Klara um ihre enge Beziehung zum Brüderorden. Indem sie auf diese Regelerklärung faktisch mit einem Hungerstreik droht, erreicht sie die Wiederherstellung der Einheit mit den Brüdern. San Damiano kann damit nicht nur seine Sonderstellung wahren, sondern verteidigt nach der Armut nun auch das zweite Charakteristikum seiner Spiritualität: Teil der franziskanischen Bewegung zu sein.[120] Die Klararegel wird dies markant ausdrücken, indem ihr erster und ihr letzter Abschnitt sowie ihr zentrales Kapitel die unverzichtbare Rolle der Brüder im Leben der *Sorores Pauperes* thematisieren[121].

Cristina Andenna sieht Klara zu dieser Zeit weiterhin „vom festen Willen" geleitet, „die Besonderheit ihres Klosters zu verteidigen und sich nicht in die rigiden Schemen des gregorianisch-damianitischen Nonnenverbandes einschließen zu lassen, dem der Pontifex sie anzugleichen suchte.[122]

3.8 „Ordo sancti Damiani":
Der Damiansorden in Papstbriefen Gregors IX. (9 OSD)

In den frühen Dreißigerjahren streicht der Papst den Titel „Arme Frauen" aus seinen Briefen und beginnt seine „Eingeschlossenen Nonnen" neu als Mitglieder des päpstlichen „Ordens des hl. Damian" zu bezeichnen. Seine Ordenspolitik verschärft den Konflikt mit Klara, die Gregor IX. 1228 offen widerstanden, ihm ein Armutsprivileg abgerungen und die Originalität ihrer Gemeinschaft 1230 mit einem angedrohten Hungerstreik verteidigt hat. Dass die Spannungen weitergehen, zeigt sich um 1237, als Klara auch ihre neue und mächtige Verbündete Agnes von Prag zu respektvollem Ungehorsam aufruft (2 Agn). Der

---

Klara von Assisi. Die erste franziskanische Frau. Freiburg – Basel – Wien 1993, 210f.; Bartoli, Klara von Assisi, 181–184; Alberzoni, Chiara e San Damiano tra Ordine minoritico e Curia papale, 49f.; Iter storico, 69–73; Andenna, Ordo Sancti Damiani, 464–492.

120 Dazu Bartoli, Chiara di Assisi, 175–178 (= „Di fronte alla bolla «Quo elongati»").

121 Zur Komposition der Regel mit ihren drei Schlüsselkapiteln 1, 6 und 12: siehe unten 111–113.

122 Andenna, Ordo Sancti Damiani, 491: „questa reazione era indizio di una ferma volontà da parte di Chiara a voler difendere la peculiarità del suo monastero e la volontà di non farsi rinchiudere entro i rigidi schemi del monachesimo gregoriano-damianita, al quale il pontefice tendeva ad assimilarla".

Konflikt greift danach auf die Prager Königstochter über und gipfelt im päpstlichen Schreiben „Angelis gaudium" von 1238, das dem Projekt einer eigenen Regel für die klarianischen Gemeinschaften und damit einer Alternative zum päpstlichen Klausurnonnenorden eine zornige Absage erteilt. Gregor IX. beruft sich in diesem Konflikt von 1238 darauf, dass Franziskus seine Nonnenpolitik unterstützt hätte und die Gründung der „Eingeschlossenen Frauen" auf den Heiligen selbst zurückgehe. San Damiano selbst hätte seine eigenen Konstitutionen angenommen und jede alternative Lebensform sei ein Ausbrechen aus der Einheit, das nur Verwirrung stifte.

Gregors Strategie, neue Frauengemeinschaften nach seinen Konstitutionen zu regeln, der Seelsorge der Minderbrüder anzuvertrauen und um das Zentrum San Damiano zu sammeln hat in den ersten Jahren seines Pontifikats wesentliche Erfolge verbucht. Auch Klaras Gemeinschaft wandelt sich im Herbst 1229 in ein Kloster (monasterium). Mit dem Armutsprivileg und der einzigartigen Verbindung zu den Brüdern bewahrt San Damiano jedoch eine Sonderstellung. Indem für Klaras Kloster und ihm befreundete Gemeinschaften die eigene Lebensform (FormViv) bestimmend bleibt, wird Gregors IX. Politik zugleich untergraben. Dass der Papst sein Ziel der Sammlung und Vereinheitlichung weiterverfolgt und weiter auf San Damiano als designiertes Zentrum baut, zeigt sich in der Benennung seiner Klausurnonnen. Ab 1229 sprechen Bischöfe vom Damiansorden. 1231 beginnt sich auch in päpstlichen Schreiben der Ausdruck Damiansorden durchzusetzen:

3.8.1.   Piacenza 1229

Der erste Beleg für den neuen Namen „Damiansorden" ist ein Schreiben des Bischofs Visdomino von Piacenza, der am 6. Mai 1229 fünf „sorores Ordinis Sancti Damiani" nennt.[123]

---

123   Dazu ALBERZONI, La nascita di un'istituzione, 100f., 20–22.

3.8.2.   Faenza 1231

Am 23. April 1231 gewährt Gregor IX. „der Äbtissin und den Schwestern des Klosters St. Maria vom *Orden des heiligen Damian* auf der Insel San Martino" das Privileg, Vermächtnisse, Erbschaften und andere Vergabungen anzunehmen. 1224 unter Mitwirkung des Minderbruders Frate Bartolo eindeutig als hugolinsches Kloster gegründet, steht Faenza in keinem Kontakt zu San Damiano und teilt auch nicht dessen radikale Armutsliebe. Dessen ungeachtet gehört es dem *Ordo sancti Damiani* an.[124]

3.8.3.   Rosano 1232

Allerdings kann sich der neue Name „Damiansorden" nicht überall gleichermassen leicht gegen lokale Denominationen durchsetzen, wie etwa ein Schreiben „*Volentes ut monasterium*" ans Kloster Rosano zeigt. Der Papst verordnet ihm am 7. Oktober 1232 eine Obergrenze der Schwesternzahl. Er wendet sich an die „Äbtissin und das *Kloster der Eingeschlossenen Schwestern* von St. Maria in Rosano" und wünscht, „dass euer Kloster sich einer gewissen Anzahl von Personen erfreut, [...] nicht zu groß wird und der Unterhalt [...] nicht zum Schaden gereicht [...] So dürft ihr fortan die Zahl von zwölf Nonnen und sechs Dienstschwestern nicht überschreiten"[125]: Die klare Aufteilung in zwei Klassen von Schwestern ist eine Frucht von Hugolins Klausurkonzept und ebenfalls von zisterziensischer Klosterkultur inspiriert. Die wirtschaftlich bedingte Restriktion, die Gregor IX. auch Monteluce auferlegt, wird er San Damiano interessanterweise nicht verordnen können, obwohl Klaras Gemeinschaft in den Dreißigerjahren trotz radikalster Armut und Ungesichertheit auf 50 Schwestern anwächst.[126]

---

124   Zum Schreiben „Inter alia quae Christo": Iter storico, 73 und 157 (Textauszug).
125   Originaltext in: BF I, 84.
126   Monteluce wird auf 33 Schwestern begrenzt: MALECZEK, Privilegium Paupertatis, 82.

3.8.4. Prag 1234

Der Name „Damiansorden" taucht verständlicherweise auch nicht auf, als Gregor IX. im Spätsommer 1234 an Agnes von Prag und ihren Bruder, König Wenzel II., schreibt. Vom Papst selber beraten hat die Prinzessin im Frühling ein Doppelkloster gegründet, dessen Frauenkonvent sie nun nach einem Kurznoviziat selber als Äbtissin leitet. Der Papst gewährt der anfänglich hugolinisch geprägten Gemeinschaft am 30. August die Exemtion. Den Gesuchen des Königs und des Ortsbischofs entsprechend, nimmt Gregors Schreiben „*Sincerum animi tui fervorem*" zugleich Hospital und Kloster des hl. Franziskus in seinen Besitz: Der Papst verortet die Prager Gründung im „*Orden der Armen eingeschlossenen Nonnen*".[127]

3.8.5. Perugia 1234

Greift Gregor IX. im Fall des Prager Königsklosters auf die traditionelle Terminologie zurück, setzt er in Italien den neuen Ordensnamen bereits zielstrebig durch. Dabei präzisiert ein Schreiben desselben Jahres an das Kloster Monteluce in Perugia, dass der Name „Damiansorden" sich auf das ideelle Zentrum in Assisi bezieht. Mit dem Schreiben „*Celestia quaerentibus terrenis*" gewährt der Papst dem Kloster in Perugia am 2. Dezember 1234 besonderen Schutz gegen weltliche Prozesse.[128] Der Schutz gilt „Abbatissae et Monialibus inclusis *Ordinis sancti Damiani* de Assisio". Die vom Papst fortan allgemein verwendete Bezeichnung „Damiansorden" setzt sich für die nächsten dreißig Jahre als häufigster Name des hugolinschen Klosterverbandes durch.[129]

---

127 Lateinischer Text in: BF I, 134f.
128 Originaltext in BF I, 143, Ausschnitt in Iter storico, 158; Kommentar: ZOPPETTI / BARTOLI, Santa Chiara, 405f.
129 ANDENNA, Dalla Religio pauperum, 491, Anm. 230: Die neue Bezeichnung findet sich in Papstbriefen vom 13., 19. und 20. April 1234 (BF I, 124-126). Bis Dezember treten noch traditionelle Namen auf (*Religio pauperum monialium inclusarum*): so an Agnes von Böhmen, an Provinzial Johannes von Sachsen sowie an die Gläubigen in Polen und Böhmen (BF I, 134-136). „A partire dalla lettera circolare *Coelestia*

3.8.6.   Prag 1237

Auch das Prager Königsklosters der Agnes erscheint drei Jahre später als Teil des Da-
miansordens. Am 9. April 1237 mildert Gregor IX. den „Eingeschlossenen des Kloster
St. Franziskus in Prag vom Orden des hl. Damian" die Fastenvorschriften seiner eigenen
Konstitutionen: Wegen der großen Kälte und dem raueren Klima nördlich der Alpen müsse
der Gefolgschaft, die das Geschöpf seinem Schöpfer schulde, mit Vernunft gelebt werden.
Die Äbtissin könne vom Fasten bei Brot und Wasser an den für den Orden festgesetzten
Tagen dispensieren sowie nach dem Rat des Visitators auch das Tragen von Schuhen und
Pelz erlauben.[130]

3.8.7.   Sant'Angelo di Panzo 1238

Wie durchgreifend die päpstliche Sammelpolitik neue, bisher semireligiose Gemeinschaften
erfasst, zeigt schließlich jene Kapelle zu Füssen des Carceri-Grabens, wo Waldschwestern
im Frühling 1211 Klara aufgenommen und die Ankunft ihrer ersten Gefährtinnen erlebt
haben. 1233 sind sie noch als schlichte Schwesterngemeinschaft bezeugt. 1238 schreibt
Gregor IX. an „Äbtissin und Konvent des Klosters S. Angelo di Panzo vom Orden des
hl. Damian in Assisi"[131].

   Cristina Andenna deutet den 1235 allgemein vollzogenen Namenswechsel von *Religio
pauperum dominarum* zu *Ordo Sancti Damiani* so, dass „die definitive Angleichung des
klarianischen Zönobiums an die umbrisch-toskanische *religio* der *armen Frauen* zumindest aus Sicht der Römischen Kurie vollzogen ist", ohne dass Gregor IX. allerdings bereits
einen homogenen Orden geschaffen hätte.[132]

      quaerentibus del 2 dicembre 1234, indirizzata a tutte le badesse e le *moniales inclusae* dell'*Ordo Sancti
      Damiani de Assisio" (BF I, 143), la terminologia appare definitivamente uniformata".

130   „Cum sicut propositum est" vom 9. April 1237: BF I, 215; dazu: Iter storico, 159.

131   ROTZETTER, Klara von Assisi, 133. Zur Geschichte der Gemeinschaft: SANTUCCI, Francesco: S. Angelo
      di Panzo presso Assisi. In: Atti Accademia Properziana del Subasio n. 13 (1986) 83–112.

132   ANDENNA, Dalla Religio pauperum, 491: „Dal 1235 circa la documentazione ci attesta il cambio definitivo
      di terminologia: dalla *Religio pauperum dominarum* in *Ordo Sancti Damiani*, ciò significava che la de-

3.9 Gregor IX.
„Etsi omnium illa" vom 22. November 1236 (10 OSD)

Am 22. November 1236 fordert Gregor IX. alle Gläubigen der Kirche auf, die besonders strikte Klausur seines Klosterverbandes zu respektieren. Die Isolation der „Armen eingeschlossenen Nonnen" soll im Sinne seiner Konstitutionen möglichst weitgehend garantiert sein. Gregor IX. erwähnt als Grundlage seines Damiansordens ausdrücklich die Konstitutionen (HugReg), die er als Kardinal entworfen hat. Ihre Ordnung wird nun mit Nachdruck durchgesetzt. Wer das schwesterliche Leben stört, fordert den Zorn des Papstes heraus: Verstöße von außen gegen die strikte Klausur werden mit der Exkommunikation geahndet.[133] Klara selbst bezeichnet San Damiano in dieser Phase erstmals als „Kloster von eingeschlossenen Nonnen", um sich allerdings bald wieder von der hugolinschen Terminologie zu emanzipieren:

3.10 San Damianos Selbstverständnis im Spiegel der Briefe

1238 schreibt Gregor IX. an Agnes von Prag, auch San Damiano habe seine Konstitutionen angenommen. Dies kann frühestens im Winter 1228/29 geschehen sein: zwischen dem Armutsprivileg vom September 1228 und dem Exkurs in der Franziskusbiografie vom Frühjahr 1229. Nach Cristina Andenna spricht Klaras Reaktion auf „Quo elongati" jedoch dagegen und die Integration San Damianos in den „Damiansorden" erfolgt aufgrund der päpstlichen Briefdokumentation erst 1235. Im ersten Brief an Agnes von Prag überrascht Klara 1235 tatsächlich mit „hugolinscher" Terminologie im Absender. Klara bezeichnet ihre Gemeinschaft nun und fortan eindeutig als Kloster (*monasterium*). Ihre Schwestern leben 1235 „eingeschlossen". Klara spricht gar von *dominae inclusae* und braucht damit den

---

finitiva assimilazione del cenobio clariano alla *religio* delle *pauperes mulieres* umbro-toscane, almeno dal punto di vista della curia romana, era stata realizzata. Tuttavia il papato in questo momento era ancora lontano dall'aver uniformato e creato una omogeneità istituzionale. Questo progetto [...] avrebbe trovato una sua più matura collocazione istituzionale solo durante il pontificato di Urbano IV, con la creazione da parte della curia romana di un autentico *Ordo*".

133 Lateinischer Text in: BF I, 206f.

Namen, den Gregor IX. in den Jahren zuvor schrittweise für seinen Verband von Klausurnonnen durchgesetzt hat. Klara verwendet jedoch nirgends den Fachbegriff Klausur,
der für Gregors IX. Konstitutionen und Nonnenpolitik so zentral ist. Klausurterminologie
fehlt auch im Porträt, das Thomas von Celano 1229 von franziskanischen Frauenklöstern
gezeichnet hat: Die typisch monastischen Tugenden sind da Schweigen, Enthaltsamkeit,
Jungfräulichkeit und Keuschheit. Der Fachbegriff *claustrum* erscheint in Klaras eigenen
Schriften ein einziges Mal und bezieht sich sinnigerweise nicht auf Klosterstrukturen,
sondern auf den Mutterschoß Mariens und die Seele der Schwester, die Christus – mit
Maria unterwegs – in sich bergen kann[134].

Im Absender des ersten Briefes nach Prag benutzt Klara dennoch die klassisch gewor-
dene hugolinische Denomination. Gregor IX. wird sich auf ein Faktum stützen, wenn er
1238 drei Jahre nach Klaras erstem Brief an Agnes die Prager Schwestern daran erinnert,
dass auch San Damiano noch unter Honorius III. die Exemtion erhalten und dann seine
Konstitutionen angenommen hätte.[135] Ob diese Annahme integral geschah, muss jedoch
bezweifelt werden. Die moderne Farbsynopse der Regeltexte zeigt, dass Klaras Regel
Jahre später nur äußerst selektiv und spärlich Elemente der hugolinischen *Forma Vitae*
übernimmt. Es handelt sich dabei meist um praktische Dinge und nicht um seinen Geist
der Weltabkehr.[136]

Schon lange vor der Redaktion einer eigenen Regel emanzipiert sich Klara in ihren
Briefen von hugolinisch geprägten Adressen. Die weiteren Schreiben, die von Assisi nach
Prag gehen, entfalten vielmehr Wegmotive in einer verinnerlichten Form, während klas-
sische Motive von Weltflucht ganz fehlen.[137] Die Schriften nach 1235 verzeichnen einen

---

134 3 Agn 19.24-26: „Ipsius dulcissimae matri adhaereas, quae talem genuit Filium [...] et ipsa parvulo *claustro* sacri uteri contulit et gremio puellari gestavit. [...] Sicut ergo Virgo virginum gloriosa *materialiter,*
sic et tu, *sequens eius vestigia,* [...] casto et virginali *corpore spiritualiter* semper [...] portare potes". Das
spiritualisierte Bild des „claustrum" verbindet sich bezeichnenderweise mit dem Wegmotiv.

135 Die entsprechende Passage im Schreiben „Angelis gaudium" lautet: „praedictam Regulam [Ordinis Beati
Damiani] studio composito vigilanti et acceptatam a praedicto Sancto [Francisco], necnon per felicis
recordationis Honorium papam praedecessorem nostrum postmodum confirmatam dictae Clara et
Sorores concesso ipsis ab eodem intercedentibus Nobis exemptionis privilegio solemniter sunt profes-
sae": Iter storico, 146.

136 Chiara di Assisi e le sue fonti legislative. Sinossi cromatica. Padova 2003.

137 Dazu Ancilla RÖTTGER, „Der Sohn Gottes ist uns Weg geworden". Der Weg als Metapher der Wandlung
bei Klara von Assisi. In: Geist und Leben 67 (1994) 280–293.

bemerkenswerten Wandel im Selbstbewusstsein Klaras: von *dominae inclusae* zu *pauperes dominae* und zu *sorores pauperes* (KlReg):

1 Agn (1235)	2 Agn (1235-38)	3 Agn (1238)	4 Agn (1253)
Clara, indigna famula Jesu Christi et ancilla inutilis *dominarum inclusarum* *monasterii Sancti Damiani,* sua ubique subdita et ancilla.	Clara, *pauperum dominarum* ancilla inutilis et indigna, salutem et semper in *summa vivere paupertate.*	Clara, humillima et indigna Christi ancilla et *dominarum pauperum* serva, salutis gaudia in auctore salutis...	Clara, indigna Christi famula et ancilla inutilis *ancillarum eius* *[Christi]* commorantium in monasterio Sancti Damiani de Assisio.

In Klaras zweitem Brief weicht das „inclusae" dem Attribut „pauperes", und der Segens-wunsch wirkt geradezu kämpferisch, wenn er Agnes darin bestärkt, „immer in höchster Armut zu leben!" Gregors Klausurspiritualität und radikale Armutsliebe schlossen sich gegenseitig aus.[138] Der dritte Brief bestätigt und akzentuiert Klaras Selbstverständnis: Leben als arme Frauen in marianischer Christusnähe und von dessen Freude erfüllt. Der letzte Brief verbindet Christusnachfolge mit Gemeinschaft im Kloster – nicht Orden! – von San Damiano bei Assisi.

Das wieder erstarkte Selbstbewusstsein, das sich zwischen 1235 und 1238 in einer zielstrebigen Distanzierung San Damianos vom hugolinschen Damiansorden ausdrückt, nährt sich aus der neuen Allianz, die in diesen Jahren zwischen den Schwestern in Assisi und in Prag entsteht. Obwohl Klara und Agnes sich nie persönlich treffen und die Kom-munikation über Briefe, die wandernde Minderbrüder quer durch Europa tragen, nur mühevoll geschieht, verbünden sich die beiden Freundinnen nachhaltig. Die vier Briefe, die aus Klaras Hand überliefert sind, zeugen von einer innigen mystischen Verbundenheit und einer politischen Entschlossenheit, das gemeinsame Charisma kompromisslos gegen alle Vereinnahmungen zu schützen. Liest man den Briefwechsel zwischen Klara und Agnes

---

138   Neben Pozzi / Rima, Chiara d'Assisi, 36f., eingehender: Bartoli, Chiara d'Assisi, 172–175, 122–128 (= „la clausura di Chiara") und Andenna, Ordo Sancti Damiani, 480–483 (= „rapporto fra clausura, sos-tentamento e proprietà").

im Kontext der reichen kurialen Korrespondenz zwischen Gregor IX. und Prag, drängt sich die Vermutung auf, dass der Papst auf die schwesterliche Allianz aufmerksam wird. Er reagiert zornig abweisend, disqualifiziert die Lebensform von San Damiano und verbietet es Agnes, das Regelexperiment weiter zu verfolgen. Bevor Haltung und Verhalten des Papstes gegenüber dieser Form von Emanzipation aus seinem eigenen Klosterverband an drei Briefen nach Prag illustriert wird, soll ein Archivdokument aus Assisi befragt werden. Es spiegelt Größe und Profil von San Damiano im Jahr 1238 in einer Vertragsurkunde, die von den Schwestern selber unterschrieben wurde.

3.11 Verkaufsvertrag des Klosters San Damiano von 1238 (VAs)

Am 8. Juni 1238 wird in San Damiano eine Vollmacht unterzeichnet, mit der Klara und ihre Schwestern den Prokurator ihres Klosters mit dem Verkauf eines als Erbe zugefallenen Landstücks ans Kapitel von San Rufino beauftragen.[139] Um weiterhin ohne Besitz zu sein, verkaufen die Schwestern das Landstück.[140] Ignacio Omaechevarría vermutet, dass der Ertrag an die Armen geht. Das ist im Sinne der Klararegel und des Armutsprivilegs durchaus wahrscheinlich.[141] Das einzigartige Archivdokument sei hier im vollen Wortlaut wiedergegeben. Er nennt alle 50 Schwestern, die im Sommer 1238 im Konvent leben. Klara figuriert als „Äbtissin des Klosters San Damiano von Assisi" (domina Clara, *abbatissa monasterii* Sancti Damiani Assisinatis), ohne sich dem Damiansorden zuzuordnen. Sie nennt die Gemeinschaft schlicht „Schwestern oder Frauen" und siegelt mit Zustimmung nicht nur des Rates, sondern sämtlicher Schwestern. Für Materielles ist ein beauftragter „Prokurator oder Ökonom" zuständig. Die im Text genannte *clausura* meint ein umgrenz-

---

139   Lucas Wadding, der das Dokument als Nr. 14 unter dem Jahr 1238 überliefert, sagt, er habe es „ex originario autographo" abgeschrieben. Zur Echtheit: Fortini, Arnaldo: L'autenticità del documento del 1238. In: AFH 46 (1953) 37–43.

140   Lateinischer Text in: OEsc 54–55.

141   KlReg 2 misst die Echtheit der Berufung daran, dass eine eintretende Schwester all ihr Eigentum verkauft und das Geld den Armen gibt; dieselbe *perfectio Evangelii* gemäß Mk 10,17–30 und Mt 19,16–30 kennzeichnet die *FormKl*, an der die Schwestern so kompromisslos festhalten.

tes, vermutlich ummauertes Grundstück, das zusammen mit dazugehörigem Land zum Verkauf bestimmten ist.[142]

[1]Im Namen Gottes.

Amen. [2]Frau Klara, die Äbtissin des Klosters San Damiano bei Assisi, beschließt im Beisein und mit der freien Zustimmung aller Frauen, der unten genannten Schwestern, im eigenen Namen und im Namen des genannten Klosters: [3]Herr Bernardi wird zu ihrem und des Klosters Verwalter und Wirtschafter ernannt und beauftragt. [4]Er soll ein Kastell und das angrenzende Land an die Kirche beziehungsweise an das Kapitel von San Rufino in Assisi verkaufen oder sonst wie veräußern. [5]Das Grundstück (*clausura*) in Campiglione und grenzt auf der einen Seite an den Tescio, an zwei anderen Seiten an Straßen, das dazu gehörige Land (*terra*) liegt zwischen den Straßen und stößt auf der dritten Seite an das Gut der Söhne des Marangone und an der vierten Seite an das Gut der Söhne des Baldovino. [6]Er soll im Namen unseres Klosters die Verteidigung des Kastells und des Grundstückes versprechen und sich dafür einsetzen. [7]Er soll die Kirche, das genannte Kapitel beziehungsweise ihren Beauftragten in Besitz und Eigentum einführen und überhaupt alles tun und verhandeln, was der Verwalter und Wirtschafter im Zusammenhang des Verkaufs notwendigerweise tun muss. [8]Was er unter

---

142   Ich danke Anton Rotzetter für die Übersetzung des Textes und Paul Zahner, dass er den Abdruck der Übersetzung, die in den Klara-Quellen erscheint, ermöglicht. Der lateinische Originaltext lautet: „In Dei nomine. Amen. Domina Clara, abbatissa monasterii Sancti Damiani Assisinatis, praesentibus, volentibus et consentientibus dominabus sive sororibus infrascriptis, nomine suo et dicti monasterii fecit, constituit et ordinavit Dominum Oportulum Bernardi, suum et ipsius monasterii procuratorem sive oeconomum, ad vendendum sive alienandum Ecclesiae sive Capitulo S. Rufini Assisinatis quandam clausuram positam in vico Campillionis, et terram sitam iuxta ipsam; latere clausurae, 1 Texium, 2 et 3 viae; latere terrae, prima via a secundo, filii Maragonis a tertio, filii Balduini a quarto, ad promittendum et obligandum se nomine iam dicti monasterii ad defensionem dictae clausurae et terrae, ad inducendum Ecclesiam seu Capitulum dictum, vel eius nuntium, in tenutam seu possessionem clausurae et terrae praedictae, et ad omnia facienda et gerenda, quae occasione ipsius venditionis idem procurator vel oeconomus viderit faciendum, quidquid autem de praemissis fecerit ratum et firmum habere promisit. Nomina dominarum sive sororum sunt haec: Agnes, Philippa, Iacoba, Illuminata, Cecilia, Aegidia, Agnes, Anastasia, Agnes, Christiana, Iacobina, Balvina, Mansueta, Amata, Benvenuta, Bonaventura, Benvenuta, Benricevuta, Consolata, Andrea, Aurea, Leonarda, Agatha, Felicita, Angeluccia, Felicita, Massariola, Maria, Gregoria, Maria, Ioanna, Benedicta, Ioanna, Bennata, Ioanna, Lucia, Helia, Mathia, Clara, Stella [Clarastella?], Lea, Beatrix, Bartholomea, Praxeda, Herminia, Daniella, Clarella, Pacifica, Vetera, Patritia. Ut autem scriptura praesens faciat praesentibus et futuris et posteris plenam fidem, dicta domina Clara et eius sorores fecerunt eam consignari sigillo Capitulo monasterii memorati sub anno Domini MCCXXXVIII, Indictione XVII, tempore Gregorii IX et Friderici imperatoris, die VIII intrante mense Iunii.“

dieser Voraussetzung tut, wird von uns für rechtskräftig gehalten und unterschrieben. [9]Die Namen der Frauen beziehungsweise Schwestern von San Damiano sind: [10]Agnes, Philippa, Jakoba, Illuminata, Caecilia, Aegidia, Agnes, Anastasia, Agnes, Christiana, Jacobina, Balvina, Mansueta, Amata, Benvenuta, Bonaventura, Benvenuta, Benricevuta, Consolata, Andrea, Aurea, Leonarda, Agatha, Felicita, Angelucia, Felicita, Massariola, Maria, Gregoria, Maria, Johanna, Benedicta, Johanna, Bennata, Johanna, Lucia, Helya, Matthia, Clara, Stella, Lea, Beatrix, Bartholomea, Praxeda, Herminia, Daniella, Clarella, Pacifica, Vetera, Patrizia. [11]Damit diese Urkunde für die jetzigen und zukünftigen Schwestern und für jene, die ihnen folgen werden, volle Glaubwürdigkeit erhält, lassen sie Klara und ihre Schwestern mit dem Siegel des Klosterkapitels versiegeln. [12]Im Jahr des Herrn 1238, in der 17. Indiktion, zur Zeit des Papstes Gregor IX. und Kaiser Friedrichs, am 8. Juni.

3.12 Gregor IX.
Brief „Deus Pater" aus dem Jahre 1238 (GregKl)

Kajetan Eßer hat nach dem Brief „Ab illa hora" ein zweites Schreiben „Gregors IX. an die hl. Klara" in seine Sammlung aufgenommen. Die Franziskanischen Quellenschriften überschreiben es mit „Brief des Papstes Gregor IX. an die Klarissen"[143]. Weil das Schreiben einzig durch Lucas Wadding überliefert ist, findet es weder Aufnahme in die Neuedition der italienischen Fonti Francescane von 2004 noch Erwähnung im „Iter storico" der umbrischen Klarissen (2005).[144] Marco Bartoli wie auch die neuesten Quellenausgaben von Damien Vorreux (2002), Ignacio Omaechevarría (2004) und Regis Armstrong (2006) greifen das Schreiben auf, wobei sie den anachronistischen Adressaten ersetzen: Gregor IX. richtet sich nicht an Klarissen[145], sondern an die „Armen Schwestern"[146] bzw. die Gemeinschaften

---

143 Der Brief findet sich deutsch in GRAU / SCHLOSSER, Leben und Schriften der heiligen Klara, 344–346.

144 Lucas Wadding hat den Brief aus einem Formular (cod. Lat. 2976) des Marinus von Eboli, der kurz nach Gregors IX. Tod 1244–1251 Vizekanzler der römischen Kurie war.

145 Von Klarissen kann vor der Bulle „Beata Clara" von 1263 heute keine Rede mehr sein. Dazu KUSTER, Niklaus: «Quia divina inspiratione ...». San Damiano zwischen Sorores Minores und dem päpstlichen Ordo Sancti Damiani. In: Naturaleza y Gracia, Salamanca 51 (2004) 843–870, neu in: SCHMIES, Bettelarmut und Beziehungsreichtum, 193–211.

146 Damien Vorreux adressiert das Schreiben „aux Pauvres Dames" (Sainte CLAIRE D' ASSISE, Documents:

des entstehenden *Ordo sancti Damiani*, die der Papst auf seine Konstitutionen und sein Konzept streng klausurierter Brautmystik zu verpflichten sucht. Alle diese Autoren folgen der Datierung Kajetan Eßers, der das Schreiben in die Zeitspanne zwischen Januar und Juli 1228 und damit ins erste Amtsjahr des neuen Papstes einordnet.

Die neue Chronologie hat diese Datierung in Zweifel gezogen. Der päpstliche Rundbrief an verschiedene Gemeinschaften ist zehn Jahre später zu datieren.[147] Auch Eßers Urteil zum Inhalt muss revidiert werden: Der deutsche Franziskaner täuschte sich, wenn er meint, der Brief skizziere „eine Theologie des kontemplativen Ordenslebens in wenigen Sätzen, wie sie prägnanter und erschöpfender zugleich kaum geschrieben werden kann", weshalb er auch für Klara „von großer Bedeutung" sei.[148] Eine aufmerksame inhaltliche Analyse stellt den Brief in ein neues Licht, sowohl was die Adressatinnen als auch die Abfassungszeit und die Absicht des Schreibens betrifft. Gregor IX. greift die Lebensform von San Damiano auf, um sie in seine eigene Sicht kontemplativer Existenz umzudeuten und Klaras Spiritualität in seinem Sinn zu korrigieren[149]. Beginnt die *FormKl* mit einer göttlichen Initiative, der die Schwestern aktiv antworten, rückt Gregor IX. die Aktionen erheblich zurecht. Die betont eigenständige Lebenswahl der Schwestern weicht im Papst-brief passiven Formen das Geschehenlassen: Gott Vater adoptiert die Schwestern, die mit Christus verlobt werden. Lebenslange Vorbereitung auf die himmlische Hochzeit bedingt für den Papst notwendigerweise klösterliche Isolation. Bewegt der göttliche Geist die Schwestern Klaras laut Franziskus zur radikal armen Christus-Nachfolge, bewirkt er im Papstbrief etwas anderes: Um einzig den himmlischen Bräutigam zu lieben „habt ihr euch durch göttliche Inspiration bewegt in die Klausur eingeschlossen". Gregor IX. will unverkennbar seine eigene Nonnenpolitik durchsetzen und dreht dafür die Lebensform von San Damiano raffiniert um. Deutliche Anklänge an die Bulle „Angelis gaudium" datieren den Brief sprachlich und politisch ins konfliktreiche Jahr 1238. Der Brief richtet

---

biographie, écrits, procès et bulle de canonisation, textes de chroniqueurs, textes législatifs et tables, rassemblés, présentés et traduits par Damien VORREUX. Paris ²2002, 286), OMAECHEVARRÍA „a las Damas Pobres" (OEscr 359) und BARTOLI „alle monache di San Damiano" (ZOPPETTI / BARTOLI, 397).

147 KUSTER – KREIDLER-KOS, Neue Chronologie zu Clara, 19, 41–43, neu in: SCHMIES, Bettelarmut und Beziehungsreichtum, 302, 322f.

148 ESSER, Kajetan: Die Briefe Gregors IX. an die hl. Klara. In: FranzStud 35 (1953) 274–295, 292f.

149 Dazu eingehend: KUSTER – KREIDLER-KOS, Neue Chronologie zu Clara, 38–43; neu in: SCHMIES, Bettelarmut und Beziehungsreichtum, 319–321.

sich nicht zwingend an den ganzen Damiansorden, sondern primär an Gemeinschaften, denen die Lebensform von San Damiano vertraut ist und die daran festhalten wollen.

Forma vivendi von San Damiano	*Deus pater* von Gregor IX.
(Franciscus) pietate motus scripsit nobis formam vivendi in hunc modum:	Dilectae filiae Clarae Abbatissae et *Conventui Monialium inclusarum* Sancti Damiani Assisii:
Quia **divina inspiratione** *fecistis vos* *filias et ancillas* altissimi summi regis Patris caelestis et *Spiritui Sancto* vos *desponsastis* eligendo vivere secundum **perfectionem sancti *Evangelii*,** volo et promitto per me et fratres meos semper habere de vobis tamquam de ipsis curam *diligentem* et sollicitudinem specialem.	Deus Pater cui vos in *ancillas* obtulistis misericorditer in *filias vos adoptans,* Unigenito Filio suo domino Jesu Christo operante *Spiritus Sancti* gratia, *desponsavit* in Regno Caelorum, cum Sponso coelesti feliciter coronandas. Unde cum Sponsum vestrum super omnia *diligere* teneamini, qui *diligentes* se *diligens* suos efficit cohaeredes, ita in eo tantum totis affectibus delectari debetis, ut nihil umquam vos ab eius charitate valeat separare. Ad hoc enim **divinitus inspiratae,** vos **in claustris reclusistis** ...

Die Bulle „Angelis gaudium" wird sich bemüßigt sehen, diese von Franziskus geschriebene Lebensform nicht nur umzudeuten, sondern Prag gegenüber abschätzig als Säuglingsnahrung zu bezeichnen: nur für Anfängerinnen geeignet, während spirituell Erwachsene und Gereifte zu Gregors IX. Konstitutionen greifen. Um diese gereizte Reaktion des Papstes einordnen zu können, ist ein bedeutsamer Erfolg zu beleuchten, den Agnes von Prag im Frühling 1238 erzielt.

3.13 Gregor IX.
Armutsprivileg für Agnes von Prag von 1238 (3 Priv)

Das Klima zwischen Gregor IX. und San Damiano hat sich nach den Konflikten von 1228 und 1230 merklich abgekühlt. In den folgenden Jahren gewinnt Klara im Ringen um die

Originalität ihrer Berufung eine mächtige Verbündete in der böhmischen Königstocher
Agnes. Die Tochter von König Přemysl Ottokar I. hat die Gründung ihres eigenen Frauen-
klosters im Frühling 1234, vom Papst selber beraten und privilegiert, zunächst hugolinisch
ausgerichtet.[150] Vermutlich stellen Minderbrüder im Sommer 1235 den direkten Kontakt
zu San Damiano her.[151] Ein zunehmend freundschaftlicher Briefwechsel verbindet Klara
und Agnes von Prag, was sich in der Spiritualität, in der Lebenspraxis und der Politik der
beiden Äbtissinnen auswirkt: Auch Agnes beginnt sich beim Papst für eine radikalere
Armut einzusetzen. Am 14. April 1237 trennt Gregor IX. schließlich alle Güter vom Frauenkloster ab und überträgt sie ganz dem ans Kloster angrenzenden Franziskushospital. Das
Schreiben „Prudentibus virginibus" bestätigt zugleich die Exemtion des Prager Klosters
und unterstreicht, dass die Gemeinschaft nach der *institutio monialium inclusarum Sancti
Damiani* leben soll.

Im Frühjahr 1238 bemüht sich Agnes von Prag schließlich um ein ähnliches Armutsprivileg, wie es der Papst San Damiano und einzelnen Klara eng verbundenen Gemeinschaften ein Jahrzehnt zuvor gewährt hat. Es wird ihr mit dem Schreiben „Pia credulitate
credentes" vom 16. April 1238 nach einigem Ringen tatsächlich zugestanden. Gregor IX.
hat spätestens 1228 die materielle Armut aus seinen Konstitutionen und der Realität seines
Ordo sancti Damiani gestrichen. Auch die Bezeichung *pauperes dominae* verschwindet in
den Dreißigerjahren aus seinen Briefen. Wie widerwillig er Agnes' Drängen nachgibt und
eine weitere Ausnahme von seiner monastischen Frauenpolitik gewährt, macht der Text
des dritten Armutsprivilegs deutlich:[152]

[1]Gregor, Bischof, Diener der Diener Gottes,

seinen in Christus geliebten Töchtern,

der Äbtissin und dem Konvent der eingeschlossenen Mägde Christi

---

150   Zum frühen Profil der Prager Gründung: Iter storico, 78–85.

151   Klaras erster Brief nach Prag wird neu in den Sommer oder Herbst 1235 datiert: KUSTER – KREIDLER-
KOS, Neue Chronologie zu Clara von Assisi, 18 (SCHMIES, Bettelarmut und Beziehungsreichtum, 302);
Iter storico 81f. (mit Anm. 34).

152   KUSTER, Armutsprivileg Innozenz, 60–69 (mit Synopse der lateinischen 2 Priv und 3 Priv); Iter storico,
80–85, 159.

vom Prager Kloster des hl. Franziskus aus dem Damiansorden,[153] Gruss und apostolischen Segen.

[2]In der gläubigen Überzeugung, dass der Geist des ewigen Vaters selber in euch spricht, da eurer Gesinnung Gott allein genügt, nehmen wir eure Bitten gütig an:
Wir erhören sie voller Gunst, als ob sie von Gott selber formuliert wären,
indem sie nur Himmlisches verkosten.

[3]Vor allem aber zeigen offensichtliche Indizien an, dass ihr es ungeziemend erachtet, angesichts der Königin aller Jungfrauen, die nicht einmal die Unterkunft armer Leute hatte, als sie den Himmelskönig gebar, und nur Mangel schaute,
als sie den Gläubigen ewigen Überfluss brachte, ein wonnenhaftes Leben zu führen,
zumal der eingeborene Schöpfer aller Dinge selber in armselige Tücher gewickelt in der Krippe lag.

[3]Aus diesem Grund nehmen wir euren freiwilligen Verzicht auf das Hospital Sankt Franziskus in der Diözese Prag mit allen dazu gehörenden Rechten und Gütern an,
die euch und durch euch einst eurem Kloster vom Apostolischen Stuhl gewährt worden sind.

[4]Ihr habt uns mit euren Bitten und Tränen besiegt, indem ihr aus Verachtung der sichtbaren Dinge
zu den Wonnen unsichtbarer Schätze eilt und die Dornen eifrig zu umgehen sucht,
mit denen das Zeitliche die Betrachtung des Antlitzes Gottes behindert –
wie das irdisch Gesinnten gewöhnlich geschieht.

[5]So gewähren wir euch mit der Autorität des vorliegendem Schreibens,
dass ihr gegen euren Willen künftig nicht gezwungen werden könnt, irgendwelchen Besitz anzunehmen.[154]

[7]Wie ihr also gebeten habt, so bekräftigen wir euren Lebensentwurf in höchster Armut[155]
mit apostolischer Gunst, indem wir euch durch die Autorität des vorliegenden Schreibens zugestehen, dass ihr von niemandem gezwungen werden könnt, Besitz und Güter anzunehmen.

153 Die Adresse „conventus *inclusarum ancillarum* Christi *monasterii* sancti Francisci *Ordinis Sancti Damiani Pragensis*" spiegelt noch hugolinsches Profil: Gregor schreibt der Äbtissin eines Klausurklosters im päpstlichen Damiansorden.

154 Bei allen Unterschieden in Ton und Motivation entspricht der Kernsatz des Gesuchs den Armutsprivilegien von Innozenz III. und Gregor IX. für San Damiano: vgl. 1 Priv und 2 Priv.

155 Auch der Schlüsselbegriff „altissimae paupertatis propositum" ist San Damianos Armutsprivileg entnommen.

[8]Keinem unter den Menschen sei es deshalb erlaubt, in irgendeiner Weise

gegen den Wortlaut dieses unseres Zugeständnisses zu verstossen

oder ihm mit verwegener Kühnheit zuwider zu handeln.

Sollte sich jemand anmassen, solches auch nur zu versuchen,

so wisse er, dass er den Zorn des allmächtigen Gottes

und der seligen Apostel Petrus und Paulus auf sich zieht.

Gegeben in Lateran, am 17. Tag vor Anfang Mai, im zwölften Jahr unseres Pontifikats.

Der Vergleich zum geradezu überschwänglich biblisch motivierten Privileg für San Damiano bekräftigt den Eindruck, dass Gregor IX. 1228 nicht aus eigener Überzeugung spricht, sondern Klara lediglich ein Privileg seines Vorgängers Innozenz III. bestätigt. Der erste Segni-Papst war der Armutsbewegung weit offener begegnet. Das neue Privileg für Prag verzichtet auf Bibelzitate und nimmt nur die Anspielung an die Armut in Betlehem aus dem Bittgesuch der böhmischen Königstochter auf. Gregor IX. zeigt sich vom Drängen der Schwestern „besiegt" und sieht seine Autorität von Gottes Geist selbst übertroffen.

3.14 Gregor IX.
„Angelis gaudium" von 1238 (11 OSD)

Klaras erste drei Briefe bestärken Agnes im Zeitraum 1235-1238 in ihrer armen Christusnachfolge. In derselben Zeit bestätigt die päpstliche Kurie einer Reihe von Klöstern des Damiansordens die Exemtion unter der Bedingung, dass ihre Gemeinschaften über ausreichenden Besitz verfügen. Die entsprechende Bulle „Religiosam vitam eligentibus" ist offenkundig begehrt.[156] Agnes von Prag und Klara von Assisi bewegen sich dagegen immer entschiedener gegen den Strom hugolinscher Nonnenpolitik. In ihrem zweiten Brief bestärkt Klara ihre Prager Freundin darin, niemandem zu folgen, der sie von ihrer evangelischen Nachfolge abhalten will (2 Agn 14–17). Im Mai 1235 anerkennt der Papst ausdrücklich den Wunsch des Agnesklosters in Prag, „arm dem armen Christus zu fol-

---

156   Sie wird 1235–1236 etwa den Klöstern von Alatri, Spoleto, Pisa, Collazzone, Orvieto und Ascoli Piceno ausgestellt.

gen und dem Herrn in höchster Armut zu dienen". Gregor IX. verordnet daher, dass ihr Lebensunterhalt künftig vom angrenzenden Hospital St. Franziskus bestritten werden soll.[157] Am 14. April 1237 löst Gregor IX. auf Agnes' Bitte hin das Franziskus-Hospital vom Kloster und gibt es einer neu gegründeten Bruderschaft, die der Augustinusregel folgt und damit dem *ordo canonicus* angehört.[158] Im Frühling 1238 gelingt es Agnes schließlich, Gregor IX. das Armutsprivileg abzuringen, das ihrem Kloster real radikale Armut ohne indirekte materielle Absicherungen zugesteht. Wenige Tage nach dem Erfolg des Privilegs „Pia credulitate tenentes" vom 15. April 1238 erlaubt der Papst der Prager Gemeinschaft erneut eine mildere Fastenpraxis mit Blick auf das rauere Klima in Osteuropa.[159] Der Briefwechsel zwischen Rom und Prag nimmt in diesen Wochen eine außergewöhnliche Dichte an. Am 9. Mai preist das päpstliche Schreiben „De Conditoris omnium" Agnes für ihre Lebenswahl: Der Schöpfer selber habe alles in ihr gewirkt und die göttliche Inspiration habe sie geleitet. Das Schreiben bezeichnet erstmals aus der Hand Gregors IX. Franziskus als Gründer dreier Orden, jenen der Minderbrüder, den der eingeschlossenen Schwestern und jenen der Büßenden. Der vom Papst selbst gesammelte und geregelte *Ordo Sancti Damiani* wird damit von höchster kirchlicher Instanz als Werk eines Heiligen dargestellt.

Nur zwei Tage später erreicht Agnes die Antwort auf ein mutiges Projekt, das sie Gregor IX. mit politischer Unterstützung ihres Bruders König Wenzel unterbreitet hat: eine neue Regel, die der speziellen Berufung von San Damiano selbst und der Prager Gemeinschaft Rechnung tragen soll. Das Projekt ist von der Königstochter unverkennbar in Absprache mit Klara entwickelt worden.[160] Die päpstliche Antwort ist niederschmetternd: Die Lebensform von San Damiano sei mit Babynahrung zu vergleichen, während die päpstliche Regel

---

157 Das geschieht im Schreiben „Cum relicta saeculi" vom 18. Mai 1235: BF I, 156; Iter storico 158; Pozzi / Rima, Chiara d'Assisi, 251. Das zitierte Motiv „pauperes eligentes pauperem sequi Christum in suprema paupertate" erinnert deutlich an Klaras Sicht der gemeinsamen Berufung: 2 Agn 18 ermutigt Agnes dazu, „pauperem Christum, virgo pauper, amplectere". 1–2 Priv erlaubt dies in „altissima paupertate".

158 Vgl. BF I, 216, „Omnipotens Deus"; Pozzi / Rima, Chiara d'Assisi, 252.

159 Das Schreiben „Pia meditatione pensantes" vom 5. Mai 1238 findet sich in BF I, 240; Literatur: Iter storico, 159.

160 Text des Briefes: BF I, 242–244; Iter storico, 145–148. Zum ganzen Projekt: Iter storico, 75–89; Kreidler-Kos, Martina / Röttger, Ancilla / Kuster, Niklaus: „Den armen Christus arm umarmen": Das bewegte Leben der Klara von Assisi – Antworten der aktuellen Forschung und neue Fragen: In: WiWei 66 (2003) 1–79, 56–67; Kreidler-Kos, Schattenfrau und Lichtgestalt, Tübingen ²2003, 241–273; Frugoni, Una solitudine abitata, 40–44.

(HugReg) Speise für Erwachsene sei. Gregor IX. erlaubt keinen Rückschritt in seiner Sammelpolitik und motiviert die erneute Verpflichtung auf seine eigene Lebensform mit drei Argumenten: Erstens lege San Damiano selbst die Profess nach seiner Regel ab, die von Franziskus gut geheißen worden sei und nun für den ganzen *Ordo sancti Damiani* gelte. Zweitens behauptet Gregor IX., Klara und ihre Schwestern hätten die eigene Lebensform beiseite gelegt und würden nur noch die päpstliche Regel befolgen, und drittens fordert der Papst, dass im gleichen Orden nur eine einzige Regel gelten könne. Wer diese nicht ganz und umfassend befolge, schaffe Verwirrung und gefährde die Einheit. Die massive Reaktion des Papstes unterstreicht seine Sorge, die das subversive Regelprojekt der beiden kooperierenden Äbtissinnen für seine eigene Ordenspolitik bedeutet. „Angelis gaudium" warnt Agnes davor, dem Sohn Gottes ungehorsam zu werden, und mahnt sie, nicht den Ratschlägen von Personen zu folgen, die zwar eifrig, nicht aber wissend sind. In der Folge dieser schweren Enttäuschung bricht der Kontakt zwischen Agnes von Prag und Gregor IX. ab.[161]

3.15 Die „Vita Gregorii IX." aus dem Jahre 1240

Thomas von Celano hat 1229 auf Drängen des neuen Papstes eine programmatische Verbindung zwischen dem Ort San Damiano, Franziskus als bauendem Propheten, Klara als leuchtendem Grundstein und dem glorreichen Herrn Gregor als Projektleiter eines neuen Frauenordens hergestellt. Anfang der Dreißigerjahre nimmt Bruder Julian von Speyer die Symbolik der „dreifachen Streitschar" und nennt Franziskus erstmals Gründer dreier Orden, jenen der Minderbrüder, der Armen Frauen und der Büßer.[162] Gregor IX. verwendet diese ordenspolitisch nützliche Konstruktion offiziell erstmals greifbar im Schreiben „De Conditoris omnium" vom Mai 1238. Der Hofbiograf selbst wird jedoch in

---

161   Ein letztes Schreiben kommt im folgenden Dezember noch einmal auf die Fastenfrage zurück und besteht auf der Einhaltung der *HugReg*: „Ex parte carissimae" vom 18. Dezember 1238: BF I, 258.

162   Der Celanese spricht in 1 C 37,6–7 von einer „dreifachen Heerschar" (*trina triumphat militia*), und Julians Vita entfaltet das Thema kurz darauf in Paris: „triplici militia [...] Tres enim [...] Ordines ordinavit; quorum primum ipse professione simul et habitu [...] tenuit, quem et Ordinem Fratrum Minorum [...] appellavit. Secundus etiam [...] pauperum Dominarum et virginum felix ab eo sumpsit exordium. Tertius quoque non mediocris perfectionis Ordo Poenitentium dicitur" (Jul 23).

der *Vita Gregors* noch zu Lebzeiten des Papstes um 1240 die ordenspolitischen Verdienste klarstellen und Gregor IX. selbst als eigentlichen Architekten der drei Orden nennen. Der Pontifex selbst habe den Orden der Klausurfrauen errichtet (*instituit*):

> Während seiner Amtszeit verlieh der Bischof von Ostia den Brüdern von der Buße und den Eingeschlossenen Frauen die Anerkennung als neue Orden und förderte beide bis zu ihrer vollen Entfaltung. Auch dem Orden der Minderen, der sich in seinen Anfängen ohne feste Formen entwickelt hatte, verlieh er Richtung und Form durch die Übergabe einer neuen Regel und indem er ihm den seligen Franziskus als Minister und Leiter gab.[163]

3.15.1. Gregor IX.
„Ad audientiam nostram" aus dem Jahre 1241 (12 OSD)

Nach 1240 nimmt die römische Kurie den Kampf gegen Minderschwestern (*sorores minores*) auf, die wandernd durch Gegenden ziehen und *minoretae* oder Barfüßerinnen oder Strickschwestern genannt werden.[164] Maria Pia Alberzoni vermutet, dass der Beginn einer jahrzehntelangen Verfolgung mit dem Sturz des Frate Elia an der Spitze des Brüderordens zusammenhängt. Der Generalminister genoss das Vertrauen Klaras auch in Spannungen mit Papst Gregor IX., und er selbst fiel nach seiner Absetzung in den Kirchenbann, weil er enge Kontakte zu Schwesternklöstern pflegte. Als Freund der franziskanischen Frauenbewegung hat Elia möglicherweise auch die *minoretae* geschützt, die nach seinem Sturz ihren wichtigsten Verbündeten verloren. Tatsächlich betonen päpstliche Schreiben, dass

---

163 Die Passage lautet wörtlich: „Cuius officii tempore Penitentium fratrum et Dominarum inclusarum novos instituit ordines et ad summum usque provexit. Minorum etiam ordinem intra initia sub limine incerto vagantem nova regule traditione direxit et informavit informem, beatum Franciscum eis ministrum preficiens et rectorem [...]": Die *Vita Gregorii IX papae*, findet sich in Muratori, Rerum Italicarum Scriptores III/1 (1723), 575–587 in: Testimonia minora saeculi XIII de S. Francisco Assisiensi, ed. Leonard Lemmens. Quaracchi 1926.

164 Das erste Schreiben findet sich lateinisch in BF I, 290; OEscr 359-362; Iter storico 161 (partim). Die Bezeichnungen „discalceatae seu chordulariae" greifen ein Merkmal des minoritischen Ordenskleides auf, „ohne Schuhe" (barfuß) und mit Strick gegürtet zu erscheinen. Der Name „Minoretae" wandelt den Ausdruck Minores ab.

die „vagabundierenden Weiber" sowohl dem Damiansorden zum Ärgernis gereichen wie auf Wunsch der verantwortlichen Brüder – Elias Gegnern und Nachfolgern – unterdrückt werden müssen. Gerard Pieter Freeman hat das Phänomen der „Wanderklarissen" näher untersucht und die erstaunliche Verbreitung der Bewegung in Mitteleuropa aufgezeigt.[165] Die Bezeichnung Wanderklarissen ist allerdings zu meiden, zumal auch die klausurierten Schwestern in der heutigen Geschichtsschreibung vor 1263 nicht mehr Klarissen genannt werden.[166]

Das folgende Schreiben ist das erste Indiz für eine von der höchsten kirchlichen Autorität veranlasste Verfolgung franziskanischer Schwestern, die sich – aus welchen Gründen auch immer – nicht in die Klausur zurückziehen. Weitere Schreiben folgen bis in die Sechzigerjahre und weiten die Verfolgungen über Italien hinaus auf Deutschland, Spanien und England aus:

[1]Den ehrwürdigen Brüdern Erzbischöfen und Bischöfen, zu denen dieses Schreiben gelangt, Gruss und apostolischen Segen.

[2]**Uns ist berichtet worden**, wie Ihr wohl wisst, dass einige Frauen durch Eure Städte und Diözesen streifen und fälschlicherweise behaupten, sie würden zum Orden des hl. Damian gehören. [3]Damit die Leute ihren trügerischen Behauptungen Glauben schenken, gehen sie barfuß und sie gürten sich mit Strick im Habit der Nonnen jenes Ordens. [4]Einige nennen sie „Barfüßerinnen", andere „Strick-Schwestern" (cordulatae), wieder andere „Minoretae". [5]Nun leben die Nonnen selbst jedoch für immer in Klausur, um sich so in einen Gott gefälligen Dienst zu stellen. [6]Da dieser Frauen wegen im Orden des hl. Damian große Verlegenheit und in dem der Minoriten Entrüstung herrscht, und da jene falsche Gemeinschaft der

---

165 FREEMAN, Gerard Pieter: Clarissen in de dertiende eeuw. Drie studies. Utrecht 1997, 35–62 (= „Zwerfclarissen"), sowie spezieller DERS., Wanderklarissen. Über die verurteilten Minderschwestern 1241–1261. in: Franziskanische Frauengestalten, hg. von Robert JAUCH. Kevelaer 2001, 40–77. Weiter: OPTATUS VAN ASSELDONK: «Sorores Minores». Una nuova impostazione del problema. In: CFr 62 (1992) 595–634; DERS., «Sorores Minores» e Chiara d'Assisi a San Damiano: una scelta tra clausura e lebbrosi? In: CFr 63 (1993) 399–421, speziell 416f.; ROTZETTER, Klara von Assisi, 271–274; ALBERZONI, Maria Pia: Chiara di Assisi e il francescanesimo femminile. In: Francesco d'Assisi e il primo secolo di storia francescana. Torino 1997, 203–235, 222–225 (= „Sorores minores"). ALBERZONI, La nascita di un'istituzione, 108–152; ALBERZONI, Chiara e San Damiano tra Ordine minoritico e Curia papale, 55–61; FRUGONI, Una solitudine abitata, 44f.

166 Dazu ANDENNA, Ordo Sancti Damiani, 461, Anm. 114.

genannten Frauen weiterhin den Brüdern und den Nonnen Ärgernis bereitet, ordnen Wir mit diesem Apostolischen Schreiben an, dass Ihr alle mit den geeigneten kirchlichen Strafandrohungen jene Frauen zum Verzicht auf solche Kleider und Gürtel zwingt, nachdem Ihr sie ermahnt, wann immer man Euch von ihrem Aufenthalt berichtet, und indem Ihr ihnen die Möglichkeit zur Berufung gewährt.

[7]Gegeben im Lateran am 9. Tag vor den Kalenden des März im 14. Jahr unseres Pontifikats.

Der Gang durch die päpstliche Nonnenpolitik hat bisher vier unterschiedliche Typen von *sorores minores* erkennen lassen, die unter Kardinal Hugolins bzw. Papst Gregors IX. Einfluss unterschiedliche Wege nehmen:

- Einige Gemeinschaften stehen mit Klara in Verbindung und übernehmen San Damianos Lebensform: Zu ihnen gehören neben Spello, Foligno und Florenz ab 1228 auch Perugia und ab 1235 Prag. Sie werden unter der Klararegel als *Ordo sororum pauperum* anerkannt und zählen 1253 elf Konvente. Giovanna Casagrande nennt diese Gruppe und ihr Leben **„klarianisch-damianisch"**.[167]
- Andere Frauengemeinschaften sind mit Franziskanern verbunden oder werden schon früh ihrer Seelsorge anvertraut, ohne dass Verbindungen zu San Damiano fassbar wären: Das gilt ab 1217 etwa für San Salvatore bei San Severino delle Marche[168] und 1223 für die *sorores minores* von Verona.
- Die bedeutendste Gruppe sammelt sich im pluriformen Kreis hugolinscher Klöster: Gemeinschaften, die sich ohne direkte franziskanische Inspiration von der Lebensform des Kardinals regeln ließen.

Maria Pia Alberzoni verdeutlicht an den Beispielen Verona und Mailand, wie Kardinal Hugolin mit Unterstützung der Minderbrüder *sorores pauperes* der zweiten und dritten Gruppe unter seine eigene Regel bringt. Sie werden aus sozial-karitativer Offenheit gelöst

---

167 CASAGRANDE, Giovanna: La Regola di Innocenzo IV: In: Clara claris praeclara, 71–82, 73; die Ausdrücke bezeichnen im Original die erste Gruppe als „clariano-damianea", die Schwestern des hugolinschen Verbands als „damianite". Zu den elf Klöstern, die 1253 wie San Damiano in höchster evangelischer Armut leben: siehe unten S. 113 und oben Anm. 4.

168 Zu San Salvatore bei San Severino di Colpersito: ANDENNA, Ordo Sancti Damiani, 467, mit Literaturangaben.

und zu *dominae inclusae* (eingeschlossenen Frauen) gemacht. Giovanna Casagrande nennt diese von Gregor IX. im *Ordo sancti Damiani* gesammelten Klöster **damianitisch.**

- Ab 1240 fällt die eben beleuchtete vierte Gruppe auf, die in ganz Westeuropa den päpstlichen Zorn auf sich zieht: umherwandernde Minderschwestern, die über zwei Jahrzehnte verfolgt werden. Giovanna Casagrande sieht alle nicht klausurierten Schwestern in der franziskanischen Bewegung als **„Sorores Minores"** weiterexistieren, bis die kirchliche Verfolgung sie zum Verschwinden bringt.

Der spätere Klarissenordens hat eine überaus komplexe Vorgeschichte, die nicht vorschnell harmonisiert werden darf, will man Klaras Ringen um die Originalität ihrer Gemeinschaft verstehen und ihre zunehmenden Spannungen zur päpstlichen Nonnenpolitik erklären.

4. Teil
Innozenz IV. und ein franziskanischer Frauenorden

Als Gregor IX. am 22. August 1241 in Rom starb, trat eine fast zweijährige Sedisvakanz ein. Die zerstrittenen dreizehn Kardinäle wurden vom römischen Senator Matteo Rosso Orsini auf dem Palatin in der Septizonium-Ruine eingeschlossen, bis sie am 25. Oktober 1241 von den sanitären Zuständen zermürbt den Mailänder Goffredo da Castiglione zum Papst wählten. Vom Konklave strapaziert, starb der neue Pontifex aber nach 17 Tagen noch vor seiner Krönung. Aus Furcht vor den kaiserlichen Truppen flohen die Kardinäle aus Rom. Erst am 28. Juni 1243 gelang es einem neuen Konklave in Anagni, Heimatstadt der Segni-Päpste, den Petrusstuhl wieder zu besetzen. Die zwölf Kardinäle wählten aus ihrem Kreis den Genuesen Sinibaldo de' Fieschi, einen der bedeutendsten Kanonisten seiner Zeit.[169] Seit 1228 Kardinal und seit 1235 Rektor der Mark Ancona, zeichnete er sich bisher als Herrschernatur im Kirchenstaat aus. Wenige Monate nach der Papstwahl zerschlug

---

169 Zu Innozenz IV.:: HANST, Michael: Innozenz IV. In: BBKL 2 (1990) 1286–1289; PISANU, Leonardo: Innocenzo IV e i francescani (1243–1254). Roma 1968; MELLONI, Alberto: Innocenzo IV. La concezione e l'esperienza della cristianità come regimen unius personae. Genova 1990; PARAVICINI BAGLIANI, Agostino: Innocenzo IV. In: Enciclopedia dei Papi, 2. Roma 2000, 384–392.

Innozenz IV. Hoffnungen des Kaisers auf eine Versöhnung, ernannte im Mai 1244 zwölf meist stauferfeindliche Kardinäle und wechselte im Sommer aus Angst vor Friedrich II. zunächst ins heimatliche Genua und dann nach Lyon. Vom französischen Exil aus regierte er die Kirche in sicherer Distanz zum Kaiser. Hier feierte Innozenz IV. vom 28. Juni bis 17. Juli 1245 auch das Erste Konzil von Lyon, das Friedrich II. feierlich für abgesetzt erklärte und einen neuen Kreuzzug zu lancieren suchte.

Für Klaras damianische Klostergruppe und für den Damiansorden bedeuten die lange Sedisvakanz und das französische Exil des vor allem politisch interessierten Papstes zunächst ein Intermezzo nach Gregors IX. energischer Nonnenpolitik. Bald macht sich aber Unruhe im Verband der hugolinschen Klausurklöster bemerkbar. Zu verwirrend war die rechtliche Lage und auch die seelsorgliche Verunsicherung nahm zu. Tatsächlich kursierten von der Hugolinsregel nicht weniger als vier verschiedene Redaktionen aus der Zeitspanne 1228-1245, zusätzlich durchlöchert durch die vielen Klöstern individuell gewährten Dispensen. Einige Gemeinschaften litten unter bitterer Armut, während andere sich durch Besitzprivilegien und Erbschaften absicherten. Die pastorale Betreuung war an verschiedenen Orten nicht geregelt und die Minderbrüder weigerten sich, neue Verantwortung zu übernehmen. Bereits in Rom und dann von Lyon aus suchte der brillante Kanonist auf dem Petrusstuhl die Situation vor allem rechtlich zu klären. Er hielt an Gregors IX. strenger Politik der Vereinheitlichung fest, erklärte dessen Konstitutionen als einzig verbindlich und ließ 1245 allen Klöstern des Damiansordens ein einheitliches Exemplar zustellen. Mehrere Schreiben an die Minderbrüder suchten deren pastorale Verantwortung über die Nonnenklöster zu festigen und zugleich in klaren Grenzen zu halten. Seit Oktober 1246 verfolgte auch Innozenz IV. unerbittlich jene „Minderschwestern", die keine Klausur annehmen wollten.[170] 1247 versuchte er schließlich, Unzufriedenheit mit der HugReg durch eine gemilderte Fassung zu begegnen. Diese neue Lebensform – in der Forschung Innozenzregel (InnReg) genannt – stützte den Damiansorden statt auf die Benediktsregel neu auf die Franziskusregel ab, wodurch die Frauenklöster rechtlich aus der monastischen Tradition herausgelöst und wieder ihren pauperistischen Ursprüngen angenähert wurden. Allerdings sah die neue InnReg zugleich materielle Absicherung

---

170   CASAGRANDE, Regola di Innocenzo IV, 76 ; er zieht auch da die Politik Gregors IX. weiter (13 OSD).

durch Besitz vor. Breiter Widerstand gegen die neue Regulierung zwang Innozenz IV. schließlich 1250, die Verpflichtung auf seine eigenen Konstitutionen wieder aufzuheben.

Erst zwei Jahre nach Friedrichs II. Tod nach Italien zurückgekehrt, ließ Innozenz IV. sich mit seiner Kurie im Frühling 1252 in Perugia nieder. Im Frühling 1253 wechselte er nach Assisi, wo er Klara persönlich kennen lernte und – tief beeindruckt von der heiligen Äbtissin – ihr auf dem Sterbebett die eigene Regel bestätigte. An ihrer Beisetzung beteiligt, setzte er bereits im Herbst den Heiligsprechungsprozess in Gang. Klaras Kanonisation sollte er nicht mehr erleben: Innozenz IV. starb im Dezember 1254 in Neapel, in neue politische Kämpfe verstrickt, nachdem er gegen die Staufer den Bruder des französischen Königs, Karl von Anjou, mit Sizilien belehnte. Weltpolitisch scheiterte der Versuch, eine Allianz mit den Mongolen gegen den Islam anzubahnen, ebenso wie der 6. Kreuzzug unter König Ludwig IX. Kirchlich ging Innozenz IV. als Jurist in die Geschichte ein, der das Kirchenrecht nachhaltig prägte. Seiner Hand verdankt sich auch die dauerhafte Regelung der Inquisitionsprozesse.

4.1 Innozenz IV.
„In divini timore nominis" vom 13. November 1243 (13 OSD)

Im Gegensatz zu seinem Vorgänger Gregor IX. und seinem Nachfolger Alexander IV., die schon vor ihrer Wahl persönliche Kontakte zu Klara selbst und zur Gruppe der klarianisch-damianischen Klöster hatten, kennt der Genuese Innozenz IV. weder San Damiano noch Agnes von Prag.[171] Mit Agnes tritt er wenige Monate nach seinem Amtsantritt in Briefkontakt, als die Prager Äbtissin mit einem ersten Schreiben an den neuen Papst die Frage der Regel wieder aufgreift. Enttäuscht von „Angelis gaudium" und ohne Hoffnung auf Verständnis von Seiten Gregors IX. sucht die Schwester des böhmischen Königs dem neuen Papst und brillanten Kirchenrechtler die Problematik aufzuzeigen, die das Befolgen zweier Regeln für ihre Gemeinschaft hervorruft: formal die Benediktsregel und praktisch

---

171 Dazu: Iter storico, 91–114; ALBERZONI, Chiara e San Damiano tra Ordine minoritico e Curia papale. In: Clara claris praeclara, 60–70; CASAGRANDE, Giovanna: La Regola di Innocenzo IV. In: Clara claris praeclara, 71–82.

die Hugolinsregel. Ihr Vorstoß scheint – diplomatischer als beim gescheiterten Versuch von 1238 – erneut auf eine eigene Lebensform abzuzielen, die dem Charisma der clarianischen Berufung entspricht. Der Wortlaut des Gesuchs ist nicht erhalten. Die Antwort des Papstes lässt jedoch vermuten, dass die Prager Äbtissin die Benediktsregel zu eliminieren und besondere Indulte, Privilegien und Observanzen aus der Zeit Gregors IX. mit der *HugReg* zu verbinden sucht, um der *forma vivendi* von San Damiano näher zu kommen.

Das Antwortschreiben „In divini timore nominis" geht bereits am 13. November 1243 von Rom aus auf den Weg nach Böhmen. Die restriktive Haltung des Kanonisten erlaubt keine neuen Experimente. Im Spätherbst 1243 genügt es Innozenz IV. die Spannung zwischen den beiden geltenden Regeln dadurch abzubauen, dass er die Geltung der Benediktsregel auf die drei Gelübde beschränkt. Ein Sonderweg von Prag und anderen Gemeinschaften wird mit denselben Gründen ausgeschlossen, die Gregor IX. in „Angelis gaudium" formuliert hat (12 OSD): San Damiano erscheint auch unter dem neuen Papst als Haupt des Damiansordens, der als ganzer nach der Regel seines Vorgängers zu leben hat.[172]

4.2 Meilensteine zum eigenen Regelexperiment Innozenz' IV.
von 1245–1247 (14 OSD)

Im folgenden Frühling 1244 beginnt Innozenz IV. mit verschiedenen Schreiben, die Armut einiger Klöster zu mildern und ihnen die Annahme von Gütern und Stiftungen zu erlauben. Die Exemtion wird beispielsweise am 6. Mai dem Kloster Santa Serafia in Asti mit der Auflage verliehen, „die Regel des Ordens von St. Damian in der Diözese Assisi zu befolgen ... mit der Ausnahme, dass diese Schwestern und Frauen Güter haben können und müssen"[173]. Auch das mit San Damiano eng verbundene Kloster Vallegloria bei Spello erhält am 18. Mai die Erlaubnis, die Stiftung einiger Güter der nahen Kamaldulenserabtei San Silvestro am Monte Subasio anzunehmen[174].

---

172 Originaltext des Schreibens: BF I, 315–317; Iter storico, 148–150. Kommentar: Ebd., 91–97.
173 „Religionis vestrae meretur" ans Kloster in Asti (BF I, 329–330); Iter storico, 161: „salvo eo quod istae Sorores et Dominae possint et debeant habere possessiones".
174 „Cum ecclesiam Sancti Silvestri" vom 18. Mai 1244: BF I, 334–340.

Kurz darauf flieht Innozenz IV. vor dem Stauferkaiser in seine ligurische Heimat und verlegt seine Kurie schließlich im Sommer 1244 nach Lyon. Von Genua aus wendet er sich mit dem Brief „Cum universitate vestrae"[175] an den ganzen *Ordo sancti Damiani* und teilt allen Klöstern mit, was er Prag schon im November dargelegt hat: die Geltung der Benediktsregel beschränke sich auf die Gelübde. Das Schreiben vom 21. August 1244 zeigt, dass die Unzufriedenheit mit der Regelsituation weit verbreitet ist. Der Papst wiederholt weitgehend wörtlich die Weisung an Prag (14 OSD):

> Innozenz, Diener der Diener Gottes, all seinen in Christus geliebten Töchtern, den Äbtissinnen und den eingeschlossenen Nonnen vom Orden des hl. Damian, Gruß und Apostolischen Segen.
>
> **Eurer Gesamtheit** ist es, wie wir wissen, auferlegt worden, kraft des Gehorsams die euch vom Apostolischen Stuhl vorgegebene Form des regulären Lebens getreulich zu befolgen. Und wir haben von den inneren Ängsten und Sorgen erfahren, die euch manchmal zusetzen wegen eines Satzes, der in der Einleitung jener Regel [HugReg] steht, nämlich: ‚die Regel des hl. Benedikt übergeben wir euch zur Befolgung', und dass ihr in eurer Demut insbesondere glaubt, eine Todsünde zu begehen, wenn es manchmal zu Verstößen gegen Vorschriften dieser Regel kommt, und dass ihr es für unschicklich und unmöglich erachtet, dass in eurem Orden zwei Regeln zugleich zu beobachten verpflichtet ist [...] Daher bestätigen wir erneut, was unser Vorgänger seligen Andenkens, Papst Gregor, in Gegenwart unseres Bruders, des Bischofs von Ostia, hörbar erklärt hat: dass die genannte Regel des seligen Benedikt die Schwestern seines Ordens zu nichts anderem verpflichte als zu Gehorsam, Eigentumsverzicht und ewiger Keuschheit: (Gelübde) also, die in jeder beliebigen Form des Ordenslebens gelten und durch die das Verdienst ewiger Glückseligkeit zu erlangen ist [...] Gegeben in Genua, 12 Tage vor Septemberbeginn im 2. Jahr unseres Pontifikats.

Von Frankreich aus sucht Innozenz IV. den *Ordo sancti Damiani* enger zu verbinden, indem er die verschiedenen Fassungen der *HugReg* durch eine allen gemeinsame Version ablöst.

---

175   „Cum universitate vestrae" vom 21. August 1244. In: POTTHAST, August: Registra Pontificum Romanorum, 2. Berlin 1875, 1145.

Diese wird im Herbst 1245 den Klöstern des Verbands zugestellt und zur verpflichtenden Lebensgrundlage erklärt.[176] Der Kanonist verleiht im folgenden Jahr allen Klöstern des Damiansordens das *privilegium fori*[177].

Der päpstliche Versuch, die Verbindung einer detaillierten neuen Lebensform für Klausurklöster mit der alten Benediktsregel zu retten, erklärt sich mit der Rechtslage nach dem Laterankonzil von 1215 (1 OSD). Allerdings irritiert die Argumentation inhaltlich: Wenn Innozenz IV. die Geltung der Benediktsregel auf die drei Gelübde Gehorsam, Eigentumsverzicht und ewige Keuschheit beschränkt und diese als konstitutiv für jede Art von Ordensleben bezeichnet, offenbart der brillante Kanonist eine erstaunliche Unkenntnis der Benediktsregel und der jüngeren Ordensgeschichte. Tatsächlich gelobt ein Mönch bei seiner Aufnahme in ein Kloster ein dreifaches Gelübde (Benediktsregel 58,17). Dieses verpflichtet ihn zu lebenslanger Beständigkeit (*stabilitas*), klösterlichem Lebenswandel (*conversatio morum*) und Gehorsam (*oboedientia*) gegenüber dem Abt. Simon Peng-Keller zeigt auf, wie es zur Trias der drei klassisch werdenden Räte kam, die sich eben gerade nicht auf Benedikt von Nursia stützen kann: „Die benediktinische Professformel summiert damit den Zölibat, den Verzicht auf Privatbesitz (RB 58,24f.) und anderes unter dem Begriff der *conversatio* und betonte neben dem Gehorsam die an erste Stelle gesetzte Beständigkeit, die sich sowohl in der Treue zur gewählten Mönchsgemeinschaft als im beharrlichen Voranschreiten auf dem Weg Christi konkretisiert. Die Unterscheidung zwischen Räten und Geboten ist der Benediktsregel insofern fremd, als sie den Weg des Mönchs als ein Leben nach den Geboten zeichnet (RB 58,10.15f.). Es war denn auch nicht das benediktinische Mönchtum, das dem Modell der drei evangelischen Räte zum Durchbruch verholfen hat. Als Professformel taucht die Trias der evangelischen Räte erstmals im 12. Jahrhundert auf. Odo von St. Viktor, der 1148 von Suger von Saint-Denis zum Abt des Pariser Chorherrenstifts S. Genoveva eingesetzt wird, erwähnt sie in einem Brief, der auf seine Einsetzung Bezug nimmt. Er und seine Mitbrüder, so schreibt Odo, hätten Keuschheit, (Güter-)Gemeinschaft und Gehorsam versprochen (PL 196, 1399B). In der von Innozenz III. approbierten Regel der Trinitarier, die auf der Augustinusregel aufbaut,

---

176 „Solet annuere" vom 13. November 1245: BF I, 394–399; zu den mindestens vier verschiedenen Versionen, die bis dahin im Umlauf waren: VÁZQUEZ, Isaac: La «Forma vitae» hugoliniana para las Clarisas en una bula desconocida de 1245. In: Antonianum 52 (1977) Nr. 1, 94–125.

177 „Personis quae mundo": BF I, 413, erspart es den Klausurnonnen, vor Gericht erscheinen zu müssen.

findet sich die Rätetrias erstmals innerhalb eines offiziellen kirchlichen Dokuments. Für die weitere Entwicklung noch folgenreicher ist es, dass Franziskus die Trias an den Anfang seiner Regel stellt: ,Regel und Leben der Brüder ist dieses, nämlich zu leben in Gehorsam, in Keuschheit und ohne Eigentum und unseres Herrn Jesu Christi Lehre und Fußspuren zu folgen' (NbR 1)."[178]

4.3 Innozenz IV.
Innozenzregel vom 6. August 1247 (InnReg)

Am 6. August 1247 erlässt Innozenz IV. endlich eine neue Regelversion, die er selber auf der Basis der Hugolinregel erarbeitet hat und nun allen Klöstern vom *Ordo sancti Damiani* verbindlich auferlegt. Mit dem Schreiben „Cum omnis vera religio", das die neue Regel enthält, trägt Innozenz IV. der Entwicklung der Klausurnonnen Rechnung:[179] Es richtet sich nicht mehr an „Arme Damen" oder Schwestern, sondern unterschiedslos an „alle *eingeschlossenen Nonnen* vom Damiansorden"[180]. Der Name des Klosterverbandes legt den Akzent nun gänzlich auf monastisches Leben in Klausur. Der Eröffnungsteil nennt die Adressatinnen und die juristisch folgenreichste Neuerung:

'Innozenz, Bischof, Diener der Diener Gottes, den in Christus geliebten Töchtern, allen Äbtissinnen und eingeschlossenen Nonnen vom Orden des heiligen Damian Gruss und apostolischen Segen.

²**Jede echte religiöse Gemeinschaft** und jede anerkannte Lebensordnung verfügt über verlässliche Regeln und Satzungen und folgt auch den sicheren Gesetzen der Disziplin:

178 PENG-KELLER, Simon: Einführung in die Theologie der Spiritualität. Darmstadt 2010, 73–77 (= „Evangelische Räte und kommunitäres Leben"), zit. 75f.
179 Zur Bedeutung der *InnReg* in der kurialen Nonnenpolitik: Iter storico, 95–101.
180 Die Universalität der Adresse wird mit aller Klarheit deutlich gemacht: „Innocentius [...] *universis* abbatissis et monialibus inclusis Ordinis Sancti Damiani" (*InnReg*, Prolog).

³Wer immer also ein religiöses Leben führen will, muss sorgsam darum bemüht sein,

die verlässliche und richtige Regel seines Wandels und die Disziplin dieser Lebensweise zu

beobachten, weil er sonst unverzüglich vom rechten Weg abkommt, wo er sich nicht an die

Richtlinien hält.

⁴Und die Gefahr, Fehler zu begehen, lauert überall da, wo man es versäumt haben wird,

aus weiser Voraussicht (per discretionis virtutem) ein sicheres und tragfähiges Fundament

zu legen.

⁵Deshalb haben Wir es unternommen, im Herrn geliebte Töchter,

die Observanz und Form eures religiösen Lebens in kurzen Zügen zu beschreiben.

⁶Denn von der Inspiration der göttlichen Gnade geleitet,

habt ihr den engen und rauen Pfad eingeschlagen, der zum Leben führt.

⁷Euren frommen Bitten zugeneigt, gewähren wir euch und jenen, die euch folgen,

dass ihr die Regel des seligen Franziskus befolgt, soweit sie sich auf die drei (Räte) bezieht,

nämlich Gehorsam, Lossagung von Privateigentum und ewige Keuschheit,

und verleihen euch die Lebensform, die diesem Schreiben angefügt ist,

nach der ihr in besonderer Weise zu leben beschlossen habt.

⁸Mit apostolischer Vollmacht ordnen wir an, dass diese in den einzelnen Klöstern eures

Ordens für ewige Zeiten beobachtet werde.

Um dem Vierten Laterankonzil zu entsprechen, legt Innozenz IV. auch seiner modifizierten *Forma vitae* eine anerkannte Regel zugrunde. Diese soll jedoch erneut nur bezüglich der drei Gelübde gelten, wie er das 1243 schon für die Benediktsregel verordnet hat. Diese wird nun durch die Franziskusregel ersetzt. Damit wechselt der päpstliche Nonnenorden von der alten benediktinischen in die junge mendikantische Tradition. Die Klausurschwestern des Damiansordens werden rechtlich zu Franziskanerinnen. Die nunmehr franziskanischen Frauenklöster werden zugleich eng mit dem Minderbrüderorden verbunden: Ihr Stundengebet ist das franziskanische; Seelsorge, Visitation und Reform sind den Brüdern anvertraut; die Minister bestätigen schwesterliche Wahlen und ermächtigen zu Neugründungen; Prokuratoren wie auch Klosterkapläne aus dem Weltklerus unterstehen brüderlicher Kontrolle. Für alle Frauenklöster, auch die ursprünglich „Armen Schwestern", wird Güterbesitz vorgesehen, der von weltlichen Prokuratoren verwaltet wird.[181]

Weder die damianisch-klarianische Gruppe der Gemeinschaften noch die große damianitische Mehrheit der hugolinschen Klöster kann über diese Neuerung glücklich sein. Tatsächlich kündet sich bald auf breiter Ebene Widerstand an. Die päpstliche Maßnahme ist denn auch allzu sehr rechtlich, politisch und pastoral geleitet, um den spirituellen Bedürfnissen der betroffenen Gemeinschaften Rechnung zu tragen.[182] Rechtlich sieht die neue Regelung eine verschärfte Klausurierung vor, während Armut nun gänzlich der materiellen Absicherung weicht. Bereits in den Jahren zuvor hat Innozenz IV. in individuellen Briefen die Nonnenklausur verstärkt und die Güterannahme erleichtert.[183] Politisch sucht *InnReg* gewachsene Unterschiede zwischen vielfältig geprägten Gemeinschaften mit einer neuen, allen gemeinsamen Regel zu eliminieren. Pastoral soll der Wechsel des Frauenklosterverbandes unter das franziskanische Dach die Minderbrüder für alle neuen Gemeinschaften in die Pflicht nehmen.

Giovanna Casagrande weist auf den Kontrast hin, den Klaras Regel mit ihrer spirituellen Qualität und schwesterlichen Erfahrung vom normativ kalten Werk des Kanonisten Innozenz IV. unterscheiden wird.[184] Weder Armut noch Arbeit spielen in der *InnReg* eine Rolle, im Gegensatz zur Klararegel, die diese Dimension in ihrem Kernteil behandelt. Setzt Innozenz IV. auf Autorität, zeigt Klaras Gemeinschaftskultur zudem einen entschieden „demokratischen Charakter".[185] Die moderne Forschung ist sich darin einig, dass das

---

181   Text der Regel in: OEscr 242–264; BF I, 476–483. Zu ihrem Profil: CASAGRANDE, Regola di Innocenzo IV, 71–82 (zum Forschungsstand); ROTZETTER, Klara von Assisi, 278–286.

182   Vgl. die Wertung der *InnReg* in Iter storico, 97–101.

183   Unter einer Reihe entsprechender Papstbriefe sind zu nennen: „Splendor paternae gloriae" (BF I, 317), „Quoniam ut ait" (BF I, 379, 405f., 499f.), „Licet is de cuius munere" (BF I, 520), „Solet annuere" (BF I, 445f.), „Vestris devotionis precamina" (BF I, 462f.) und „Etsi omnium illa" (BF I, 210f.).

184   CASAGRANDE, Regola di Innocenzo IV, 79–81: im Gegensatz zur „potente qualità spirituale" der KlReg diktiere „der Jurist und Politiker" Innozenz IV. mit „freddezza normativa" vor allem „normative precise, senza preoccuparsi molto della dimensione spirituale".

185   ROTZETTER, Klara von Assisi, 296. CASAGRANDE, Regola di Innocenzo IV, 80f., spricht geradezu von einer „rivoluzione istituzionale": die Äbtissin leitet die Gemeinschaft zusammen mit dem Rat, ist absetzbar, soll mütterlich sorgen und alle wesentlichen Fragen im wöchentlichen Hauskapitel besprechen.

unglückliche Regelexperiment des Fieschi-Papstes Klara zum Verfassen einer eigenen Regel veranlasste.[186]

4.4 Innozenz IV.
„Quoties a nobis petitur" vom 23. August 1247 (15 OSD)

Zwei Wochen nach der Bulle „Cum omnis vera religio" macht Innozenz IV. deutlich, dass seine neue Regel die bisherige Vielfalt beseitigen und eine einheitliche Ordnung einführen soll, die ein für allemal Klarheit zu schaffen hat. Das Schreiben „Quoties a nobis petitur" vom 23. August folgt der *InnReg* von Lyon aus in „alle Klöster der Klausurnonnen vom Damiansorden" und begründet die erstrebte Einheit[187] wie folgt:

[4]Neulich haben wir es als notwendig erachtet, eure Regel und Lebensform zu korrigieren, denn eure Gewissen wurden von ängstlichen Zweifeln bedrückt wegen allzu großer Zweideutigkeiten und Personen drohten in unerträglichem Maß Schaden zu nehmen. [5]Vor allem aber haben wir bedacht, dass bisher schon viele und unterschiedlichste Dispensen von und wegen der Lebensform gemacht worden sind, so dass die Profess nicht als eine, sondern als vielfältige erscheint. [6]Indem wir euch also von neuem eine zuverlässige Regel und Lebensform geben, haben wir mit der Autorität des vorliegenden Schreibens beschlossen, dass ihr selber und jene, die euch folgen werden, die gründlich korrigierte Lebensform und Regel, die wir all euren Gemeinschaften unter unserer Bulle zustellen, für ewige Zeiten sorgfältig beobachtet. [7]Wir beschließen, dass ihr zu anderem als dem, was sich in dieser korrigierten Regel und Lebensform findet, künftig nicht verpflichtet seid.

---

186 BARTOLI, Klara von Assisi, 233f.; ALBERZONI, Chiara e il papato, 99f., ROTZETTER, Klara von Assisi, 288f.; CASAGRANDE, Regola di Innocenzo IV, 72; ALBERZONI, Chiara e San Damiano tra Ordine minoritico e Curia papale, 62–68; FRUGONI, Una solitudine abitata, 46–49.
187 „Cum a nobis petitur": BF I, 488; Iter storico, 162.

4.5 Innozenz IV.
„Inter personas" vom 6. Juni 1250

Bei allem Nachdruck der päpstlichen Nonnenpolitik zeigt sich bald erstaunliche Opposition, die den Papst 1250 dazu zwingt, die Verpflichtung auf seine Regel wieder aufzuheben. Die Gründe für den breiten Widerstand sind unterschiedlicher Natur. Für die kleine Gruppe der klarianisch-damianischen Gemeinschaften stellt sich primär das Armutsproblem. *InnReg* sieht analog zum Brüderorden nur mehr eine fiktive Armut vor: Innozenz IV. hat den Franziskanern 1245 mit der Bulle „Ordinem vestrum" eine zweite päpstliche Regelerklärung gegeben, die das Verfügen über Mobilien und Immobilien erleichtert und den Geldgebrauch nicht nur in Notfällen erlaubt.[188] Klöster wie San Damiano und Prag sehen besorgt, wie die Armut bei den Brüdern allmählich zur reinen Fiktion wird, die der Papst nun auch trotz und mit der Franziskusregel seinen Nonnenklöstern verordnet: Prokuratoren, die der Visitator ernennt, sollen diesen Besitz verwalten, wie das „Ordinem vestrum" für die Brüdern vorsieht.

Für die große Mehrheit des Damiansordens war nicht die Armut Grund für Opposition, sondern ihre engere Bindung an die Minderbrüder: *InnReg* ersetzt den Kardinalprotektor faktisch stillschweigend und unterstellt die Nonnenklöster gänzlich dem Franziskusorden. Die Nonnen werden von den Brüdern in geistlichen und weltlichen Dingen abhängig. So willkommen vielen die seelsorgliche Absicherung war, so ärgerlich war die Einmischung verschiedener Brüder. So wollen denn auch zahlreiche Gemeinschaften zur *HugReg* zurückkehren. Gefährdete Armutsliebe auf der einen Seite und allzu direkte Unterstellung unter die Brüder auf der anderen lassen die Opposition gegen *InnReg* so groß werden, dass der große Kanonist auf dem Petrusstuhl sein eigenes Regelwerk zurückrufen muss. Da in der Kirche „nichts verpflichtet, was nicht angenommen wird", hebt Innozenz IV. die Verpflichtung auf seine neue Lebensform (*InnReg*) nach drei Jahren wachsender Opposition auf. Mit dem Schreiben „Inter personas" vom 6. Juni 1250 setzt er Rainaldo

---

188 Die Bulle „Ordinem vestrum" vom 14. November 1245 (BF I, 400-402) erklärt alle beweglichen und unbeweglichen Güter der Brüder zum Besitz des Apostolischen Stuhles und erlaubt dem Orden den Geldgebrauch auch für die „commoda fratrum".

wieder in seine umfassenden Rechte als Kardinalprotektor ein und erlaubt den Nonnen des Damiansordens die Rückkehr zur früheren Regel.[189]

Offensichtlich muss Kardinalprotektor Rainaldo da Jenne sich dann an verschiedenen Orten gegen Minderbrüder durchsetzen, die ihren Einfluss auf neue Nonnenklöster nicht abgeben wollten. Drei Wochen nach „Inter personas" hält ein erster Brief aus Perugia fest, dass die neue Regel weder durch Minister noch andere Minderbrüder aufgedrängt werden darf. Eine Reihe von Schreiben weist die Befugnisse franziskanischer Visitatoren in klare Grenzen. So hält der Kardinal fest, „dass kein Visitator in eurem Kloster über eure Lebensform und Regel hinaus irgendwelche Konstitutionen einführt, die euch zu irgendetwas unter Schuld und Strafe verpflichten, wenn dies nicht durch Zustimmung und Wollen aller Frauen geschieht".[190] Schon fast drastisch äußert sich der Kardinal im Schreiben „Etsi ea" vom 27. Juni 1250, das die Nonnen von Sant'Angelo in Ascoli gegen Pressionen von Seiten der Brüder zu schützen sucht und die brüderliche Jurisdiktion wieder in aller Deutlichkeit zurücknimmt.[191]

4.6 Thomas von Celano
Memoriale aus dem Jahre 1246/47

Mitte der Vierzigerjahre beginnt Thomas von Celano im Auftrag des Generalkapitels ein *Memoriale* zu verfassen. In der Tradition als „Vita secunda" des hl. Franziskus bekannt, bietet dieses Werk kein Lebensbild des Heiligen für die Gesamtkirche, sondern eine Art biografisches Handbuch franziskanischer Spiritualität für den Orden. Die zweite Generation von Brüdern in ganz Europa und im Orient, die den Gründer nicht mehr persönlich kannten, sollten in diesem Werk lesen können, was den Geist seines Ordens kennzeichnet.[192] Ein eigener Abschnitt des *Memoriale* ist den „Armen Frauen" gewidmet.[193] Wie bereits

---

189 Der lateinische Text findet sich in BF Supplementum, 22–24; eine Situierung in: Iter storico, 98–101.
190 Zu diesen ordenspolitischen Turbulenzen mit Quellenzitat in der Anmerkung: Iter storico, 99.
191 Der Text des Kardinals findet sich in BF Supplementum, 23–24 (Anm. 4); ein Auszug in: Iter storico, 164f.
192 Zum Charakter und Profil dieses *Memoriale*: URIBE, Fernando: Introduzione alle fonti agiografiche di san Francesco e santa Chiara d'Assisi (secc. XIII-XIV). Assisi 2002, 88–116.
193 2 C 204–207: „De pauperibus dominabus", San Damiano und der *Ordo sanctarum virginum*, der von dort ausgeht.

in seiner *Vita* von 1228/29 sucht Thomas auch hier der Ordenspolitik zu dienen und zugleich für Klara eine Lanze zu brechen. Warnt eine Episode illustrativ vor Kontakten zu Nonnenklöstern, rufen andere nachdrücklich die spezielle Beziehung des Heiligen zu San Damiano in Erinnerung.[194] Der Biograf berichtet bestens informiert von Ereignissen, die er nur von den Schwestern selbst erfahren haben kann: u.a. von ihren schwierigen Anfängen voller Prüfungen, von der „Aschenpredigt", mit der Franziskus der Gemeinschaft sein Elend und sein Vertrauen mit Blick auf seinen baldigen Tod vor Augen führt,[195] aber auch von der Lebensform von San Damiano. Thomas von Celano schreibt teilweise wörtlich wie Klara später in Testament und Regel, was die Berufung der Schwestern ausmacht und wie treu Franziskus sein Versprechen von brüderlichem *„auxilium et consilium* [...] sein Leben lang gehalten hat". Klara selbst dürfte auch die Quelle für ein Franziskus-Logion sein, das San Damiano von den hugolinschen Gemeinschaften unterscheidet: *„unum atque eumdem spiritum, dicens, fratres et dominas illas pauperculas de hoc saeculo eduxisse"* (2 C 204): Der eine und selbe Geist, der den Poverello, die Brüder und die „Poverelle" berufen hat, verbindet sie untrennbar in derselben Bewegung. Thomas schreibt dies 1246/47 in einer Zeit, in der sich das Problem der Nonnenseelsorge von Neuem zuspitzt. Der *Ordo sancti Damiani* zählt bereits über 100 Klöster. Kurz bevor Innozenz IV. dessen Nonnen zu Franziskanerinnen erklärt, sucht der Brüderorden unter Generalminister Crescenzio da Jesi erneut die unerträgliche Last der *cura monialium* loszuwerden. Thomas' *Memoriale* warnt denn auch vor Kontakten zu "gewissen Nonnenklöstern". San Damiano und ihm verbundene Klöster klarianischer Spiritualität werden von dieser Distanzierung ausgenommen. Tatsächlich erscheinen Klaras Schwestern im Werk auch nicht als *moniales* (Nonnen), sondern als *virgines sanctae, dominae, feminae* und *pauperculae*.

Über die bereits erwähnten Erinnerungen hinaus ist ein Zeugnis von besonderem Interesse, das Thomas erneut Klara und ihren Schwestern verdankt. Diese erinnern an ein prophetisches Wort des jungen Franziskus, der nach der Enterbung in der Zeit seiner eremitischen Suche und der Restaurationsarbeit in San Damiano bereits an Schwestern

---

194   Zu Klara und den Schwestern im *Memoriale*: BARTOLI, Chiara d'Assisi, 178–181.

195   2 C 207: sensibel interpretiert von ROTZETTER, Anton: Franziskus und Klara. Anmerkungen zu einem befremdenden Ritual des heiligen Franz. In: BAUER – FELD – KÖPF, Franziskus von Assisi, 213–225; neu in: SCHMIES, Bettelarmut und Beziehungsreichtum, 275–285.

denkt. Diese „Schwesternprophetie" ist sowohl bei Thomas von Celano wie bei Klara bezeugt. Die beiden Fassungen seien hier parallel wiedergegeben:

2 C 13	KlTest 9-14
[Kontext: Franziskus lebt noch allein in San Damiano, bettelt in der Stadt um Öl für die Lampen und sucht seine definitive Berufung als Eremit und Freund der Randständigen]	Als Franziskus weder Brüder noch Gefährten hatte und kurz nach seiner Konversion mit dem dem *Wiederaufbau der Kirche San Damiano* beschäftigt war ..., hat er in großer Freude und *vom Heiligen Geist erleuchtet* über uns *prophezeit* (prophetavit), was der Herr dann auch verwirklicht hat.
„Mit glühenden Worten begeisterte er dann alle für den *Wiederaufbau jener Kirche* und *prophezeite* (prophetat) mit klarer Stimme *auf Französisch* allen *Zuhörern*, dort werde ein *Kloster heiliger Jungfrauen Christi erstehen* (monasterium virginum). Jedes Mal nämlich, wenn er, vom *Feuer des Heiligen Geistes erfüllt*, feurige Worte heraussprudelte, redete er französisch, als ob er im Voraus wüsste, dass er hauptsächlich von diesem Volke geehrt und mit besonderer Ehrfurcht gefeiert werde."	Auf eine Mauer jener Kirche gesprungen, hat er tatsächlich damals mit lauter Stimme und in *französischer Sprache* einigen *Armen*, die dort weilten, zugerufen: «Kommt und helft mir *beim Bau des Klosters von San Damiano* (monasterii Sancti Damiani), denn in Kürze werden Frauen (dominae) kommen und hier leben, und durch ihren Ruf und ihre Heiligkeit wird unser himmlischer Vater in seiner ganzen heiligen Kirche geehrt werden".

Die Erinnerungen von Thomas und Klara stimmen bis in die bedeutsamen Einzelheiten überein: Franziskus sieht schon beim Kirchenbau, dass an jenem Ort eine Frauengemeinschaft entstehen wird. Beide Quellen sprechen ausdrücklich von einer Prophetie. Klara erinnert die Minderbrüder pointiert daran, dass der Heilige *dominae* kommen sieht, noch bevor er an Brüder dachte. Franziskus ist als Kirchenbauer nicht allein: Er spricht vom Geist inspiriert und auf französisch zu Zuhörenden, die Klara als *pauperibus ibi iuxta morantibus* – nahe bei San Damiano weilende Arme – identifiziert.

Auf dem Grazer Klarasymposium hat Paul Zahner in der Schwesternprophetie des Heiligen ein Indiz dafür gesehen, dass Franziskus selbst an ein Frauen*kloster* dachte und das klösterliche Profil ideell die Gründung von Anfang an geleitet habe. Tatsächlich sprechen beide Zeugnisse übereinstimmend von einem *monasterium*. Dennoch ist mit Blick auf die Redaktionszeit der beiden Quellen Vorsicht geboten: Thomas schreibt sein *Memoriale* 40 Jahre nach dem Geschehen, und Marco Bartoli erinnert an die zeitliche Distanz – fast ein halbes Jahrhundert – zwischen Faktum der Prophetie und schriftlicher Erinnerung in Klaras Testament.[196] Thomas hat 1246 ein San Damiano vor Augen, das seit anderthalb Jahrzehnten eindeutig klösterliche Züge aufweist. Prophetien werden aus der Retrospektive unweigerlich eingefärbt, auf die reale Gestalt ihrer Erfüllung hin zugespitzt und mit aktuellen Interessen verbunden. Gerade weil der Brüderorden sich in den Vierziger- und Fünfzigerjahren von Frauenklöstern distanziert, sprechen beide Quellen von diesem speziellen *monasterium*, das nicht über den selben Leisten geschlagen werden darf. Bei aller Treue zu Franziskus entfernen sich zudem beide Garanten auch anderswo nachweislich vom originalen Vokabular des Poverello. Klara nennt ihn, der alle väterlichen Rollen für sich und für seine Bewegung konsequent ablehnte,[197] mit Vorliebe „pater", und der Celanese lässt Franziskus gar als „Vater" zu seinen „Töchtern" sprechen: Beide aktualisieren Franziskus' Leben und Sprechen mit Blick auf die aktuelle Situation des Ordens und für die Mentalität der Gegenwart.[198] Dass die beiden Kronzeugen Franziskus zwischen 1246 und 1253 von einem *monasterium* in San Damiano sprechen lassen, darf daher weder erstaunen noch überinterpretiert werden. Drei gewichtige Gründe sprechen dagegen, dass Franziskus zu Lebzeiten ein Kloster in San Damiano sah oder sich ein solches wünschte. Erstens fehlt in seinen eigenen Schriften jeder monastische Anklang mit Blick auf San Damiano und Klaras Schwestern. Zweitens betrifft 1223 das generelle Verbot der Ordensregel, zu Nonnenklöstern zu gehen, San Damiano offenkundig nicht: Klara bezeugt vielmehr, dass Franziskus ihren Schwestern die für sich wie für die Brüder versprochene Liebe und Sorge „Zeit seines Lebens" zeigte. Drittens sieht Klara, von Franziskus 1226 noch einmal zur Nachfolge des armen Christus ermutigt, ihre Gemeinschaft rechtlich erst nach 1228 als klösterliche und daher von Gregors IX. Regelerklärung betroffen, die den Brüdern 1230 ohne päpstliche Erlaubnis den Zutritt zu allen Frauenklöstern verbot. Klaras Zitat des jungen Franziskus, der bereits 1206 Hilfe „*beim Bau des Klosters von San Damiano (monasterii Sancti Damiani)*" anfordert, wird zudem von der Archäologie widerlegt: Der

196 BARTOLI, Chiara d'Assisi, 116: „Chiara, che ricordava a distanza di anni, non si vergognava di dire che quanto Francesco aveva profetato, si era realizzato".

197 KUSTER, Niklaus: Franz von Assisi. Rebell und Heiliger. Freiburg ²2010, 99–106 (mit eindeutiger Wortstatistik).

198 DALARUN, Francesco: un passaggio, zeigt am Frauenbild, an Beziehungen zu konkreten Frauen und an Schwestern-Episoden auf, wie die Biografen allgemein und Thomas von Celano Grundhaltungen von Franziskus zunehmend verändert wiedergeben, indem sie auf Bedürfnisse, Probleme und Fragen der Gegenwart Antwort zu geben suchen.

Eremit restauriert kein Kloster, sondern eine Landkirche von der Größe der Portiunkula, die lange Jahre einer semireligiosen Gemeinschaft dient, von Schwestern ausgebaut wird und erst nach dem Tod des Heiligen Gotteshaus eines Klosters im rechtlichen Sinne wird.[199]

Thomas' *Memoriale* spricht in den späten Vierzigerjahren – wie bereits 1229 seine *Vita* – in eine spannungsvolle Situation: Die *monasteria* des Damianordens stellen ein wachsendes Problem für den Brüderorden dar; Klara kämpft weiterhin für die Originalität ihrer Gemeinschaft und findet erneut wertvolle Unterstützung im Biografen des Heiligen.

4.7 Das Problem der Nonnenseelsorge unter Innozenz IV. (18 OSD)

Die päpstliche Nonnenpolitik sieht sich seit den Zwanzigerjahren vor dem praktischen Problem, die wachsende Zahl neuer Frauenklöster pastoral zu versorgen. Je strikter die Klausur definiert wird, desto notwendiger sind die priesterlichen Dienste im Kloster selbst zu regeln. Herbert Grundmann und Brigitte Degler-Spengler haben aufgezeigt, wie sich zunächst die traditionellen Männerorden vom Modell des Doppelklosters gelöst und dann resolut gegen die Seelsorge an neuen Frauenklöstern gewehrt hatten.[200] Im 13. Jahrhundert sind die Päpste daher genötigt, die wachsende Zahl neuer Nonnenklöster den jungen Bettelorden anzuvertrauen. Während Benediktiner, Prämonstratenser und Zisterzienser neue Verantwortungen in der *cura monialium* ablehnten, kennt Dominikus das Zusammenspiel seiner Brüder mit Dominikanerinnen seit der Gründung der Predigerbrüder. Obwohl die Regel der Minderbrüder sich restriktiv bezüglich Nonnenklöstern und Frauenseelsorge zeigt, hat Gregor IX. bereits im ersten Amtsjahr seinen Klausurfrauenorden als ganzen der franziskanischen Seelsorge anvertraut. Innozenz IV. führt diese Strategie gegen alle Widerstände des Brüderordens fort. Auf der Linie seines Vorgängers stilisiert er Franziskus weiter zum Gründer des Damiansordens. Das Motiv haben die beiden Biografen Thomas von Celano und Julian von Speyer vorbereitet. Gregor IX. hat Franziskus dann 1238 erst-

---

199 Zur baulichen Entwicklung des Ortes: RÖTTGER, Ancilla: Die archäologischen Untersuchungen in San Damiano. Interpretierende Zusammenfassung des Grabungsberichts. In: SCHMIES, Bettelarmut und Beziehungsreichtum, 529–558.

200 Siehe oben Anm. 47 und 84. Dazu neu: Doppelklöster und andere Formen der Symbiose männlicher und weiblicher Religiosen im Mittelalter, hg. von Kaspar ELM – Michel PARISSE. Berlin 1992.

mals kirchenamtlich zum Stifter des päpstlichen Frauenordens erklärt, der damit einen heiligen Gründer bekommt. Die Fiktion sollte ihm pastorale Ziele durchsetzen helfen und San Damiano selbst – das sich als Teil des Brüderordens sieht – in den einheitlichen „Zweiten Orden" verweisen.[201]

Auch der Wechsel des ganzen Damiansordens von benediktinischer Grundobedienz unter das Dach der Franziskusregel in der *InnReg* folgt 1247 weniger einer spirituellen als einer ordenspolitischen und pastoralen Strategie. Der künftige „Erste Orden" sieht sich definitiv in die Pflicht genommen, die Seelsorge und Aufsicht über die stets wachsende Zahl von Klausurnonnen, die nun rechtlich Franziskanerinnen sind, zu garantieren. Von Lyon aus sendet Innozenz IV. ab 1245 zahlreiche Briefe an Minister der Minderbrüder, um ihnen die Nonnenseelsorge an neuen Klöstern in ihrem Gebiet aufzutragen.[202] Im Juli kommt er dem Generalminister und den Brüdern entgegen, indem er die Pflicht, bei Frauenklöstern zu leben, auf jene Gemeinschaften einschränkt, wo dies bereits zur Zeit Gregors IX. üblich gewesen ist[203]. Im Oktober 1245 ruft der Papst dem Generalminister und allen Provinzialen in Erinnerung, dass die seelsorgliche und administrative Verantwortung des Damiansordens bei den Minderbrüdern liegt. „Paci et saluti" versetzt die Minister faktisch in die Rolle des bisherigen Kardinalprotektors: Sie hätten über die Seelsorge mit Predigt und Sakramentenspendung hinaus auch die Visitation, die *correctio* und die Reform der Nonnenklöster sicherzustellen:[204]

Dazu können ein einzelner Priesterbruder und der Visitator, der zur Zeit bestimmt ist, zwei geeignete Brüder mit sich nehmen zur Ausübung all ihrer Amtspflichten, gemäß dem Modus, wie er bekanntlich in ihrer Lebensform genau beschrieben ist. Ihr könnt zu

---

201 Zu dieser politischen Vereinnahmung des Heiligen und ihren Absichten: ALBERZONI, Papato e nuovi Ordini religiosi femminili, 252–254.

202 Iter storico, 93, nennt unter anderen Briefen „Paci et saluti" (BF I, 393), „Cum sicut ex parte" (BF I, 413f.) und „Licet olim" (BF I, 420).

203 Das geschieht im Schreiben „Paci et tranquillitati" vom 17. Juli 1245: BF I, 367f.; Iter storico, 161. Das Generalkapitel der Zisterzienser von 1222 hat Papst Honorius III. gebeten, Konversen und Mönche nicht bei Nonnenklöstern leben zu lassen: „Supplicandum domino Papae, ne compellat nos ad mittendum monachos nostros et conversos ad cohabitandum cum monialibus, et in temporalibus eisdem providendis; vergit enim res ista ad praeiudicium Ordinis et periculum animarum": CANIVEZ, Statuta capitolorum generalium Ordinis Cisterciensis. II 19, 30: Anno 1222.

204 „Paci et saluti" vom 16. Oktober 1245: BF I, 387f.; Iter storico, 162.

besonderen Festen der Nonnen oder beim Tod einer der ihren in die genannten Klöster gehen, das Göttliche Offizium in ihnen feiern oder dem Volk das Wort Gottes auslegen, wenn es bei diesen Gelegenheiten oder zu anderen Zeiten da zusammenströmt. Das gilt auch aus anderen ehrenwerten oder vernünftigen Motiven. Auch könnt ihr zu den Pforten, den Gittern oder in die Sprechzimmer dieser Klöster gehen, wie es euch praktisch scheint, und Brüder eures Ordens dazu bestimmen.

Am 2. Juni 1246 gehen nicht weniger als 13 Briefe an Brüder zwecks Seelsorge an Frauengemeinschaften.[205] Den Brüdern gelingt es in den folgenden Jahren, gegen den Druck mancher Bischöfe und der Schwestern selbst ihre Seelsorgepflicht auf die Nonnen des Damiansordens zu beschränken.[206] Im Juli 1246 muss Innozenz IV. in einem Brief an den Generalminister der Sorge begegnen, die Klöster des päpstlichen Klausurordens könnten dem Minderbrüderorden „einverleibt" werden. Das beschwichtigende Schreiben „Licet olim" definiert die Seelsorgeverantwortung neu, beschränkt die brüderliche Verantwortung auf den rein spirituellen Bereich und versichert dem Generalminister, dass der Papst die Klausurnonnen „eurem Orden nicht inkorporieren wolle".[207]

Im folgenden Sommer schafft *InnReg* faktisch eine neue Situation. Die Klausurnonnen werden auf dem Boden der Franziskusregel vollends unter franziskanische Verantwortung, Sorge und Aufsicht gestellt. Franziskus selbst wird in der neuen Professformel genannt. Der Kardinalprotektor verschwindet gänzlich aus den Konstitutionen. Die Schwestern werden den Brüdern *in spiritualibus et temporalibus* unterstellt. Die Minister können Dispensen von der Klausur erteilen, bestätigen die Wahl einer Äbtissin und geben die Zustimmung zu Neugründungen. Brüder spenden die Sakramente und stellen auch den Visitator, der wiederum weltliche Prokuratoren zur Güterverwaltung bestimmt. Wo die Brüder nicht selber bei einem Kloster oder in seiner Nähe leben, können sie einen Kaplan aus dem Weltklerus bestimmen, der dort unter der Obödienz der Äbtissin lebt. Auch das Stundengebet entspricht jenem der Brüder. Mit dieser Neuregelung setzt Innozenz IV. jene Ordnung

---

205 Dazu: Iter storico, 93; darunter „Cum sicut ex parte vestra": BF I, 414.
206 Bezeichnend etwa „Petitio vestra" vom 8. Juli 1252: BF I, 619; dazu: Iter storico, 93.
207 Das Schreiben „Licet olim" (BF I, 420) wörtlich: „cum eas vestro incorporari Ordine non velimus".

durch, die sein Nachfolger 1259 auch für die dominikanischen Nonnen und den Prediger-
orden anwendet und die dort tatsächlich zur Inkorporation der Frauenklöster führt.[208]

Wie Innozenz IV. mit seiner eigenen Regel scheitert, so hat auch die Unterstellung des
Damiansordens unter die Minderbrüder keine Zukunft. Spannungen zwischen Nonnen
und Brüdern führen zu Klageschreiben an den früheren Kardinalprotektor. Bereits 1248
betrauen erste päpstliche Schreiben Kardinal Rainaldo wieder mit der Aufsicht und der
pastoralen Hauptverantwortung für den Damiansorden. Das Papstschreiben „Cum dilecto
filio" vom 18. Oktober 1248 beauftragt Rainaldo da Jenne, Bischof von Ostia und Velletri,
mit der Seelsorge der Klöster Armer eingeschlossener Nonnen des *Ordo sancti Damiani*.[209]

4.8 Innozenz IV.
„Cum harum rector" im Jahre 1250 (19 OSD)

Innozenz IV. führt nicht nur Gregors IX. Politik der Sammlung und Klausurierung des
neuen Frauenordens fort, sondern geht auch ebenso energisch gegen wandernde Minderschwestern vor. Sein Schreiben „Cum harum rector", ein erstes Mal am 2. Oktober 1246
erlassen und erneut am 20. April 1250, verschärft den Ton seines Vorgängers, wenn es
die Erzbischöfe und Bischöfe Norditaliens zur Verfolgung der „herumvagabundierenden
Weiber" aufruft.[210] Diese werden verächtlich beschrieben:

> [3]Nun haben wir vor kurzem aus dem Mund vertrauenswürdiger Personen erfahren, dass
> einige Weiblein (*mulierculae*), innerlich von Sünde beladen, sich ein heiliges Äußeres geben,
> wobei sie jede Tugendhaftigkeit verweigern und den bloßen Anschein vorschützen. [4]Sie
> haben die Bande des heilsamen Gehorsams zerrissen, führen ein laxes Leben, das zum Tode
> führt, und vagabundieren ohne Joch der Disziplin auf verderbliche Art umher, indem sie sich
> in verschiedenen Regionen herumtreiben. [5]Nicht zufrieden damit, steigern sie ihre ewige

---

208 Kurz skizziert in: Iter storico, 97f.

209 *„Cum dilecto filio"* vom 28. Oktober 1248: BF Supplementum, 19, und: Iter storico, 163; zuvor schon „Cum
     dilectis filiis" vom 17. Juni 1248: BF Supplementum, 13f.

210 Der Text von 1246 findet sich in ALBERZONI, Maria Pia: Francescanesimo a Milano nel Duecento. Milano
     1991, 219f., jener von 1250 in BF I, 541. Zur Situierung: FREEMAN, Wanderklarissen, 40–77.

Verdammnis noch zusätzlich, indem sie ihre Schlechtigkeit vor den Augen der Menschen allzu gerne und erfolgreich tarnen. ⁶Dabei sagen sie, sie würden zum Orden von St. Damian gehören, dessen erster Gründer und Gärtner der hl. Bekenner Christi Franziskus seligen Gedenkens war. ⁷Sie künden an, dass sie sich Klöster jenes Ordens errichten wollen, und suchen über deren Gründung unter Verheimlichung der Wahrheit Briefe von uns zu erwirken. ⁸So kommt es häufig vor, dass sie sich betrügerisch den Namen „Sorores Minores" anmaßen, der nicht einmal den Schwestern des Damiansordens aufgrund ihrer Regel oder Lebensform zusteht. ⁹Auf diese Weise wird die Reinheit der geliebten Kinder des Minderbrüderordens mit dem Nebel der Verleumdung verdüstert. ¹⁰Da nun aber Gott das Lügenwerk dieser Weiber nicht nötig hat und diese auch nicht einen Vorteil aus ihrer Hinterlist und Betrügerei ziehen sollen, und damit der erwähnte Orden, den wir aufrichtig lieben und mit Freude fördern, in seinem Ruf nicht weiter Schaden leidet durch diese Frauen, gebieten Wir euch allen mit diesem Apostolischen Schreiben: ¹¹Wann immer unter der Bezeichnung Damiansorden aus irgendeinem Grund auf Briefe verwiesen wird, die vom Apostolischen Stuhl gesandt wurden oder gesendet werden sollen, die dieses Schreiben nicht ausdrücklich erwähnen, dürft Ihr in keiner Weise zulassen, dass in Euren Städten oder Diözesen Klöster oder Wohnungen zu bauen begonnen oder vollendet werden, es sei denn, dies geschehe nach dem Rat und mit Zustimmung der Provinzialminister der Minderbrüder in den Provinzen der Lombardei, der Mark Treviso und Romagna.

Im September 1250 geht ein ähnliches Schreiben an den Bischof von Salamanca.[211] Die Verfolgung dehnt sich unter dem Nachfolger 1257 bis Deutschland, Frankreich und Britannien aus.[212] Pastorale Verpflichtung der Minderbrüder für ihren „Zweiten Orden" und Vereinheitlichung der Frauenklöster nach dem päpstlichen Klausurmodell verbinden sich mit Abgrenzung und Ablehnung: Die Brüder haben kein Interesse an zusätzlichen Verpflichtungen in der Schwesternseelsorge und die Päpste lehnen unklausurierte Frauengemeinschaften zunehmend entschieden ab.

---

211   „*Ex parte dilectarum*", 30. September 1250: BF I, 556.
212   Entsprechende Verfolgungsschreiben Alexanders IV. in: BF II, 183f., 417.

5. Teil
Von Alexander IV. zu Urban IV.
Weg der Fusion zum Klarissenorden

Nach dem Scheitern der Innozenzregel und ihrer Unterstellung des Damiansordens unter die umfassende Sorge der Minderbrüder sehen die Fünfzigerjahre eine gewisse Öffnung in der päpstlichen Nonnenpolitik. 1250 nimmt „Inter personas" die Verpflichtung auf eine einzige und einheitliche Regel zurück. Kardinal Rainaldo da Jenne, der den hugolinschen Klosterverband seit 1228 als Protektor begleitet hat und dieses Amt nun wieder wahrnimmt, wird federführend in der weiteren Politik. 1252 bestätigt er Klaras neu verfasste Regel für den „Orden der Armen Schwestern".[213] Das geschieht gegen die bisherige Politik strikter Sammlung und Vereinheitlichung der Schwestern, wie sie Gregor IX. mit „Angelis gaudium" 1238 noch kompromisslos durchgesetzt und Innozenz IV. mit „*In divini timore nominis*" in aller Klarheit 1243 bestätigt hat. Auf dem Sterbebett gelingt es Klara im August 1253, auch die päpstliche Bestätigung ihrer Regel zu erhalten. Damit wird in Spannung zu den Beschlüssen des Vierten Laterankonzils (1215) und erstmals seit der definitiven Bestätigung der Franziskusregel (1223) eine neue Ordensregel von der höchsten Instanz der Kirche anerkannt.

---

213 Das Bestätigungsschreiben „Quia vos" des Kardinals ist in der päpstlichen Regelbestätigung von August 1253 erhalten (KlReg 0,10-17; 12,14).

Klaras Regel verdichtet vier Jahrzehnte eigener Nachfolge in den Spuren des armen Christus. Nicht nur um dem Vierten Laterankonzil Genüge zu tun, wählt sie dazu die Franziskusregel als Grundlage, sondern auch um ihre Verwurzelung in der einen Bewegung der *Minores* deutlich zu machen. Die Brüderregel wird keineswegs einfach für eine weiblich-sesshafte Lebensweise adaptiert. Klara wählt aus, kombiniert Bewährtes aus der Tradition und aus eigener Erfahrung, formuliert Innovatives neu, und sie komponiert selbst ihre Hauptvorlage neu, indem sie Teile der Brüderregel im *textum* (Gewebe) raffiniert umstellt. Wie in ihren Briefen, so erweist sich Klara auch in der Komposition ihrer Regel als wahre Künstlerin.[214] Die Berufung zu radikal armer schwesterlicher Nachfolge wird in eine feinsinnige Ordnung gebracht, hinter deren Kompositionskunst sowohl päpstliche und alte monastische Regeln wie auch die Brüderregel weit zurückbleiben. Stellt der Franziskusbiograf Klaras höchste evangelische Armut im Zentrum eines Bogens dar (1 C 19–20), gliedert die Klararegel die Dimensionen schwesterlicher Nachfolge konzentrisch um denselben Kern:

- KlReg 1 und KlReg 12 unterstreichen das evangelische Leben der Schwestern innerhalb der Kirche und in der franziskanischen Bewegung,
- KlReg 2 und KlReg 11 regeln den Eintritt und den Schutz der Gemeinschaft,
- KlReg 3–4 und KlReg 9–10 handeln von den spirituellen Quellen und dem Zusammenspiel des Gemeinschaftslebens,
- KlReg 5 und KlReg 7–8 sprechen vom Lebensunterhalt und Pilgersein, von Schweigen und interner wie externer Kommunikation – die praktischen Seiten der Armut.
- All diese Regelabschnitte – erst nachträglich in zwölf Kapitel unterteilt – ziehen immer dichtere Kreise um den eigentlichen Kerntext (KlReg 6), der die schwesterliche Armut in der *perfectio evangelii* der Apostel um Jesus begründet (Mk 10) und sie in der Freiheit inspirierter Töchter Gottes und Freundinnen des Geistes sowie geschwisterlich vernetzt mit den Brüdern leben lässt.

---

214 Aufschlussreich zur Kompositionskunst Klaras sind die Strukturanalysen von VAN DEN GOORBERGH / ZWEERMAN, Klara von Assisi – Licht aus der Stille, passim.

Wie Thomas von Celanos Skizze erst wirklich verstanden wird, wenn die einzelnen Aussagen in ihrer Gesamtkomposition erkannt werden, so zeigt Klaras Regel ihre innere Dynamik feinsinnig und kraftvoll im Zusammenspiel ihrer Kreise.[215]

Was die päpstliche Nonnenpolitik Gregors IX. seit Hugolins ersten Maßnahmen 1219 ins Zentrum stellt – Gottsuche in weltflüchtiger Klausur – wird von Klara in ihrem Lebenswerk fundamental relativiert: Ohne von Klausur zu sprechen, schützt die Äbtissin die kontemplative Nachfolge franziskanischer Schwestern in einer evangelischer Armut, die radikal nur in Verbindung zu den Menschen gelebt werden kann.

Auch wenn die Geltung dieser Regel zunächst auf Assisi selbst beschränkt bleibt, tritt neben den päpstlich geschaffenen Damiansorden nun offiziell ein *Ordo sororum pauperum*. Prag und einzelnen anderen Gemeinschaften klarianisch-damianischer Inspiration gelingt es, Klaras Regel auch für sich bestätigt zu erhalten. Die neue Geschichte der Klarissen nennt für 1253 folgende Gemeinschaften, die wie San Damiano höchste evangelische Armut leben und daher ideell zum „Orden der armen Schwestern" gehören: Zamora, Burgos, Olite/Pamplona und Zaragoza in Spanien, Florenz, Siena, Perugia, Assisi und Colpersito in Italien, Reims in Frankreich, Prag in Tschechien und Trnava in der Slowakei[216]. Das flandrische Kloster Bruges folgt 1254.[217] Das Kloster Judenburg in der Steiermark rückt vermutlich nicht in diesen Kreis.[218]

Kardinal Rainaldo da Jenne verhindert am Tag nach Klaras Tod, dass Innozenz IV. die große Schwester bereits bei den Exsequien *de facto* heilig spricht. Dennoch zeugen kuriale Schriften schon in jenen Tagen von der Verehrung, welche Klara in höchsten Kreisen des päpstlichen Hofes genießt. Sowohl das Rundschreiben zum Tode Klaras (TodKl) wie die

---

215 Thomas von Celanos feinsinnige Kompositionskunst in 1 C 19f. hat mich nach dem Webmuster fragen lassen, mit dem Klara ihre Regel auf der Grundlage der Franziskusregel um- und neu gestaltet. An einem Intensivtag mit den Kapuzinerinnen von Solothurn herausgearbeitet und seit zehn Jahren in Hochschulseminaren vertieft, kann das konzentrische Kompositionsmuster hier nur kurz skizziert werden. Eine eingehende Studie soll demnächst die Schritte nachzeichnen und die Motive aufzeigen, die zu diesem Ergebnis führen.

216 Siehe oben Anm. 4.

217 Dazu ROUSSEY – GOUNON, Nella tua tenda, per sempre, 139.

218 Paul Zahner notiert am 11. Januar 2011 als Herausgeber der Tagungsakten die ergänzende Randglosse: „Vielleicht ab 1254 auch Judenburg in der Steiermark. Aber ich bin mir noch nicht ganz sicher". Dagegen sprechen sich aus: ROUSSEY – GOUNON, Nella tua tenda, per sempre, 139, 234, 564–570, 689f. sowie Tavole II–XIV.

noch vor der Heiligsprechung verfasste Verslegende (VKl) stammen aus dem Umfeld Rainaldos.[219] Der Kardinalbischof von Ostia besteigt schließlich selbst den Papstthron, nachdem Innozenz IV. am 7. Dezember 1254 in Neapel das Zeitliche gesegnet hat. Als Alexander IV. spricht er Klara Mitte August 1255 in Anagni feierlich heilig (BulKl). Damit präsentiert er Klara der ganzen Kirche als „neue Frau" (*mulier nova*) und Vorbild moderner Nachfolge. Im gleichen Jahr gründet Isabelle, die Schwester des französischen Königs Ludwig IX., in Longchamps bei Paris ein Kloster für „klausurierte Minderschwestern" (*Sorores Minores Inclusae*). Alexander IV. bestätigt 1259 ihre eigene Regel (*IsaReg*), die mit Hilfe von Franziskaner-Magistern von Paris verfasst worden ist und die 1263 von Papst Urban IV. verändert und verbessert bestätigt wurde. Wie Klaras Regel verbreitet sie sich über das Stammkloster hinaus in einzelnen Gemeinschaften Frankreichs sowie in Italien und England. Als Alexander IV. im Mai 1261 in Viterbo stirbt, existieren drei verschiedene Regeln für Frauenklöster, die im Lauf des 13. Jahrhundert aus der Bewegung der *Sorores Minores* entstanden sind: die alte Hugolinsregel für die damianitischen Klausurnonnen, die Klararegel für den damianischen Orden der Armen Schwestern und die Isabellaregel für die klausurierten Minderschwestern.

Alexanders Nachfolger ist der Franzose Jacques Pantaléon. Der Schustersohn aus Troyes hat in Paris studiert, wird 1251 Bischof von Verdun und 1255 Patriarch von Jerusalem. Ende August 1261 wählt ihn das siebenköpfige Kardinalskollegium zum Papst. Er nennt sich Urban IV., betritt Rom in den drei Jahren seines Pontifikats möglicherweise nie, residiert in Orvieto und Viterbo und kennt sich in Italien wenig aus. Unter dem französischen Pragmatiker kommt die Nonnenpolitik seiner Vorgänger über einen geschickten Schachzug dennoch zu ihrem Ziel.[220]

---

219 Das Rundschreiben zum Tod Klaras würdigt neu umfassend: GUIDA, Marco: «Decoris forma conspicua»: la Lettera di annuncio della morte di Chiara d'Assisi. In: Frate Francesco 77 (2011) 145–162.
220 Zu Urban IV.: ANDENNA, Giancarlo: Urbano IV e l'Ordine delle Clarisse. In: Chiara e la diffusione delle clarisse nel secolo XIII, hg. von Giancarlo ANDENNA – Benedetto VETERE. Galatina 1998, 195–218; CERRINI, Simonetta: Urbano IV. In: Enciclopedia dei Papi, 2. Roma 2000, 396–401.

5.1 Urban IV.
Die Urbanregel „Beata Clara" aus dem Jahre 1263 (UrbReg)

Genau zehn Jahre nach Klaras Tod gelingt es der päpstlichen Nonnenpolitik endlich, die Vielfalt von Frauenklöstern europaweit in eine juristische Einheit zu fassen. Die Bulle „Beata Clara" vom 18. Oktober 1263 verordnet dazu einen neuen Ordensnamen und eine neue Regel.[221] Während die beiden Vorgängerfassungen rechtlich nur eine *forma vitae* waren, indem sich Hugolins Konstitutionen auf die Benediktsregel abstützten und Innozenz IV. seine Lebensform auf die Franziskusregel gründete, versteht sich Urbans Regel als eine authentische Ordensregel: nach Klaras Schwesternregel die erste *päpstliche* Nonnenregel der christlichen Geschichte. Sie erklärt nicht mehr Franziskus, sondern Klara zur Gründergestalt des Ordens. Allerdings fließt nur sehr wenig von ihrer Spiritualität in die Urbanregel ein, die vielmehr den Namen der neuen Heiligen braucht, um dem päpstlichen Nonnenorden ein einheitliches und attraktives Profil zu geben. Urban IV. erinnert nicht einmal daran, dass Klara eine eigene Regel geschrieben hat.

Die Quellen der neuen Urbanregel sind vor allem die beiden *Formae vitae* der vorausgehenden Päpste (*HugReg* und *InnReg*). Sie übernimmt zusätzlich neuere Normen der französischen *Sorores Minores Inclusae*, deren Regel Alexander IV. 1259 für Isabellas Kloster Longchamp bestätigt und die Urban IV. 1263 leicht modifiziert hat (*IsaReg*). Von Klaras Regel sind die Bedeutung des Hauskapitels und der Leitungsstil der Äbtissin übernommen. Klaras Kernanliegen radikal evangelischer Armut verschwindet jedoch gänzlich aus der *UrbReg*, während eine Reihe von Normen die Klausur zum zentralen Charakteristikum machen. Das Evangelium – die eigentliche Regel der Minderbrüder und von Klaras Armen Schwestern – findet nicht einmal Erwähnung. Urban IV. fordert strikte Beobachtung seiner Normen und zielt auch auf eine äußerliche Uniformität der verschiedenen Klöster. Der päpstliche Nonnenorden bleibt definitiv einem Kardinalprotektor unterstellt und die Seelsorge wird nach Möglichkeit weiterhin den Minderbrüdern anvertraut. Nach spannungsvollen Jahrzehnten sucht die *UrbReg* das Verhältnis zwischen dem päpstlichen Nonnenorden und den Minderbrüdern für beide Seiten befriedigend zu entspannen und zu klären.

---

221 Der lateinische Text findet sich in OEscr 217–241, BF II, 509–521.

Verfasser der Urbanregel ist Kardinal Giovanni Gaetano Orsini, der spätere Papst Nikolaus III. (ca. 1210–1280). Der Sohn des römischen Senators Matteo Rosso Orsini ist unter Innozenz IV. 1244 Kardinal geworden und mit dem Papst ins Lyoner Exil gegangen. Ab 1262 leitet der Kardinal die päpstliche Inquisition und wird auf Wunsch des Generalkapitels der Minderbrüder zum Protektor der Brüder. Die Brüder strebten seit 1227 danach, die Verantwortung für den Frauenorden wieder loszuwerden. Es gelingt ihnen nach dem Tod Alexanders IV., dass der päpstliche Damiansorden in der Person Kardinal Stefans von Ungarn einen eigenen Protektor erhält. Ablehnung der Nonnenseelsorge von Seiten der Brüder und autoritäres Einfordern franziskanischer Seelsorger für den Damiansorden durch Kardinal Stefan führt zu Konflikten, die 1263 den Orsini-Kardinal auch für die Klausurschwestern zuständig machen. Der Protektor beider Orden macht sich sogleich an die Redaktion einer neuen Nonnenregel, die Papst Urban IV. am 18. Oktober 1263 offiziell promulgiert. Die päpstliche Bulle „Beata Clara", die Orsinis Regelfassung enthält, sucht „Schwestern" (*sorores*), „Damen" (*dominae*), eingeschlossene oder arme Nonnen (*moniales inclusae* oder *pauperes*) im neuen *Ordo sanctae Clarae* zu vereinen und zu vereinheitlichen. Die Ehre für Klara ist zwiespältig. Zum einen nennt sich der neue Frauenorden nach der Heiligen – was weder dem Gründer der Minderbrüder noch dem der Prediger vergönnt ist: Keiner der beiden großen männlichen Bettelorden wird aufgrund eines Papstbeschlusses nach dem Gründer genannt. Klara wird jedoch als Gründerin für einen Orden vereinnahmt, der vom Papst geschaffen worden ist und von dem sich San Damiano zunehmend abgegrenzt hat.[222]

Mit der Urbanregel erreicht die päpstliche Regulierung neuer Frauengemeinschaften ihr Ziel. Giulia Barone nennt es „Homogenisierung" der neuen Nonnenklöster und Lösung des Seelsorgeproblems. Klaras eigene Regel musste dazu übergangen und verschwiegen werden. Nur der Name und die Verehrung Klaras interessierten, um „in einem höchst politischen Akt den vielfältigen Lebensformen weiblicher Gemeinschaften im franzis-

---

222 BARONE, Giulia: La Regola di Urbano IV. In: Clara claris praeclara, 83-95 (zum Forschungsstand). ACQUADRO, Chiara Agnese: Regola di Urbano IV. In: Fonti Francescane (2004) 1945–1947. VETERE, Renate: Eine Nürnberger Übertragung der Urbanregel für den Orden der hl. Klara und der ersten Regel der hl. Klara für die Armen Schwestern. In: FranzStud 69 (1987) 172–232; ROTZETTER, Klara von Assisi, 346–350.

kanischen Umfeld Einheit und Zusammenhalt zu geben"[223]. Die meisten Klöster des *Ordo sanctae Clarae* befolgten in den nächsten Jahrhunderten die Urbanregel. Eine schrumpfende Minderheit behielt die Klararegel. So vereinte der „Orden der hl. Klara" künftig sogenannte „arme Klarissen" mit Klararegel und „reiche Klarissen" mit Urbanregel unter der gleichen Patronin.

6. Ausblick

Spätestens seit 1260 lebt Klaras Gemeinschaft beim Grab der Gründerin im neuen Protomonastero am Stadtrand des mittelalterlichen Assisi. Ende 1266 erhielt das Kloster von Klemens IV. seine eigene Lebensform (KlReg) bestätigt.[224] Die aktuelle Geschichtsschreibung der umbrischen Klarissen nimmt an, dass die „Armen Schwestern" sich damit erfolgreich gegen Druckversuche wehrten, die auch Assisis Schwestern auf die Urbanregel verpflichten wollten.[225] Tatsächlich wurde das Protomonastero danach und im späten 13. Jahrhundert von kirchlichen Dokumenten als nicht zum *Ordo Sanctae Clarae* gehörend betrachtet, der noch immer mit dem päpstlichen Klausurordensverband identifiziert wurde.[226]

Unter Nikolaus IV., dem ersten Franziskanerpapst Girolamo Masci aus Ascoli (1288–1292), setzte auch Klaras Gemeinschaft einen juristisch symbolreichen Schritt, der die unmerklich fortschreitende Angleichung zwischen Klarissen der ersten und der zweiten Regel zum Ausdruck bringt. Am 26. Mai 1288 erlaubt Nikolaus IV. den Schwestern, ihre Erbschaften für das Kloster anzunehmen.[227] Damit verzichtete Klaras Gemeinschaft auf jenes *Privilegium paupertatis*, an dem Klara durch vier konfliktreiche Jahrzehnte festgehalten hatte und das im Kernkapitel ihrer Regel das zentrale Kennzeichen klarianischer Nachfolge ausdrückt: in der *perfectio Evangelii* den Fußspuren Jesu radikal arm zu folgen (FormKl) und „den armen Christus arm zu umarmen" (2 Agn). Bis 1338 ist in Quellen nachweisbar,

---

223 BARONE, La Regola di Urbano IV, 86.
224 Das Bestätigungsschreiben „Solet annuere" vom 31. Dezember 1266 findet sich: BF III, 107.
225 Siehe: Iter storico, 117f.
226 Entsprechende Dokumente zitiert ACCROCCA, Felice: Chiara e l'Ordine francescano. In: Clara claris Praeclara, 339–379, 350–354.
227 Das Schreiben „Devotionis vestrae precibus" findet sich im Originaltext in: BF IV, 26; vgl. BF III, 157.

dass die Schwestern ihre Profess auf die Klararegel ablegten. Selbst das Protomonastero in Assisi, Klaras Gemeinschaft, wechselte im Laufe des 14. Jahrhunderts jedoch zu den „Urbanistinnen"[228] und kehrt erst 1932 wieder zur Klararegel zurück.

Im Laufe des 15.–16. Jahrhunderts führen mehrere Reformen zu einer Neuentdeckung der Klararegel. Zu nennen sind jene von Colette de Corbie, der Observanz und der Klarissen-Kapuzinerinnen. Klaras Regel erlebt jedoch erst im Laufe des 20. Jahrhunderts ihre weltweite Erfolgsgeschichte. Um die Jahrtausendwende sind es 90 % der 620 Klarissenklöster Europas, die nach der Klararegel leben. Die Karten der modernen Klarissengeschichte weisen für das Jahr 2000 auf den übrigen Kontinenten 310 Klöster auf, die fast ausnahmslos nach der Klararegel leben: von den 39 Klöstern in Afrika sind es alle, von 56 in Asien und Ozeanien folgen drei der Urbanregel, von 215 in den beiden Amerika noch deren zwölf.[229] Ungefragt zur Patronin eines päpstlichen Nonnenordens ernannt, sieht Klara ihre Regel im 20. Jahrhundert einen ungeahnten Durchbruch feiern, weltweit anerkannt und in vielfältigsten Kulturen gelebt: Die große Zeit des *Ordo sororum pauperum* scheint damit eben erst zu beginnen.

Aktuelle Karten aus:
ROUSSEY, Marie Colette / GOUNON, Marie Pascale: Nella tua tenda, per sempre. Storia delle Clarisse. Un'avventura di ottocento anni, a cura di Rino BARTOLINI. Città di Castello 2005.

228   Die historischen Karten der neuen Klarissengeschichte verzeichnen europaweit für das Jahr 1400 die folgenden Klöster mit der Klararegel: Baeza in Spanien, Aix-en-Provence und Reims in Frankreich sowie Prag in Böhmen: ROUSSEY / GOUNON, Storia delle Clarisse, Kartenteil.
229   ROUSSEY / GOUNON, Storia delle Clarisse, Kartenteil: Tafel XXI (Überblick), XIX, XX und XXII (Kontinente).

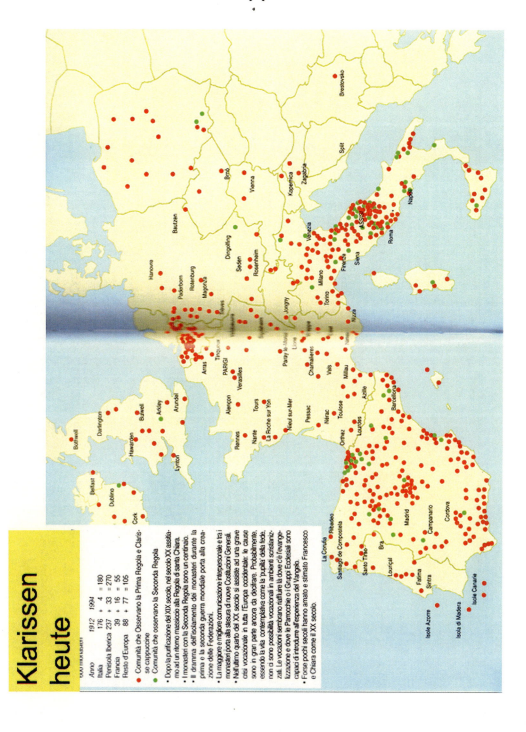

Klarissen heute

Die Klarissen

Anno	1912	1994	
Italia	176	+ 4	= 180
Penisola Iberica	237	+ 33	= 270
Francia	39	+ 16	= 55
Resto d'Europa	88	+ 77	= 105

● Comunità che Osservano la Prima Regola e Clarisse cappuccine
● Comunità che osservano la Seconda Regola

• Dopo la purificazione del XIX secolo, nel secolo XX assistiamo ad un ritmo massiccio alla Regola di santa Chiara.
• I monasteri con la Seconda Regola sono un centinaio.
• Il dramma dell'isolamento dei monasteri durante la prima e la seconda guerra mondiale porta alla creazione delle Federazioni.
• La maggiore e migliore comunicazione interpersonale e tra i monasteri porta alla stesura di nuove Costituzioni Generali.
• Nell'ultimo quarto del XX secolo si assiste ad una grave crisi vocazionali in tutta l'Europa occidentale; le cause sono in gran parte ancora da decifrare. Probabilmente, essendo la vita contemplativa come la pupilla della fede, non ci sono possibilità vocazionali in ambienti scristianizzati. Le vocazioni sembrano naffiure là dove c'è l'evangelizzazione e dove le Parrocchie o i Gruppi Ecclesiali sono capaci di introdurre all'esperienza del Vangelo.
• Forse pochi secoli hanno amato e stimato Francesco e Chiara come il XX secolo.

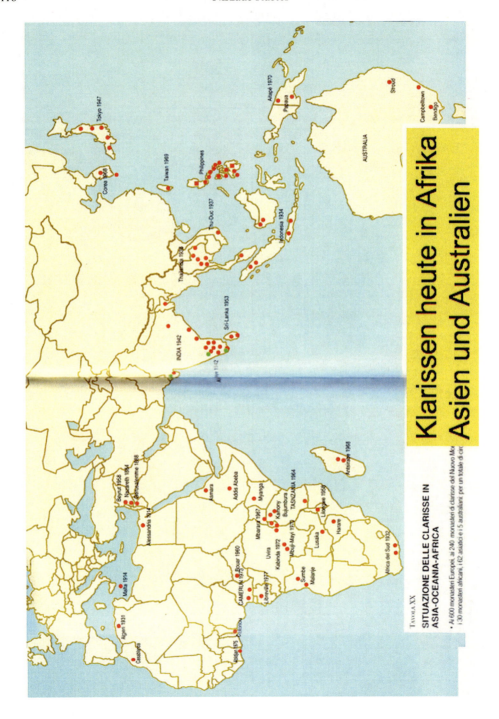

Klarissen heute in Afrika
Asien und Australien

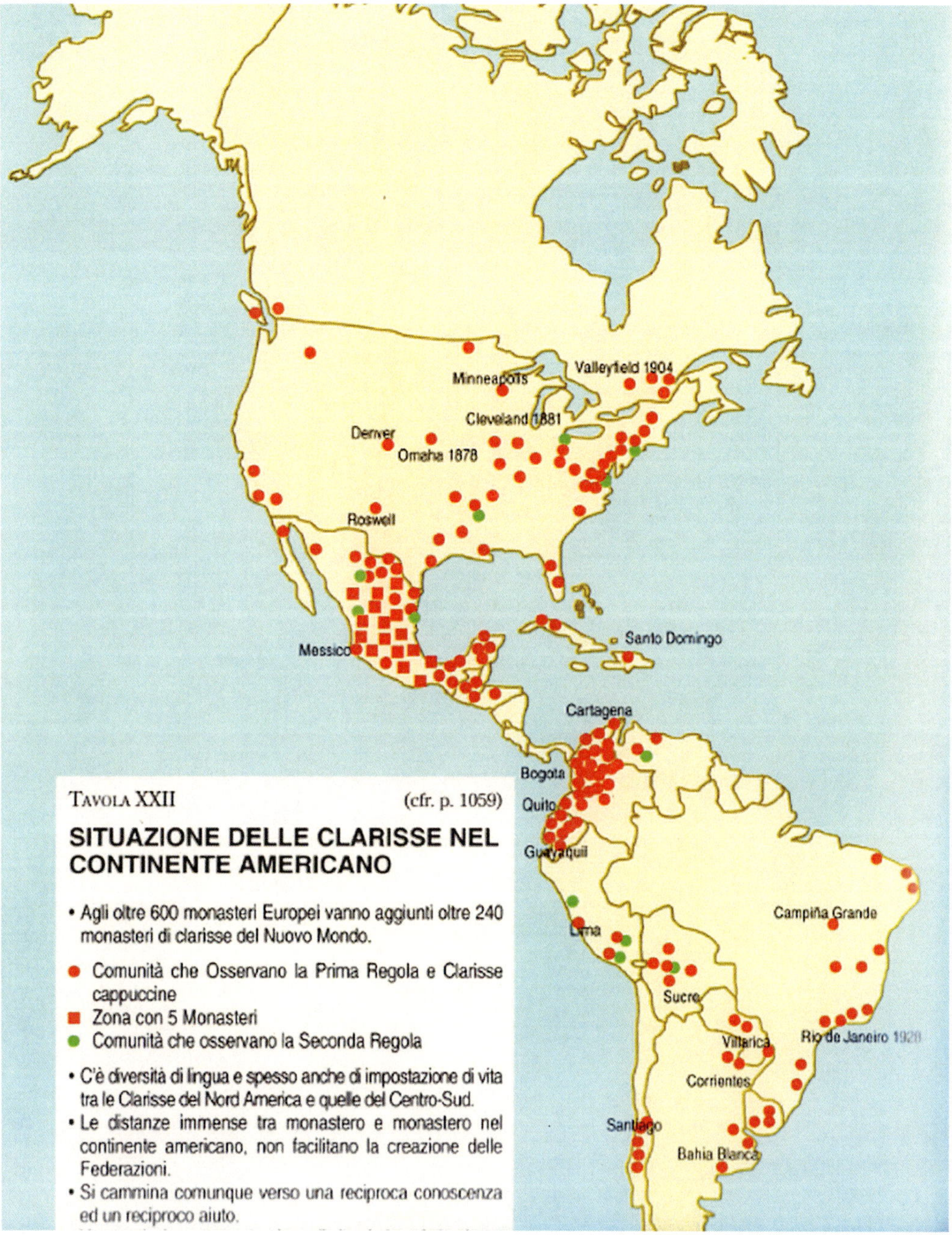
Valleyfield 1904
Minneapolis
Cleveland 1881
Denver
Omaha 1878
Roswell
Messico
Santo Domingo
Cartagena
Bogota
Quito
Guayaquil
Lima
Sucre
Campiña Grande
Villarica
Rio de Janeiro
Corrientes
Santiago
Bahia Blanca
TAVOLA XXII (cfr. p. 1059)
SITUAZIONE DELLE CLARISSE NEL CONTINENTE AMERICANO
• Agli oltre 600 monasteri Europei vanno aggiunti oltre 240 monasteri di clarisse del Nuovo Mondo.
● Comunità che Osservano la Prima Regola e Clarisse cappuccine
■ Zona con 5 Monasteri
● Comunità che osservano la Seconda Regola
• C'è diversità di lingua e spesso anche di impostazione di vita tra le Clarisse del Nord America e quelle del Centro-Sud.
• Le distanze immense tra monastero e monastero nel continente americano, non facilitano la creazione delle Federazioni.
• Si cammina comunque verso una reciproca conoscenza ed un reciproco aiuto.

3. Kirchenmusikalische Quellen zur Klara-Liturgie in der Bibliothek der Grazer Franziskaner

Irenäus Toczydlowski OFM

1. Die Bibliothek der Grazer Franziskaner

„Die Kleriker sollen das Göttliche Offizium nach der Ordnung der heiligen Kirche von Rom verrichten, den Psalter ausgenommen; darum dürfen sie Breviere haben" (BR 3,1). „Und an Büchern sollen sie nur so viele habe können, wie zur Erfüllung ihres Amtes (officium) notwendig sind" (NbR 3,7).

Diese zwei Sätze aus den Regeln des heiligen Franziskus können uns vielleicht eine Erklärung dafür liefern, warum ein Bettelorden, wie die Minderen Brüder in seiner Bibliothek über 35.000 Bücher besitzt. Unter ihnen befinden sich zahlreiche liturgische und Musik-Handschriften, die wie vergessene Schätze auf ihre Entdecker und Forscher warten. Wenn der Fund dann noch tatsächlich erklingt, bzw. in der Liturgie wieder Verwendung findet, erübrigt sich vielleicht die Frage nach dem Sinn so einer imposanten Sammlung.

Die Anfänge der Klosterbibliothek der Franziskaner in Graz dürften auf eine Dotation Kaiser Friedrichs III. im Jahre 1463 zurückgehen. In den Sechzigerjahren des 20. Jahrhunderts beschloss die Leitung der damaligen Wiener Franziskanerprovinz, die vor 1700 entstandenen Bibliotheksbestände (Handschriften, Inkunabeln und frühe Drucke) zentral zu verwalten. Als gemeinsamer Aufstellungsort für die wertvollen Altbestände der Klosterbibliotheken Wien, St. Pölten, Maria Lankowitz, Maria Enzersdorf, Frauenkirchen, Eisenstadt, Maria Lanzendorf, Bad Gleichenberg und der Grazer Hausbibliothek wurde der Grazer Konvent ausersehen. Die Zentralbibliothek enthält seither allein über 12.000 Bücher, die vor 1700 datiert sind. Diese werden in der sogenannten Bibliothek A aufbewahrt, die jüngeren in den Bibliotheken B und S. Diese Bestände sind der Obsorge des Bibliothekars fr. Didakus Sudy OFM anvertraut und wurden zum größten Teil in digitaler Form katalogisiert.

Aus dieser großen Sammlung werden in diesem Beitrag ein Dutzend Handschriften und Drucke präsentiert, die als Quellen für die Beschreibung der Klaraliturgie dienen. Die ältesten Bücher stammen aus dem 15., die jüngsten aus dem 18. Jahrhundert.

2. Die Feier der Liturgie am Fest der hl. Klara

Die Liturgie zum Fest der hl. Klara hat eine lange Geschichte. Diese beginnt kurz nach dem Tod der Heiligen im Jahre 1253. Zu ihrer Bestattung wollte der Papst statt des gewöhnlichen Totenoffiziums das Offizium für Jungfrauen nehmen. Ausgelöst durch die Heiligsprechung im Jahr 1255 begann ein Prozess der Formung liturgischer Texte und Gesänge zur Verehrung der hl. Klara. Dank der sorgfältigen Forschungsarbeit von fr. Leonhard Lehmann OFMCap und fr. Johannes Schneider OFM besitzen wir seit einiger Zeit im deutschsprachigen Raum eine Anthologie und Übersetzung all dieser Texte unter dem Titel: Die heilige Klara in Kult und Liturgie.[1] Auf die Ergebnisse dieser Arbeit werde ich mich in meinen Ausführungen über weite Teile stützen.

Die Feier der Liturgie am Fest der heiligen Klara war für viele Menschen die einzige Quelle, um einiges über ihr Leben zu erfahren. Die Gesamtschau der Texte der Tagzeitenliturgie und der Messe ergibt für die Mitfeiernden ein Bild der Heiligen. Wir können mit Papst Alexander IV. sagen, dass dieses Bild der hl. Klara strahlt: „O clara, luce clarior" (O Klara, klarer als das Licht). Für die Liturgiefeiern waren nach der Heiligsprechung Klaras neue Texte nötig. Von Papst Alexander IV. stammen das Tagesgebet und Hymnen zu Ehren der hl. Klara. Es handelt sich um die Hymnen „Concinat plebs fidelium", „Generat virgo filias" und „O Clara, luce clarior". Diese Hymnen wurden mit großer Sicherheit auch in den Grazer Konventen der Franziskaner und Klarissen verwendet. Dies bezeugen Vermerke in den Handschriften sowie die vorhandenen Drucke.

Die besagten Hymnen fanden Aufnahme in das sog. Reimoffizium, das ein unbekannter Autor zur Ehren der hl. Klara verfasste. Unter Reimoffizium oder Reimhistorie verstehen wir eine Sammlung von Antiphonen und Responsorien die in versifizierter und gereimter

---

1   LEHMANN, Leonhard / SCHNEIDER, Johannes (Hrsg.): Die heilige Klara in Kult und Liturgie. Vena vivida – Lebendige Quelle. Texte zu Klara von Assisi und ihrer Bewegung II. Norderstedt 2010 (WFF 5).

Dichtung das gesamte Leben in Form einer Historie darstellen. Große Vorbilder für das Klaraoffizium waren das Reimoffizium zu Ehren des hl. Franziskus, das Julian von Speyer um 1233 verfasste (JulOff), sowie das kurz darauf geschriebene Reimoffizium zu Ehren des 1232 heilig gesprochenen Antonius. Vergleichen wir all diese Werke auf der musikalischen Ebene, so stellen wir fest, dass die späteren Offizien nicht nur nach dem Vorbild des Franziskusoffiziums entstanden, sondern dessen Kontrafaktur sind.[2]

Zu der vorhandenen Melodie des älteren Offiziums wurden die Texte geschrieben, wie wir es bei einem Beispiel aus dem Codex E aus dem Franziskanerkloster in Zadar sehen können.

Abbildung 1. Kodex E aus der Franziskanerbibliothek in Zadar, Foto: F. K. Praßl

Nicht nur Melodien wurden verwendet. Auch die Texte bekannter Hymnen sowie Teile anderer Legenden und Psalmen wurden kunstvoll in Verbindung mit dem Leben der verehrten Heiligen gebracht: Ein theologisch-musikalisches Patchwork auf höchstem Niveau!

Das Reimoffizium zu Ehren der hl. Klara wird nach den Anfangsworten der ersten Psalmenantiphon der ersten Vesper „Iam sanctae Clarae claritas" genannt.

Es enthält für die erste Vesper fünf Psalmen- und eine Magnificatantiphon, für die Matutin mit ihren drei Nocturnen die Antiphon zum Invitatoriumspsalm 95, neun Psal-

---

2 FINSCHER, Ludwig (Hg.): Die Musik in Geschichte und Gegenwart. Allgemeine Enzyklopädie der Musik, Bd. 11. Stuttgart – Weimar ²1994, 172ff.

menantiphonen und acht Responsorien[3], für die Laudes wiederum fünf Psalmenantiphonen und die Antiphon zum Benedictus, sowie für die zweite Vesper die Magnificatantiphon. Bei den kleinen Horen wurden – aufgeteilt – wie auch bei der zweiten Vesper die Laudesantiphonen wiederholt.

Die Antiphonen und Responsorien folgen dem Zyklus des gregorianischen Acht-Töne-Systems (Oktoechos). Die Melodien bewegen sich innerhalb der gängigen Formeln der einzelnen Modi. Die Melismen auf den zentralen Worten unterstreichen musikalisch die Sinnspitze in der Aussage des Textes.[4]

3. Grazer Quellen für das Klara-Offizium

Das Klaraoffizium ist in den Handschriften der Grazer Franziskanerbibliothek mehrfach vorhanden und wurde in den beiden Grazer Klöstern[5] zur Gänze oder nur teilweise gesungen. Zu diesen Büchern zählen Antiphonarien, Hymnarien, Intonationsbücher sowie ein Orgelbuch. Die Zusammenschau dieser Gattungen ergibt ein Gesamtbild der tatsächlich gefeierten Liturgie.

In dem ältesten Brevier (S 67/11) der Bibliothek aus dem Jahre 1458 wird zwar das Fest der hl. Klara im Kalender erwähnt, aber die Texte für diese Feier suchen wir in diesem Kodex vergebens. Dagegen enthält ein Antiphonale (A 64/40) aus dem Jahr 1492 das vollständige Klaraoffizium. Dieses Buch ist 570 x 390 mm groß und stammt aus dem Grazer Franziskanerkloster. Es gehört zu der ältesten Reihe der vorhandenen liturgischen Bücher, wie die alte Signatur (T1-T6) bestätigt.

Aus dem 16. Jahrhundert haben wir ein zweiteiliges Antiphonale (A 67/19 und A 67/18), das gemeinsam mit dem Graduale im Klarissenkloster verwendet wurde. Das Antiphonale A 67/18 überliefert das gesamte Reimoffizium zu Ehren der hl. Klara. Wir finden hier allerdings eine andere Magnificatantiphon zur ersten Vesper mit dem Beginn: „O

---

3   Bei den Franziskanern und der römischen Kurie wurde das neunte Responsorium ausgelassen und gleich das Te Deum gesungen.
4   So helfen die Melismen z. B. auf den Wörtern „maiores" und „maior" den Text der Antiphon musikalisch zu deuten: Das Kreuz [...] bietet ihr umso <u>größere</u> Freude, je <u>größer</u> der Schmerz ist, der sie belastet.
5   Franziskaner- und Klarissenkloster in Graz.

Abbildung 2. Antiphonale A 67/18 aus dem XVI. Jahrhundert.

Lumine atque". Die Magnificatantiphon der zweiten Vesper befindet sich erst im Anhang und stammt eindeutig von einem anderen Schreiber.

Ebenso aus dem 16. Jahrhundert haben wir das Intonationsbuch A 67/27, in dem die Gesänge des Priesters enthalten sind. Laut diesem Buch stimmte der Vorsteher in der ersten Vesper nur die Magnificatantiphon an. Dagegen intonierte er bei den Laudes und der zweiten Vesper alle sechs Antiphonen und die Psalmantiphon bei der Non.

In den Drucken und Handschriften des 17. und des 18. Jahrhunderts ist das Pensum der gesungenen Teile des Offiziums reduziert. So sind uns in den Drucken aus den Jahren 1690 und 1730 nur die Gesänge für die Vespern und Laudes überliefert. Die Matutin wird nicht mehr erwähnt.

In beiden Drucken des Antiphonale befindet sich ein eigener Anhang mit den Offizien für die Feiern der Ordensheiligen der franziskanischen Familie. Darin enthalten ist das Fest der hl. Klara.

Von den Hymnen für das Klarafest werden uns in den Drucken nur die drei überliefert, die auf Papst Alexander IV. zurückgehen, allerdings mit unterschiedlichen Melodien.

Das älteste uns erhaltene franziskanische Hymnar (S 1/61) wurde in Salzburg von der Druckerei Mayr im Jahr 1685 gedruckt. Dieses Exemplar wurde im Grazer Konvent verwendet.

Das Lankowitzer Exemplar (S 1/63) stammt aus dem gleichen Jahr und der gleichen Druckerei. Im Unterschied zum Codex S 1/61 sind hier die franziskanischen Feste in einem Anhang enthalten und es werden auch andere Melodien für die Klara-Hymnen überliefert. Diese Melodien finden wir auch im Hymnar S 1/64, das bei Pezzana in Venedig 1739 gedruckt wurde, als Anhang zum Psalterium Romanum.

Ebenfalls aus dem 18. Jahrhundert haben wir in der Bibliothek noch eigens für den Grazer Konvent geschriebene Handschriften. Das Antiphonale (S 1/45) und das dazugehörige Orgelbuch S 1/20 enthalten allerdings lediglich die beiden Magnificat- und Benedictusantiphonen sowie die Psalmantiphon der Non und ein Responsorium. Der Vesperhymnus wurde figuraliter gesungen und zwar auf eine in Graz öfter gesungene Melodie aus einem Hymnus am Fest der hl. Katharina von Bologna.

4. Die Feier des Offiziums in den beiden Klöstern

Der Überblick über das Repertoire in den liturgischen Büchern des 15. bis 18. Jahrhunderts ergibt Folgendes:

Während die ältesten Codizes des 15. Jahrhunderts das gesamte Offizium enthalten, beschränken sich die späteren Handschriften und Drucke nur auf Vespern und Laudes. Obwohl der liturgische Rang des Festes immer der gleiche blieb,[6] wich die tatsächliche Praxis von der Regel ab.

---

6   Duplex II. Classis, bei den Klarissen I. Classis mit Oktav.

Es kann z. B. verwundern, warum in einem der Intonationsbücher des Zelebranten (S 1/30) das Anstimmen aller Vesperantiphonen für den Vorsteher vorgesehen war, im anderen dagegen (S 1/25) dieses Fest zur Gänze fehlt. Ebenso kommt das Klarafest in den übrigen Handschriften[7] des 18. Jahrhunderts nur in der reduzierten Form vor.[8] Diese Indizien führen zu der Annahme, dass die Grazer Franziskaner das Fest bei den Klarissen gefeiert haben (im Rang Duplex I. Class.), während eine reduzierte Mannschaft den Gottesdienst in der Franziskanerkirche gestaltete. So kann es sein, dass das Intonationsbuch S 1/30 für den Zelebranten im Klarissenkloster vorgesehen war. Dagegen sang der Vorsteher im Konvent der Franziskaner aus dem Codex S 1/25.

Die Annahme, dass die Grazer Franziskaner das Klarafest bei den Klarissen gefeiert haben, bestätigen auch die Angaben in den Direktorien (A 67/73) des Grazer Klosters: „Ad Omnes Sanctos scribitur ordinarium speziale hodie. 2 Ministri, 2 Adstantes Thelogi, 2 Acolythi et 4 ceroferarij Clerici Novitij". Oder in einem anderen Direktorium (A 67/46): „Apud nos nihil, nisi in Matutino Te Deum etc., et in Sacrum Cantatum Solemne cum Expositione SSmi ad quod pulsatur 3. Campanis."

Während z. B. im 18. Jahrhundert in den Salzburger Handschriften beide Vespern zur Gänze mit Orgelbegleitung gesungen wurden, hat man in Graz allein den Hymnus (figuraliter) sowie die Magnificatantiphonen mit Orgelbegleitung gesungen. In den Salzburger Franziskanerhandschriften[9] sind die Offizien der beiden Vespern noch erhalten. Auch dieser Umstand kann die These von gemeinsamer Feier im Grazer Klarissenkloster bestätigen.

5. Die Feier der hl. Messe

Die Feier der Liturgie beschränkt sich natürlich nicht auf das Offizium. Dazu gehört selbstverständlich auch die Feier der hl. Messe. Während das Stundengebet eine breite Plattform bot, auf der sich eine auf Klara bezogene Liturgie entfalten konnte, setzte die

---

7   Orgelbuch S 1/20 und Antiphonale S 1/45.
8   Gesungen wurden nur ein bekannter Figuraliter-Hymnus, die Magnificatantiphon und die Non.
9   Antiphonale HS 69/412 sowie im dazugehörenden Orgelbuch HS 43/267 aus dem Jahr 1784.

Feier der hl. Messe einen engeren Rahmen. Hier haben wir weit weniger Texte, die sich direkt auf Klara beziehen.

Auch hier hat Papst Alexander IV. Spuren hinterlassen: das Tagesgebet (Collecta), das Gabengebet (Secreta) und das Schlussgebet (Postcommunio) wurden von ihm oder in seinem Auftrag verfasst. Für die übrigen Teile der Messe wird oft auf das Commune der Jungfrauen verwiesen.

Zu Beginn des 14. Jahrhunderts wurde das Messformular zu Ehren der hl. Klara immer mehr vervollständigt und breitete sich in ganz Europa aus. Zeugen dafür sind Messbücher des 14. Jahrhunderts aus Neapel, Madrid und dem Vatikan. Zum Vorbild haben sie ein Messbuch aus Assisi aus dem Jahre 1273, in dem das Fest der Stadtpatronin aufscheint.

Die Texte, die man für die Messe zu Ehren der Stadtheiligen zusammengestellt hat, sind aber nicht besonders originell, insofern sie anderen Messformularen entliehen sind.[10]

Auch in den Büchern aus der Grazer Franziskanerbibliothek wird öfter auf die Communetexte verwiesen, bzw. nur in einem Index ein Messformular zusammengestellt. So z. B. in einem vierteiligen Graduale aus der ersten Hälfte des 16. Jahrhunderts mit der Signatur A 67/19. Diese Reihe stammt aus dem Grazer Klarissenkloster, war aber ursprünglich für ein Franziskanerkloster geschrieben worden. Die Handschrift A 67/19 ist 210 x 160 mm groß und enthält Gesänge für die Messfeier, die auf Pergamentblättern in Quadratnotation auf vier Linien geschrieben wurden. Im hinteren Teil dieses Codex befinden sich auf Papier geschriebene Indices. Interessant ist, dass das Fest der hl. Klara erst im zweiten Index auftaucht. In diesem Index wird als Introitus nicht die angepasste und an anderen Orten übliche Version des Introitus am Fest der hl. Agatha (Gaudeamus) vorgeschrieben, sondern der Introitus „Vultum tuum" aus den Communetexten für Marien- und Jungfrauenfeste. Anders als im Index vorgeschlagen, verweist uns die Rubrik neben dem Alleluja auf den Introitus „Gaudeamus". Auf jeden Fall haben wir hier zwei Gesänge zur Auswahl. Die späteren Drucke des 18. Jahrhunderts entscheiden sich dann für „Vultum tuum", wie wir noch sehen werden.

Des Weiteren enthält das Graduale A 67/19 aus dem Grazer Klarissenkloster zwei unterschiedliche Alleluja-Verse zum Klarafest: Den sonst üblichen Vers „O Virgo clarens",

---

10   Vgl. WFF 5, 25f.

der in anderen Handschriften und Drucken überliefert wird, sowie das nur singulär überlieferte „Alleluia. O gemma virginea".

Abbildung 3. Das singulär überlieferte „Alleluja. O gemma virginea" aus dem Graduale A 67/19

Dieser Halleluja-Vers ist in Versmaß und Stil dem Graduale in der zweiten Franziskus-Messe nachgebildet. Er spielt – wie so viele dieser Loblieder auf Klara – mit deren Namen. Der Gesang ist ebenfalls im Graduale von Egger überliefert.

Zu den kirchenmusikalischen Quellen des 18. Jahrhunderts gehört auch der Druck des Graduale S 1/65 aus dem Jahr 1722. Im eigenen Anhang finden wir Gesänge für die Feier der franziskanischen Heiligenfeste. Unter ihnen das Fest der hl. Klara. An dieser Stelle wird der oben erwähnte Introitus „Vultum tuum" vorgeschlagen. Die anderen Gesänge im Druck gleichen denen des Mittelalters.

6. Die klingende Klarheit der Heiligkeit

Die in diesem Beitrag präsentierte Tradition wurde bis ins 20. Jahrhundert hinein überliefert und zwar nicht nur die Texte der Liturgie, sondern auch die von Anfang an dazugehörenden Melodien.

Mit der Reform des Zweiten Vatikanums gerieten beide fast in Vergessenheit: Erstens die Texte, weil kaum eine Übersetzung in der Lage ist, die Feinheiten der lateinischen Dichtung wiederzugeben, und zweitens die Musik.

Umso erfreulicher ist es, dass elf junge Frauen, Studentinnen des Instituts für Kirchenmusik und Orgel der Kunstuniversität in Graz unterstützt vom Fachwissen und der reichen Erfahrung von Univ.-Prof. Dr. Franz Karl Praßl diese reiche Musiktradition wieder zum Klingen gebracht haben und uns dadurch einen neuen Zugang zu diesem lange verborgenen Schatz erschließen. Die CD mit dem Titel „Clarae Claritas"[11] lässt den Glanz der Heiligen aus Assisi klar erklingen.

So können wir hoffen, dass dank der neuen Edition und Übersetzung der liturgischen Texte, sowie der neu herausgegebenen CD die Liturgie am Fest der hl. Klara in ihrem ursprünglichen Glanz erscheinen wird. Unser Grazer Franziskanerkloster möchte anlässlich dieses Symposiums mit gutem Beispiel voranschreiten. Sonst wäre der Besitz der vielen Bücher nicht gerechtfertigt. Denn: „[…] *an Büchern sollen sie nur so viele haben können, wie zur Erfüllung ihres Amtes (officium) notwendig sind"* (NbR 3,7).

---

11   Choralschola des Instituts für Kirchenmusik und Orgel der Kunstuniversität Graz, Leitung: Franz Karl Praßl, Clarae Claritas. Offizium und Messe am Hochfest der heiligen Klara von Assisi aus dem Grazer Franziskanerkloster, CD ofm-1, Graz 2010. Diese Produktion enthält die vollständige lateinische Textedition mit deutscher und italienischer Übersetzung.

4. Die heilige Klara von Assisi in den Predigten des Berthold von Regensburg (vor 1272)

Oliver Ruggenthaler OFM

1. Einführung

Nun merchkt auf ...

Mit dieser Aufforderung lädt der Minorit Berthold von Regensburg ein, uns dem Kreis seiner Zuhörer zuzugesellen. Einer der bedeutendsten Prediger des Mittelalters in deutschen Landen hat vor einer Kirche eine provisorische Kanzel bestiegen.[1] Die dargestellte Miniaturmalerei aus dem Jahr 1446 in einer Handschrift der Österreichischen Nationalbibliothek sozusagen als Momentaufnahme stellt uns mitten ins Geschehen.[2] Geisterfüllt spricht Berthold zu einem buntgemischten Publikum: erwartungsvoll Schauende, aufmerksame Zuhörer, ein vom Dämon Umfangener, der sich die Ohren zuhält – der Spitzhut könnte ihn als Juden kennzeichnen – und ein friedlich schlafender Hund. Die Hintergrundszene liefert vorab den Erweis der Wirksamkeit des Predigers. Eine in Leichentücher gewickelte Frau wurde durch Berthold von den Toten erweckt und von zwei Minoriten aus einer Kirche geführt.[3]

Ausschnitt aus: ÖNB/Wien, Cod. 2829 fol. 1r

---

1   Salimbene de Adam da Parma, Cronica. Parma 2007, 814, beschreibt das Holzgestell: [...] *ascendebat bettefredum sive turrim ligneam quasi ad modum campanilis factam* [...].

2   Österreichische Nationalbibliothek Wien, Handschriftencodex 2829.

3   Petrus Rodulphius, Historiarum seraphicae Religionis [...]. Venedig 1586, 91v: *BERTOLDUS praedicator insignis*

2. Leben des Berthold von Regensburg[4]

Wer ist nun der dargestellte Kanzelprediger? Eine der ältesten innerfranziskanischen Quellen zu Berthold von Regensburg bietet Salimbene de Adam da Parma (1221–1288/89) in seiner *Cronica*.[5] Ohne genaue Herkunftsangabe kennzeichnet er Berthold darin als einen deutschen *(de Alamannia)* Wanderprediger, der es verstand, durch seine Predigten in deutscher Sprache und durch begleitende Wunderzeichen Volksmassen jedes Standes anzusprechen. Salimbene weiß von bis zu 100.000 Zuhörern und sieht den Grund für den überwältigenden Zulauf darin, dass seit der Zeit der Apostel bis in seine Tage herauf im deutschen Sprachraum im Charisma der Predigt Berthold keiner gleich gekommen sei.[6] Der englische Minorit Roger Bacon († 1293) schreibt gar, Berthold habe durch seine Predigt segensreicher gewirkt als alle Brüder der beiden Bettelorden zusammen.[7] So mag es nicht verwundern, dass er in einer bei Rader (1615) zitierten mittelalterlichen Handschrift des Münchner Franziskanerklosters ein geisterfüllter Prophet und ein zweiter Elija genannt wird.[8]

Naturwissenschaftlich steht Berthold dem Minoriten Bartholomäus Anglicus nahe, dessen Schüler er im Magdeburger Ordensstudium gewesen sein dürfte,[9] theologisch-spirituell finden sich Anklänge zu seinem langjährigen Begleiter *(socius)* David von Augsburg.[10] So groß die Wirkung und Bekanntheit Bertholds auch gewesen sein mag, genaue Lebensdaten bleiben bis in die heutige Forschung herein weitgehend im Dunkeln. Es wird angenommen, Berthold sei um das Jahr 1210 geboren.[11] Wie schon der Beiname

---

in civitate Ratispona superioris Alemaniae viguit: dum ibidem sacras ad populum haberet conciones, quaedam mulier spiculo veritatis prosiliente percussa, tanto dolore compuncta est, ut subito spiritum efflauerit: a morte liberata est. Multa quoque miracula ibi fecit, ubi tumulatus est, quae enarrere nimis operosum esset. ab inculis in pretio habetur, nam multis miraculis nominis sui fama inclaruit.

4   Zu Leben und Werk Bertholds: SCHÖNBACH, Anton E.: Studien zur Geschichte der altdeutschen Predigt IV–VIII. Wien 1905–07 (ND: Hildesheim 1968), bes. VII: Über Leben, Bildung und Persönlichkeit Bertholds von Regensburg I.
5   SALIMBENE, Cronica, 813–819 (Zählung lat. Text), 2641–2658 (Zählung ital. Text), S. 1547–1559.
6   SALIMBENE, Cronica, 813.
7   STEER, Georg: Leben und Wirken des Berthold von Regensburg. In: 800 Jahre Franz von Assisi. Krems – Stein 1982, 170.
8   MATTHÄUS RADER, Bavaria Sancta. München 1615, 154r; VIRGILIUS GREIDERER, Germania Franciscana [...], tom. 2. Innsbruck 1781, 361.
9   SCHÖNBACH, Studien VIII, 3f.
10   Vgl. BOHL, Cornelius: Geistlicher Raum. Räumliche Sprachbilder als Träger spiritueller Erfahrung, dargestellt am Werk De compositione des David von Augsburg. Werl 2000 (Franziskanische Forschungen, 42) 70–73.
11   SCHÖNBACH, Studien VII, 5.

sagt, dürfte Berthold aus Regensburg oder Umgebung stammen und im dort seit 1226 urkundlich nachweisbaren Minoritenkonvent Kontakt mit dem Orden bekommen haben.[12] Eine Quelle des 18. Jahrhunderts, der noch nicht edierte dritte Band der *Germania Franciscana* aus der Feder des Tiroler Franziskanerhistoriographen Virgilius Greiderer (†1780), verweist auf eine leibliche Schwester Bertholds, eine gewisse Elisabeth Sechin, die als tugendreiche Franziskanertertiarin 1292 in Regensburg gestorben und in der dortigen Minoritenkirche beigesetzt worden sei.[13]

Nur wenige historisch gesicherte Fixpunkte lassen sich ausmachen:[14] Am 31. Dezember 1246 wird er zusammen mit anderen Brüdern mit der Visitation des Benediktinerinnenklosters Niedermünster in Regensburg beauftragt, 1253 findet Berthold Erwähnung in der Chronik des Benediktinerklosters Niederaltaich, 1254/55 finden wir ihn auf einer ausgedehnten Predigtreise durch das Elsass und die Schweiz, 1256 wirkt er in Graubünden, 1259 in Pforzheim. 1261–1263 predigt Berthold in Österreich, Ungarn, Mähren, Böhmen und Thüringen. Am 21. März 1263 wird er durch päpstliche Bulle zum Kreuzzugsprediger ernannt. Von dieser Aufgabe wurde er aber bereits 1264 wieder entbunden, da er den Kreuzzug ohne Umschweife als Menschenmord bezeichnete. Am 13. Dezember 1272 stirbt Berthold in Regensburg und wird in der dortigen Minoritenkirche bestattet. Die Inschrift seines Epitaphs ist in Matthäus Raders *Bavaria Sancta* überliefert.[15]

3. Werk des Berthold von Regensburg

Die überlieferten Schriften des bereits erwähnten David von Augsburg und zweier weiterer Minoritenbrüder, Conrad von Sachsen und Lamprecht von Regensburg, bilden mit jenen des Bruder Berthold eine eigene literarische Gattung geistlicher Rede in franziskanischem

---

12   GREIDERER II (1781), 470; SCHÖNBACH, Studien VII, 10–12.

13   GREIDERER III [Manuscript im Archiv der Tiroler Franziskanerprovinz, Kloster Hall in Tirol], Caput 7, § 3, Nr. 402: *Elisabetha Sechin, B. Bertholdi Ratisbonensis Soror, Tertiaria Seraphica Ratisbonam eximiis virtutum actibus illustrans, meritis abundans an. 1292. vincula carnis disrupit, in Conventu Ratisbonensi Minoritarum ad quietam composita.* Greiderer verweist auf eine handschriftliche Chronik: Series chronologica personae virtutis, in Provincia Argentinensi F.F. Minorum Conventualium vigentis.

14   STEER, Leben und Wirken, 171f.

15   RADER, Bavaria Sancta, 152v: *M.CC.LXXII. XIX. CAL. IAN. OBIIT FRATER BERTHOL- / DUS. MAGNUS PRAEDICATOR. HIC SEPULTUS. / LUCIAE VIRGINIS.*

Kontext. Richtschnur sind die Bestimmungen des 9. Kapitels der Bullierten Regel des heiligen Franziskus, worin von den Predigern eine lautere Rede zum Nutzen und zur Erbauung der Hörer verlangt wird, thematisch ausgerichtet auf Tugenden, Laster, Strafe und die Herrlichkeit der Vollendung bei Gott.[16] Dementsprechend nennt Berthold selbst als Ziel seines Predigens: Stärkung des rechten Christenglaubens, Hut vor der tödlichen Sünde, gute Werke, der Friede. Predigtgrundlage ist für Berthold die Hl. Schrift.[17] Diese wusste er geschickt mit Blick auf die brennenden Fragen im kirchlichen, politischen, anthropologischen wie soziologischen Bereich hin auszulegen.[18]

Salimbene, der in seiner Chronik einige Passagen aus Predigten Bertholds zitiert, dem diese also zum Teil bereits vorgelegen haben müssen, hat sich vor allem eine besondere Auslegung der Apokalypse durch Berthold eingeprägt.[19] Diese ist, wie manch anderes zeitgenössisch belegtes Werk Bertholds, nicht auf uns gekommen.[20]

In der umfangreichen handschriftlichen Überlieferung der Werke Bertholds findet sich im Vergleich der deutschsprachigen mit den lateinischen Quellen eine merkbare Diskrepanz hinsichtlich der biblisch-theologischen Dichte. Der markante Unterschied zwischen gesprochener Rede in der Volkssprache und einer ausgefeilten lateinischen homiletischen Sammlung wird deutlich. Wenn auch die deutschen Quellen dem Momentaneindruck des Predigers Berthold, seiner unmittelbar wahrnehmbaren Persönlichkeit und Wirkung näher kommen dürften, so sind doch die lateinischen Predigtsammlungen als authentischer zu betrachten. Zumal wissen wir, dass Berthold vor der Verbreitung seiner lateinischen Predigtstoffsammlungen selbst für eine Art autorisierte Endredaktion Sorge getragen hat.[21] Vom Inhalt her kann davon ausgegangen werden, dass Bertholds Predigtsammlung zunächst für Prediger des Minderbrüderordens bestimmt waren.[22] Spätere,

16   BERG, Dieter / LEHMANN, Leonhard (Hg.): Franziskus-Quellen. Die Schriften des heiligen Franziskus, Lebensbeschreibungen, Chroniken und Zeugnisse über ihn und seinen Orden. Kevelaer 2009, 99f.
17   STEER, Leben und Wirken, 169.
18   GURJEWITSCH, Aaron J.: Stumme Zeugen des Mittelalters. Weltbild und Kultur der einfachen Menschen. Weimar – Köln – Wien 1997, 152–220.
19   SALIMBENE, Cronica, 813.
20   JAKOB, Georg: Die lateinischen Reden des seligen Berthold von Regensburg. Regensburg 1880, 12.
21   SCHÖNBACH, Studien V, 3ff., 42ff. u. 54f.; STEER, Leben und Wirken, 172–174.
22   SCHÖNBACH, Studien V, 44.49.

nicht-franziskanische Schreiber und Redaktoren haben daher speziell franziskanische Eigenfeste und Mehrfachpredigten z. B. zum Fest des hl. Franziskus von Assisi gestrichen.[23]

In der Überlieferungsdichte verhält es sich nach momentanem Forschungsstand so, dass 302 lateinischen Textzeugen[24] lediglich 44 Quellen von gesicherten Werken Bertholds in deutscher Sprache gegenüberstehen.[25] Viele Textzeugen bzw. Zuschreibungen halten einer kritischen Prüfung nicht stand und sind daher hier nicht eingerechnet. In der Forschung werden derzeit drei umfangreiche Predigtsammlungen Berthold von Regensburg zuerkannt: *Rusticanus de Dominicis*, *Rusticanus de Sanctis* und *Commune Sanctorum Rusticani*.[26] Mit der Eigenbezeichnung *Rusticanus* möchte Berthold in diesem Zusammenhang selbst als „Landprediger" gelten, bezugnehmend auf seine ausgedehnten Predigtreisen, aber auch auf die Erstadressaten.[27] Greiderer nennt diese Gattung daher auch *triviales*.[28] Gerade die Predigt über das vorbildhafte Tugendleben der Heiligen, ausgeschmückt mit Erzählungen und Episoden, war eine beliebte Art, die Zuhörer zu erbauen und für ein ernsthafteres christliches Leben zu begeistern.

4. Bertholds Klarapredigten

In der Predigtsammlung *Rusticanus de Sanctis*, welche in der Zeit bis 1256 von Berthold selbst redigiert worden sein dürfte, sind zwei Klarapredigten des Berthold von Regensburg überliefert.[29] Beide sind in folgenden wichtigen handschriftlichen Überlieferungen enthalten, die für die vorliegende Darstellung herangezogen wurden:

a) Ms 497 der Universitätsbibliothek Leipzig (13. Jh.)[30]
b) Ms 498 der Universitätsbibliothek Leipzig (14. Jh.)[31]

---

23   SCHÖNBACH, Studien IV, 75ff.
24   CASUTT, Laurentius: Die Handschriften mit lateinischen Predigten Bertholds von Regensburg O.Min. ca. 1210–1272. Freiburg / Schweiz 1961.
25   http://www.handschriftencensus.de/werke/62 (abgerufen am 23. Oktober 2010).
26   STEER, Leben und Wirken, 172.
27   JAKOB, Die lateinischen Reden, 25: *Exponere simpliciter volo ad rudiorum laicorum aedificationem* [...]
28   GREIDERER II (1781), 415.
29   SCHÖNBACH, Studien V, 51–54; vgl. REBER, Ortrud: Die Gestaltung des Kultes weiblicher Heiliger im Spätmittelalter. Die Verehrung der Heiligen Elisabeth, Klara, Hedwig und Birgitta. Hersbruck bei Nürnberg 1963, 50.
30   JAKOB, Die lateinischen Reden, 16.
31   JAKOB, Die lateinischen Reden, 16f.

c)   M.p.th.q. 56 der Universitätsbibliothek Würzburg (13./14. Jh.)[32]

d)   Cod. 3735 der Österreichischen Nationalbibliothek Wien (1444)[33]

Als Auswahlkriterien galten die in der Forschungsliteratur ausgewiesene hohe Authentizi-
tät der handschriftlichen Überlieferung, sowie die logistische Einsehbarkeit der Codices.
Einer inhaltlichen Analyse lege ich die in Schönbachs umfangreichen Studien empfohlene
Hs 498 der UB Leipzig zugrunde.

5. Codex Hs 498 der Universitätsbibliothek Leipzig

Die beiden Hs 497 und 498 der Universitätsbibliothek Leipzig stammen aus dem Zister-
zienserkloster Alt(en)zelle in Sachsen,[34] welches bereits 1545 säkularisiert worden war.
Altzelle galt als Ort herausragender Wissenschaftspflege, 960 erhaltene Handschriften –
heute im Bestand der Universitätsbibliothek Leipzig – geben Zeugnis für die Bedeutung
des Skriptoriums dieses Klosters.[35] Bereits der Franziskanerhistoriograph Virgil Greiderer
verweist in seiner *Germania Franciscana* auf diese Leipziger Handschriften.[36]

Physische Beschreibung der Hs 498[37]:

Kleinquartband mit Kalbsledereinband (21 cm hoch, 16 cm breit), trägt außen den auf
Papier geschriebenen Titel aus späterer Zeit *BERTho[ldi] Sermones de sanctis*, 250 Folien,
davon 235 beschrieben, z. T. Initialen. Schönes Schriftbild in schwarzbrauner Tinte gehalten, 32-zeilig, von einer Hand, enthält 125 Predigten. Die beiden Klarapredigten tragen
die Nummern 104 und 105.[38]

---

32   Hans Thurn in: Würzburger Diözesangeschichtsblätter 29 (1967) 35f.
33   Schönbach, Studien IV, 120–138, bes. 120–123.
34   Jakob, Die lateinischen Reden, 15.
35   Winkler, Gerhard B.: Altzelle. In: LThK³ I, 475.
36   Greiderer II (1781), 415.
37   Jakob, Die lateinischen Reden, 16f.
38   Jakob, Die lateinischen Reden, 71.

Datierung der Hs 498:

Die Handschrift entstammt der ersten Hälfte des 14. Jahrhunderts.[39] Obgleich die Entstehung der Hs 497 noch ins 13. Jh. reichen dürfte, wird ihr aufgrund der Forschungen Schönbachs dennoch ein Vorrang hinsichtlich der Authentizität zuerkannt.

6. Bertholds Quellen für seine Klarapredigten

In der Zusammenschau der enthaltenen Predigten sowie unter Berücksichtigung der wenigen historischen Notizen zum *Rusticanus de Sanctis* lässt sich ein zeitlich sehr enger Rahmen für die Endredaktion des Werkes durch Berthold selbst benennen: Herbst 1255 (frühestens) bis 1256. In diesem Jahr wurde Bertholds Predigtsammlung – wie die Notiz in einem Passauer Kodex belegt – dem Passauer Bischof Otto von Lonsdorf von einem gewissen Herrn Reinhold verehrt.[40]

In Bezug auf die Klarapredigten erhärtet sich diese Annahme. Zumindest findet sich in den Predigten kein Hinweis auf die Translation der Gebeine der heiligen Klara im Jahr 1260.[41]

Es ist auffallend, dass nur die Predigt Nr. 104 direkt Anlehnungen an das Leben Klaras nimmt, Nr. 105 jedoch keinen spezifischen Stoff über eine Predigt *Commune Virginum* hinausgehend bringt. Möglicherweise stammt diese aus der Zeit unmittelbar nach der Heiligsprechung Klaras, als Berthold noch kaum Nachrichten über das Leben der neuen Heiligen vorgelegen haben. Es gab zunächst ja auch kein Eigen-Offizium bzw. Messtexte für das Klarafest, es wurden die Commune-Vorlagen *Heilige Jungfrauen* verwendet.[42] So verwundert es nicht, dass in Predigt Nr. 105 nur zweimal Klara direkt genannt wird und dies wiederum spürbar wie nachträglich „eingeflickt".[43]

---

39 Helssig, Rudolf: Die lateinischen und deutschen Handschriften der Universitätsbibliothek Leipzig, Band 1. Die theologischen Handschriften. Teil 1 (Ms 1–500). Unveränderter Nachdruck der Auflage von 1926. Wiesbaden 1995, 805.

40 Schönbach, Studien V, 53.

41 Schönbach, Studien V, 53.

42 Boccali, Giovanni: Testi liturgici antichi per la festa di santa Chiara. In: AFH 99 (2006) 417–466; 100 (2007) 149–168; hier 99 (2006) 426–429; Lehmann, Leonhard / Schneider, Johannes: Die heilige Klara in Kult und Liturgie. Vena vivida 2. Norderstedt 2010, 20–24.

43 [...] *hac hodie gloriose coronavit beatam Claram;* [...] *ut Apostoli et ceteri sancti, ut beata Clara.*

In Nr. 104 mit dem Textincipit *Una ex hiis virginibus* hingegen sind konkrete historische Notizen eingestreut. Es ist eine enge Verbindung zur Heiligsprechungsbulle Klaras von Papst Alexander IV. von 1256 zu erkennen, sowie auch zur Klara-Vita des Thomas von Celano (1255/56).[44] Das heißt, diese Texte waren nördlich der Alpen und damit auch Berthold bereits zu dieser Zeit bekannt geworden. Schönbach hält es für möglich, dass Berthold sein spezifisches Wissen zu Klara sozusagen aus einer Vorabinformation kurz nach der Heiligsprechung Klaras an alle Minoriten schöpft. Ein solches Schreiben hätte demnach Teile der Kanonisationsbulle und der Vita des Thomas von Celano rezipiert.[45]

7. Textanalyse Predigt Nr. 104 des Leipziger Codex 498

< Überschrift der beiden Klara-Predigten >

S. Clar[a]e. Quod Christus zelotes animarum dicitur propter quinque, et quomodo irascitur sponsae in vita et in morte, quae venire contemnit.

[Über] die hl. Klara. Dass Christus Eiferer für die Seelen heißt wegen der fünf und wie er sich im Leben und im Tod über die Braut erzürnt, die [sein] Kommen verschmäht.

< Schriftwort >

Venit sponsus et que parate erant. M[a]t[thäus 25,10]

Es kam der Bräutigam, und die bereit waren. – Matthäus.

< Auslegung auf die hl. Klara >

Una ex hiis virginibus, que parate erant fuit beata Clara, que per XL annos diutino laboreet omnibus exercitiis virtutum sic studiose se preparaverat,

¹Eine von diesen Jungfrauen, die bereit waren, war die selige Klara. ²Durch vierzig Jahre hindurch hatte sie sich in andauernder Mühe und in allen Tugendübungen so eifrig vorbereitet,[46]

---

44 Schönbach, Studien V, 51–53; Reber, Die Gestaltung des Kultes, 55.
45 Schönbach, Studien V, 53; vgl. Reber, Die Gestaltung des Kultes, 50.
46) Die Hss. UB L 497, UB W 179 u. ÖNB 3735 ergänzen: *et per XXVIII annos diutio labore* – „und durch 28 Jahre lang dauernde Mühsal". Diese Information findet sich in LebKl 39,4 und 1 Chor 96. Da in der ältesten Handschrift UB L 498 dieser Hinweis fehlt, könnte angenommen werden, dass Berthold zu diesem Zeitpunkt noch keine vollständige Fassung der Klara-Legende vorlag, sondern nur eine vorläufige Mitteilung, wie Schönbach, Studien V, 53 vermutet.

ut dominus papa cum ejus exequiis interesset et officium mortuorum inciperetur repente officium de sanctis virginibus fieri debere perloqueretur sed respondente domino Ostiense morosius in hiis fore agendum missa consueta de mortuis est celebrata.

³dass der Herr Papst, als er bei ihrem Begräbnis anwesend war und das Totenoffizium begonnen wurde, unerwartet hinsagte, es müsse das Offizium von den heiligen Jungfrauen genommen werden.[47] ⁴Weil aber der Herr von Ostia[48] erwiderte, in dieser Angelegenheit sei behutsamer vorzugehen, wurde die gewöhnliche Messe von den Verstorbenen gefeiert. [LebKl 47,6-7]

unde et multis claruit miraculis tam in vitam quam in morte. Nec mirum que se sic preparavaerat a iuventute ut antequam nasceretur, mater eius vocem in oratione audiret, lumen paries quod mundum clarius illustraret. unde et filiam iussit Claram nominari presagio claritatis. Unde et postmodum corpore existens beata Clara in terra, animo versabatur in celis. nudum collum vel interdum saramenta pro lecto habebat et pro pulvinari sub capite durum lignum. aspero cilicio induebatur. longo tempore. tribus diebus in ebdomada nihil gustabat, reliquis diebus adeo se ciborium parcitate tenens ut alie quomodo posset subsistere mirarentur. vigiliis et orationibus cotidie dedita amatrix precipue paupertatis numquam aliquibus induci potuit suasionibus ut suum claustrum proprias haberet possessiones et multa alia virtutum exercitia in se habuit que obmitto.

⁵Und sie erstrahlte durch viele Wunder, sowohl im Leben, als auch im Tod. ⁶Kein Wunder, da sie sich doch von Jugend an so vorbereitet hatte,[49] wie ihre Mutter ja schon vor der Geburt im Gebet eine Stimme vernommen hatte: ⁷„Ein Licht wirst Du gebären, das die Welt heller erleuchten wird".[50] ⁸Und von daher beschloss sie, dass ihre Tochter Klara genannt werde durch die Vorhersage ihrer strahlenden Klarheit.[51] ⁹Und bald darauf existierte die selige Klara[52] mit dem Leib auf Erden, mit der Seele aber weilte sie im Himmel. ¹⁰Den den nackten Boden[53] oder manchmal Reisig hatte sie als Bett und als Kopfpolster ein hartes Stück Holz. ¹¹Sie war bekleidet mit einem rauen Bußkleid. ¹²Lange Zeit aß sie drei Tage in der Woche gar nichts, an den übrigen Tagen hielt sie sich so knapp an Speisen, dass sich die anderen wunderten, wie sie nur überleben konnte. ¹³Durch die tägliche Hingabe an Nachtwachen und Gebeten konnte die besondere Liebhaberin der Armut[54] niemals durch irgendwelche Überredungsversuche bewegt werden, dass ihr Kloster Eigenbesitz hätte. ¹⁴Und noch viele andere Tugendübungen hielt sie für sich, die ich hier auslasse.[55] [BulKl 21; LebKl 46,14-17]

---

47) Innozenz IV. (1243–1254) hatte sich bereits im ersten Jahr seines Pontifikats für die Heiligsprechung Hildegards von Bingen eingesetzt, war jedoch am Widerstand des Mainzer Bischofs gescheitert; vgl. KRAFFT, Otfried: Papsturkunde und Heiligsprechung, Die päpstlichen Kanonisationen vom Spätmittelalter bis zur Reformation. Ein Handbuch. Köln 2005, 541–550.

48) Kardinal Rainald von Jenne, Bischof von Ostia und Ordensprotektor, später Papst Alexander IV. (1254–1261).

49) Nämlich auf das Kommen des Bräutigams.

50) Vielleicht Anklänge an Lk 1,31 (Verkündigung) und Lk 1,78 (Benedictus).

51) Lat. *presagio claritatis.*

52) Die Lesart von UB W 179: *bona Clara* – „die gute Klara" wird auf die Zeit vor ihrer Heiligsprechung gedeutet.

53) Korrigiert nach UB W 179 u. ÖNB 3735: *nudam [!] solum.* UB L 497 u. 498 lesen *nudum col[l]um,* den „nackten Hals". BulKl 15,65: *nudum solum;* LebKl 17,10 u. 1 Chor 61: *Nuda humus.*

54) Lat. *amatrix precipue paupertatis,* wörtlich aus BulKl 17,74.

55) Lat. *que omitto.* Damit gibt Berthold zu verstehen, dass ihm noch mehr Informationen über Klara zur Verfügung

Unde et inter cetera sanctitatis eius insignia de ea [f.208b] legitur. cum iam in extremis ageret, quadam die candidus beatarum virginum cetus micantibus coronis ornatus visus est domum intrare et usque ad lectum eius procedere quarum una eminentior et fulgentior ceteris mater Christi Maria accessum [!] ad lectum eius suavem prestabat amplexum, proferunt cetere pallium mire pulchritudinis certatim cunctis deservientibus corpus beate Clare tegitur et thalamus adornatur et sic carne soluto intravit ad nuptias veri sponsi Domini nostri Ihesu Christi de quo hodie legitur Venit sponsus, [...]

[15]Und unter den übrigen Zeichen ihrer Heiligkeit liest man über sie: [16]Als sie schon in den letzten Zügen lag, sah man eines Tages eine strahlende Schar seliger Jungfrauen geschmückt mit schimmernden Kronen ins Haus eintreten und bis an ihr Bett schreiten. [17]Unter diesen war eine größer und strahlender als die übrigen, die Mutter Christi, Maria.[56] [18]Sie trat[57] an ihr Bett und umarmte sie innig. [19]Die übrigen brachten einen Mantel von wunderbarer Schönheit und bemühten sich alle wetteifernd, den Leib der seligen Klara zu bedecken und das Brautgemach zu schmücken. [20]Und so losgelöst vom Fleisch trat sie ein zur Hochzeit des wahren Bräutigams, unseres Herrn Jesus Christus, von dem wir heute lesen: Es kam der Bräutigam [...]
[BulKl 21, 91; LebKl 46,14-17]

In der Folge entfaltet Berthold ausgehend vom Grundthema des Gleichnisses von den zehn Jungfrauen eine biblische Predigt mit vielen Zitaten aus dem Alten und Neuen Testament, wie sie für jede andere heilige Jungfrau auch passen würde. Auffallender Weise bringt er jedoch – wie zu seiner Zeit durchaus üblich – kein einziges Kirchenväterzitat.

8. Vergleich mit dem Minoritenprediger Conrad von Sachsen

Auf der Suche nach Vergleichsmaterial bei bekannten Minoritenpredigern bzw. -schriftstellern der zweiten Hälfte des 13. Jahrhunderts nördlich der Alpen bietet sich uns Conrad von Sachsen an († 1279)[58]. In dessen *Sermones de Sanctis* – teils deutsch, teils lateinisch überliefert – finden sich drei Klarapredigten.[59]

standen, und zwar schriftlich, wie er gleich darauf sagt: *de ea legitur* – „über sie liest man" (V. 15).

56) Abgesehen von der Deutung ihrer eigenen Vision durch Sr. Benvenuta im Heiligsprechungsprozess (ProKl XI 4,20), identifizieren erst die Chorlegenden diese Jungfrau eindeutig mit Maria (1 Chor 103; 2 Chor 7-8), während Legende und Bulle zurückhaltender sind (LebKl 46,13-14; BulKl 21,91).

57) Korrigiert nach UB L 497, UB W 179 u. ÖNB 3735: *accessit*, während UB L 498 fälschlich *accessum* liest.

58) Zu seiner Biographie vgl.: FRANZ, Adolph: Drei deutsche Minoritenprediger aus dem XIII. und XIV. Jahrhundert. Freiburg im Breisgau 1907, 9–12; FREYER, Johannes Baptist: Konrad von Sachsen. In: LThK³ VI, 284.

59) NEUNER, Erika W.: Textkritische Edition der mittelhochdeutschen Klara-Predigten des Prager Codex XVIU, D16 samt vollständigem Glossar und Untersuchungen, unveröffentlichte Dissertation an der Universität Innsbruck 1972.

In der ersten Predigt bringt Conrad die beiden auch bei Berthold schon vorgefundenen Notizen über die Namensgebung Klaras durch ihre Mutter, sowie die Szene am Sterbebett.[60]

Die zweite, sehr kurz gehaltene Predigt, spielt exegetisch mit dem Namen „Klara" als einem hellen Licht für die Welt.[61]

Die dritte Predigt beschreibt ausgehend vom Segen Rebekkas durch Sara[62] Klara als Schwester alttestamentlicher Personen, als Schwester Christi und als Schwester von Franziskus und der Minderbrüder.[63]

Der Befund zeigt, dass auch dieser Zeitgenosse Bertholds keine weiteren biographischen Hinweise zu Klaras Leben vorliegen hatte.

9. Zusammenfassung

Die spezifisch biographischen Textpassagen in Bertholds Predigt zur hl. Klara zeigen inhaltlich einerseits Anklänge an die Kanonisationsbulle von Papst Alexander IV. (Original der Bulle ist nicht erhalten; jedenfalls nach dem 15. August 1255),[64] andererseits finden sich Bezüge zur Klara-Vita des Thomas von Celano, die bereits 1256 vorgelegen haben dürfte.[65] Es mag erstaunen, dass Berthold bereits so früh (1255/56) Informationen zur Vita der Heiligen in Händen hatte. Entweder aus den beiden genannten, zeitlich durchaus plausiblen, oder aus einer dritten Quelle. Von Interesse sind in diesem Zusammenhang jedenfalls textliche Parallelen zur Ersten Chorlegende Klaras, deren Datierung in der Forschung jedoch umstritten bzw. deutlich später angesetzt wird.[66]

Es stellt sich also die Frage, wie und wo Berthold Zugang zu den von ihm verarbeiteten Details aus Klaras Leben bekommen konnte. Schönbach hält, wie bereits erwähnt, eine Kurzinformation aus Anlass der Heiligsprechung für möglich (vgl. Anm. 45), jedoch hat sich keine Spur oder direkt ein schriftliches Zeugnis davon erhalten. In den betreffenden

---

60 NEUNER, Textkritische Edition, 59–70.
61 NEUNER, Textkritische Edition, 71–73.
62 Gen 24, 60: „Du, unsere Schwester, werde Mutter von tausendmal Zehntausend".
63 NEUNER, Textkritische Edition, 74–85.
64 GRAU, Engelbert (Hg.): Leben und Schriften der heiligen Klara von Assisi. Werl 1997, 334.
65 GRAU, Leben und Schriften, 117.
66 LEHMANN / SCHNEIDER, Die heilige Klara , 147–150.

Jahren der Endredaktion des *Rusticanus de Sanctis* (1255/56) finden wir Berthold auf Predigtreise im Elsass, in der Schweiz und 1256 archivalisch nachweisbar im Graubünden. Möglicherweise war er dabei in der Alpenregion in Kontakt mit Italienreisenden gekommen, welche neueste Informationen bzw. auch schriftliche Aufzeichnungen aus dem Süden mitgebracht hatten. In diesem Zusammenhang sei auf kursierende Exemplare der Heiligsprechungsbulle von 1255 hingewiesen, welche den ursprünglichen Text sehr verfälscht bzw. nur verstümmelt wiedergaben. In der Einleitung zur vidimierten Originalfassung der Bulle beklagt sich etwa Bischof Berthold von Basel über derartige Textausgaben und erklärt, aus diesem Grund im gegenwärtigen Jahr 1257 eine bischöflich beglaubigte Originaltranskription vorlegen zu müssen.[67]

---

67 Vgl. Boccali, Giovanni: Bolla di canonizzazione di Santa Chiara nuovi codici e redazione. In: Frate Francesco 69 (2003) 317–325.

Klara nördlich der Alpen:
Das Nürnberger „Sand claren bvch"

Johannes Schneider OFM

1. Ein Wunder Klaras, das nicht in ihrer Legende ist

a) Manuskript 442 des Sacro Convento in Assisi

Im Manuskript 442 der Bibliothek des Franziskanerklosters Sacro Convento in Assisi steht auf Blatt 167r folgender Bericht:[1]

De beata Clara – [1]Über die selige Klara. – Dieses folgende Wunder der seligen Klara steht nicht in ihrer Legende, sondern berichtet Schwester Balvina, die es von jener Schwester hörte, die zugegen war, als es sich ereignete, und die alles gesehen hat. [2]Jene Balvina nämlich, die heute [dem Kloster] vorsteht, wurde von der heiligen Klara in den Orden aufgenommen und war mit ihr zugleich im Kloster.

[3]Als eine von den Dienstschwestern des Klosters schwer krank war, diente ihr die selige Klara, ein Spiegel der Tugend und der Demut, in eigener Person. [4]Da diese nun wegen der Schwere der Krankheit völlig den Appetit zum Essen verloren hatte, sagte die selige Klara zu ihr: [5]„Meine Schwester, gibt es etwas, was du essen kannst oder worauf du Appetit hast, es zu essen?" [6]Weil dieser aber gleichsam vor jeder Speise ekelte, erwiderte sie fast unwirsch: „Ich möchte Forellen aus dem Topinotal und Gebäck aus Nocera." [7]Sie wusste und glaubte, dass es beinahe unmöglich sei, dieses zu besorgen, da Nocera von Assisi sechzehn Meilen und mehr entfernt ist. [8]Die selige Klara hörte

---

[1] Ediert von Bughetti, Benvenutus: Miraculum S. Clarae adhuc viventis, in eius Legenda praetermissum. In: AFH 5 (1912) 383f.; Boccali, Giovanni: Legende minores latine Sanctae Clare Virginis Assisiensis. Assisi 2009, 560ff. (Kürzel: NEpi 8); vgl. Cenci, Cesare Bibliotheca Manuscripta ad Sacrum Conventum Assisiensem, I. Assisi 1981, 226ff. Die Übersetzung dieser und der anderen lateinischen sowie mittelhochdeutschen Texte wurde vom Autor dieses Beitrags besorgt.

dies und hatte großes Mitleid mit der Kranken, sie kniete sich hin und begab sich ins Gebet, damit ihr der Herr das Erbetene gewähre.

⁹Welch Wunder! Kaum hatte sie das Gebet beendet, siehe, da stand zu abendlicher Stunde und bei starkem Regen, den es damals gab, ¹⁰ein wunderschöner Jüngling mit holdem und anmutigem Antlitz an der Pforte und klopfte mit großer Heftigkeit an. Er trug ein Tischtuch oder Handtuch mit sich, das an beiden Enden zusammengebunden war. ¹¹Die selige Klara hörte das Klopfen und schickte eine der Dienstschwestern zur Pforte in der Meinung, es sei einer von den Brüdern. ¹²Als diese zur Pforte kam, empfing sie von dem besagten Jüngling das Tischtuch mit seinen Knoten; sie solle es Klara bringen, damit sie ihm das Tischtuch nach Entnahme des Inhalts sogleich wieder zurückbringe. ¹³Als die selige Klara eigenhändig die Knoten auflöste, fand sie darin auf wunderbare Weise Forellen und Gebäck, das heißt, aus Brot gemachte Kuchen, ¹⁴wie es die Kranke sich gewünscht und Klara vom Herrn erbeten hatte; und dies geschah durch das Wirken des Herrn. Dann schickte sie dem Jüngling das Tischtuch wieder zurück.

¹⁵Der junge Mann aber, der wegen der späten Stunde und des unfreundlichen Wetters auch von den Brüdern eingeladen worden war zu bleiben, machte sich sogleich davon und wurde von niemandem mehr gesehen. ¹⁶Die selige Klara erstattete daher Gott Dank wegen der göttlichen Herablassung, die ihr erwiesen worden war, und was sie sich gewünscht hatte, das reichte sie der Kranken dar.

b) „Ich, Bruder Petrus Teutonicus"

In der nächsten Erzählung „Über die heilige Katharina" erklärt der Schreiber: Aus dem Mund eines gewissen Bruder Thomas Anglicus vom Sacro Convento in Assisi „habe ich, Bruder P[etrus] dies alles gehört und dann aufgeschrieben".[2] Weiter oben schreibt er: „Dies alles habe ich, Bruder Petrus Teutonicus, der durch die Vollmacht des Herrn Kardinals Matthäus, welcher damals das Amt des Generalministers innehatte, in den Orden aufgenommen wurde, aus dem Mund des Bruders Jakobus, des Gefährten des Kardinals,

---

2   Fol. 168r: DELORME, Ferdinand: Un recueil de miracles ou exempla source de François Bartholi. In: StFr 12 (1926) 366–404, hier 395.

[...] gehört und zur Erinnerung für kommende Zeit zuverlässig schriftlich niedergelegt."[3] Der Bericht über eine Pilgerin aus Freiburg, die für die Seelen verstorbener Minderbrüder den Portiunkula-Ablass gewinnen wollte, schließt: „Als sie in diesem Jahr [1315] nach Assisi kam, erzählte sie dies alles vor vielen Brüdern", unter ihnen auch Bruder Petrus Theotonicus.[4] Ähnlich endet der nächste Bericht. Am Ende der Handschrift nennt sich der Autor nochmals: „Aus der Provinz Saxonia kam im heurigen Jahr, das ist im Jahr des Herrn 1331, eine Frau vornehmen Geschlechts wegen des Portiunkula-Ablasses nach Assisi. Sie erzählte in Gegenwart von mir, Bruder Petrus Teutonicus, und in Gegenwart anderer Personen in unserer Sprache *(lingue nostre)* ein denkwürdiges Wunder des hl. Franziskus [...]"[5] Kurz darauf bricht die Handschrift mitten im Satz ab.

Der Schreiber der betreffenden Teile des Manuskripts nennt sich also Bruder Petrus, stammt aus Deutschland und wurde unter Generalminister Matthäus von Aquasparta in den Jahren 1287–1289 in den Orden aufgenommen. Er gehörte dem Sacro Convento in Assisi an,[6] wo er unter anderem als Beichtvater *(confessor)* für deutsche Pilger wirkte.[7] Bis 1331 zeichnete er zum Teil als persönlicher Zeuge verschiedene Wunder auf, von denen einige auch von deutschen Pilgern erzählt werden.

---

3   DELORME, Un recueil de miracles, 378, Nr. 14; entspricht: Fratris Francisci Bartholi de Assisio Tractatus de Indulgentia S. Mariae de Portiuncula, ed. Paul SABATIER. Paris 1900, Kap. 41, S. 88f.: „Haec omnia ego frater Petrus Teutonicus qui auctoritate ipsius domini Matthaei cardinalis qui simul tunc generalis ministri officium gerebat ad ordinem sum receptus, ab ore fratris Jacobi socii ipsius cardinalis, sicut ipse a domino cardinali referente didicerat, audivi et ad futurorum memoriam fideliter in scriptis redegi."

4   DELORME, Un recueil de miracles, 379f.; und 381: „Dies alles hat die genannte Person keinem lebenden Menschen erzählt, außer mir, dem Bruder Petrus Teutonicus, und ich habe es zur Erinnerung für kommende Zeiten aufgeschrieben."

5   DELORME, Un recueil de miracles, 404.

6   Das Inventar des Sacro Convento in Assisi von 1338 (und 1370) nennt ein kostbares Reliquienkreuz, das Bruder Petrus Theotonicus, „der Konventmitglied *(conventualis)* des Konvents von San Francesco ist, machen ließ": Inventare von 1338, Nr. 23 (vgl. Nr. 133); von 1370, Nr. 27 (vgl. Nr. 158), in: ALESSANDRI, Leto / PENNACCHI, Francesco: I più antichi inventari della sacristia del Sacro Convento di Assisi (1338-1473) (Bibl. Com. di Assisi, Cod. 337). In: AFH 7 (1914) 66-107; 294-340, hier 77 (82) u. 296 (304).

7   FRANCISCI BARTHOLI, Tractatus de Indulgentia, Kap. 26, 48-54, nennt Petrus Teutonicus als Beichtvater *(confessor)* einer Pilgerin aus Freiburg, die ihm ihre Visionen erzählte. Am 15. Februar 1346 bestellte Clemens VI. „Bruder Petrus, genannt der Deutsche, in Patti in Sizilien" zum Bischof: WADDING, Lucas: Annales Minorum, ad. an. 1346, Nr. XXV; dort ist er am 21. Januar 1354 gestorben: EUBEL, Conrad: Hierarchia Catholica Medii Aevi. Münster 1913, 384.

c) „Schwester Balvina, heute Vorsteherin des Klosters"

Der Autor der Klara-Legende *Admirabilis femina* räumt schon im Prolog ein, er habe „einiges gesammelt, aber vieles ausgelassen". Am Schluss betont er noch einmal: „Die Menge des Materials macht es notwendig, sehr viel zu übergehen".[8] Der Schreiber eines Codex aus Breslau bringt folgenden Zusatz:[9]

> *Auch an anderen Orten stellten die genannten Prälaten und Inquisitoren Nachforschungen über Leben und Wunder dieser Heiligen an, wie ich aus Erzählungen erfahren habe, welche sie vielleicht um der Kürze willen ausgelassen hatten. Weil ich nichts Schriftliches aufgefunden habe, habe ich mich nicht darum gekümmert, es hier anzufügen.*

Der Abschreiber wusste um noch andere mündlich überlieferte Wunderberichte, die er aber mangels schriftlicher Dokumente nicht aufzeichnete. Einen solchen Wunderbericht, der „nicht in ihrer Legende steht", hat hier Br. Petrus Teutonicus niedergeschrieben. Die Erzählerin Sr. Balvina „wurde von der heiligen Klara in den Orden aufgenommen und war mit ihr zugleich im Kloster". Von den drei im Heiligsprechungsprozess genannten Schwestern namens Balvina kommt nur die Tochter des Herrn Martino von Coccorano in Frage.[10] Mit ihrer jüngeren Schwester Amata bezeichnet sie sich als Klaras „leibliche Nichte" *(nipote carnale)*,[11] – genauer zweiten Grades, da ihr Großvater Ugolino di Offreduccio ein Bruder von Klaras Vater Favarone war. Balvina trat um 1217 in San Damiano ein und

---

8 LebKl Prol. 5,12: *aliqua colligens, et plura dimittens*; 49,5: *cogit multitudo quam plura transire*; Text in: Fontes Franciscani, a cura di Enrico Menestò (et al.). Assisi 1995, 2401–2450 (Zählung nach dieser Ausgabe); Boccali, Giovanni: Legenda latina Sanctae Clarae Virginis Assisiensis. S. Maria degli Angeli 2001; deutsch: Grau, Engelbert / Schlosser, Marianne: Leben und Schriften der hl. Klara von Assisi. Kevelaer [8]2001, 113–172.

9 Nach LebKl 62: Boccali, Legenda latina, 73; Ders., Legende minores latine, 586ff. (Kürzel: Flor 6,1–2).

10 Zur Familie des *Martino di Coccorano, Coriano* oder *Correggiano*: Fortini, Arnaldo: Nova Vita di San Francesco, Bd. II. Assisi 1999 (Neudruck), 334–339.

11 ProKl IV 1,1.4; VII 11,28; Text in: Boccali, Giovanni: Santa Chiara di Assisi. I primi documenti ufficiali: Lettura di annunzio della sua morte. Processo e Bolla di canonizzazione. Santa Maria degli Angeli 2002; ebenso in: Ders., Santa Chiara d'Assisi sotto processo. Lettura storico-teologica degli Atti di canonizzazione. S. Maria degli Angeli 2002; deutsch: Grau / Schlosser, Leben und Schriften der hl. Klara, 21–112.

lieferte als siebte Zeugin im Heiligsprechungsprozess sehr persönliche Informationen über Klara, unter anderem deren Wunsch, nach Marokko zu gehen. Nach 1220 wurde sie für eineinhalb Jahre nach Arezzo gesandt.[12] Eine Verwandte, Madonna Chiara di Paolo di Scipione, eine Nichte Br. Rufinos, vermachte in ihrem Testament von 1278 Amata und Balvina, „die im Kloster Santa Chiara wohnen", Geld für je einen Habit *(pro una thonica)*.[13]

Wenn Balvina wie manche andere Schwestern bei ihrem Eintritt in San Damiano noch sehr jung war, dann kann sie nach 1278 noch einige Zeit gelebt haben. Petrus Teutonicus sagt: *que hodie superest*, „die heute [als Äbtissin dem Kloster] vorsteht". Als Erzählerin eines Wunders ist sie möglicherweise mit jener Äbtissin Balvina identisch, die in der Vita der Agnes von Assisi zwei Heilungswunder auf die Fürbitte der Agnes bezeugt.[14] Vielleicht ist sie auch die Nachfolgerin von Sr. Benedicta († 1260?), der ersten Äbtissin nach Klara.[15] Es ist nicht ganz auszuschließen, dass sie noch lebte, als Petrus Teutonicus um 1288 in den Orden eintrat. Dieser behauptet aber nicht, er habe die Erzählung unmittelbar von ihr selbst erfahren. Der zeitliche Abstand wäre jedenfalls nicht allzu groß, um von noch lebenden „Zeitzeuginnen", wie das *que hodie superest*, „die heute noch übrig ist", auch bedeuten kann, „Neues" von Klara zu erfahren.[16]

2. „Aliud de eius vita" – Aus einer Münchener Handschrift

Im Jahr 2002 edierte P. Giovanni Boccali OFM im Anhang seiner kommentierten Neuausgabe des Heiligsprechungsprozesses Klaras vier Blätter aus einer lateinischen Handschrift

---

12   ProKl VII 1,2; 2,5–7; 11,27.

13   FORTINI, Nova Vita II, 347; ABATE, Giuseppe: La casa paterna di Santa Chiara. Assisi 1944, 63.

14   Chronica XXIV Generalium: Vita sororis Agnetis, germanae sanctae Clarae. In: AF III, 173–182, hier 179; vgl. SCHNEIDER, Johannes: Arnald von Sarrant (?) – Das Leben der hl. Agnes von Assisi und ihr Brief an ihre Schwester, die hl. Klara. Einleitung, Übersetzung, Kommentar. In: Klara von Assisi. Zwischen Bettelarmut und Beziehungsreichtum. Beiträge zur neueren deutschen Klara-Forschung, hrsg. von Bernd SCHMIES, Münster 2011 (Franziskanische Forschungen, 51) 507–528 (Kürzel: AgnA 13,4; 14,1).

15   CASOLINI, Fausta: Il Protomonastero di S. Chiara in Assisi. Storia e Cronaca (1253–1950). Milano 1950, 355.

16   Ein in S. Chiara diktiertes Testament von 1317 nennt Fr. Petrus als Guardian der Niederlassung der Brüder: CENCI, Cesare: Documentazione di vita assisana 1300–1530, Bd. I. Grottaferrata 1974, 62. Könnte dies Petrus Teutonicus sein? Seine Verbindung zur Überlieferung von S. Chiara ließe dies plausibel erscheinen.

der Bayerischen Staatsbibliothek München.[17] Die Handschrift ist nach 1461 entstanden und enthält ein Kalendar von Heiligenfesten. Nach der Klara-Legende *Admirabilis femina* und der Heiligsprechungsbulle folgt unter der Überschrift *Aliud de eius vita* – „Anderes, Neues von ihrem Leben" ein Anhang mit zehn verschieden langen Perikopen aus dem Leben Klaras, die sich nicht in den offiziellen Texten finden, darunter auch folgende:[18]

Item de infirmis visitandis – Ebenso über den Besuch von Kranken. Ein anderes Mal betreute die selige Klara, die Mutter unserer Demut, eine Kranke von den Dienstschwestern, die infolge der sich verschlimmernden Krankheit den Essenstrieb vollständig verloren hatte. Als die selige Klara sie fragte, was sie essen wolle, gab sie gleichsam ungeduldig zur Antwort: „Ich will Forellen aus dem Tal des Topino und Gebäck aus Nocera!" [...]

Es handelt sich um dieselbe Erzählung, die auch Petrus Teutonicus von Sr. Balvina in Assisi aufgeschrieben hatte. Somit stellt sich die Frage, wie diese Erzählung nach Deutschland gekommen ist. Eine direkte Abhängigkeit der Münchener Handschrift von den Aufzeichnungen des fr. Petrus im Codex 442 ist aufgrund des großen zeitlichen Abstands von 150 oder mehr Jahren nicht gut denkbar. Doch die genaue inhaltliche, fast wörtliche Übereinstimmung der beiden Texte überrascht. So kommt hier eine Überlieferung zum Vorschein, die vom Norden in den Süden, über Br. Petrus dem Deutschen und Sr. Balvina von Coccorano vielleicht bis in die Anfänge von San Damiano zurückreicht.

Giovanni Boccali hat diese zehn „neuen Episoden" nicht ohne Grund im Anhang seiner Edition des Heiligsprechungsprozesses publiziert.[19] Die Münchener Handschrift bringt nämlich hintereinander auch *vier* Perikopen aus dem Heiligsprechungsprozess, die nicht in die Legende aufgenommen wurden:[20]

---

17   Clm 23846 der Bayerischen Staatsbibliothek München, fol. 236va–239ra: Boccali, Chiara sotto processo, 315-332: „Altri episodi della sua vita"; ebenso Ders., Nuovi episodi della vita di S. Chiara. In: Domini Vestigia Sequi. Miscellanea offerta a P. Giovanni M. Boccali ofm per il suo 75° di vita e 50° di sacerdozio, a cura di C. Vaiani. S. Maria degli Angeli 2003, 181–197; und Ders., Legende minores latine, 545–561 (dort mit dem Kürzel: NEpi 1-7).

18   NEpi 4: Boccali, Chiara sotto processo, 320–323; Legende minores latine, 552–555.

19   Boccali, Chiara sotto processo, 315.

20   Fol. 236vb–237ra: Boccali, Chiara sotto processo, 316ff.; Legende minores latine, 548–550 (NEpi 2,3–11).

1) Klaras Wunsch, nach Marokko zu gehen: ProKl VI 6,18–22; VII 2,4–8; XII 6,20;

2) Sr. Francescas Vision vom schönen Kind im Schoß Klaras: IX 4,35–37;

3) und der strahlenden Flügel über ihr: IX 4,38–40;

4) Klaras Unfall mit der schweren Tür: V 5,12–15; VI 17,57–58; XIV 6,23–30; XV 3,3–7.

Damit tauchen auch erstmals Spuren auf, die auf eine lateinische Version des Heiligsprechungsprozesses zurückgehen könnten. Die Zeugnisse sind nicht in direkter Rede wiedergegeben, wie wir sie aus der uns bekannten italienischen Übersetzung der Prozessakten kennen. Aber sie sind um einige Jahrzehnte älter als jene.

3. Das Nürnberger „Sand Claren bvch"

Es gibt aber noch ältere Texte in Mittelhochdeutsch. Im Codex 146 der Staatsbibliothek von Bamberg ist zu lesen:[21]

Ein anderes Mal betreute die selige Sankt Klara, die wahrlich eine Mutter der Demut war, eine ihrer Dienerinnen, eine Serviziale, die infolge der schweren Krankheit den Essenstrieb vollständig verloren hatte. Als Sankt Klara sie fragte, was sie essen wolle, gab sie ihr ungeduldig[22] zur Antwort: „Ich will Früchte aus dem Tal des Topino und Früchte aus Nocera." – Die Stadt Nocera ist von Assisi etwa zehn oder mehr italienische Meilen entfernt. [...]

---

21 Cod. Misc. Hist. 146; Beschreibung: WEILER, Herrad: St. Clara-Vita. Textkritische Edition und Wortschatzuntersuchung. (Diss. masch.) Innsbruck 1972, 30–33; Text: 163 (fol. 52v–53r). Studie und Übersetzung: SCHNEIDER, Johannes: Kirschen im Winter. Kostproben aus dem Leben der heiligen Klara von Assisi. Salzburg ²2005, 175–210; DERS.: KATHARINA HOFMANN. Aus dem „St. Klara-Buch" [KlB]. In: „Vena vivida – Lebendige Quelle". Texte zu Klara von Assisi und ihrer Bewegung. I. Deutsche und niederländische Zeugnisse zur hl. Klara. Norderstedt 2008, 29–64, hier 50f.

22 Mhd. *vngedultikleich*. Aufgrund der weiten Entfernung und schlechten Witterung verlangt die Schwester in krankheitsbedingter Unwilligkeit schier Unmögliches. Vielleicht stammte sie aus der Gegend von Nocera und wünschte sich deshalb in ihrer Trostlosigkeit eine Lieblingsspeise aus ihrer Heimat.

Die Bezeichnung Klaras als *mvter der diemůtikait* verrät die Verwandtschaft mit der Münchener Handschrift, wo Klara *nostre humilitatis mater* heißt. Aus *tructi*, Forellen, und *de focacijs*, dem in Herd-Asche gebackenen Kuchen, werden jedoch beide Male „Früchte", vielleicht weil *tructi* als *fructi* (fälschlich statt *fructus*) gelesen werden und *focacia* als Gebäck unbekannt war. Während die Münchener Handschrift mit dem Codex von Assisi sagt, Nocera sei mehr als 16 Meilen von Assisi entfernt,[23] erklärt die deutsche Übersetzung: *wol zehen welhischer meile oder mer*. Trotz weitgehender Übereinstimmung mit der Münchener Handschrift kann die mittelhochdeutsche Version jedoch nicht deren Übersetzung sein, da sie schon bald nach der Mitte des 14. Jahrhunderts, also fast hundert Jahre früher entstanden ist.

a) Der Titel „Sand Claren bvch"

Die Bamberger Handschrift ist wahrscheinlich die älteste von neun Handschriften ähnlichen Inhalts aus dem 14. Jahrhundert. Den ersten Teil der Handschrift schließt ein Reimgebet mit Nennung des Titels und Anrufung der Fürbitte der hl. Klara ab:[24]

Hje hat Sand Claren bvch ain ende.	Hier hat das Sankt-Klara-Buch ein Ende,
zv got so rekke wir vnser hende.	zu Gott erheben wir die Hände.
Lobe vnd ere sei im gesagt.	Lob und Ehre sei ihm gesagt
v̊mb diesev̊ aller heiligste magt.	für diese allerheiligste Magd,
Die er im selb hat avt erwelt.	die Er sich selber hat erwählt
vnd hat si zv seinen heiligen gezelt.	und zu seinen Heiligen gezählt.
Wir bitten avch dich frawe sand Clar.	Wir bitten Dich, Herrin, Heilige Klara
vor allem v̊bel vns bewar.	vor allem Übel uns bewahre.
Swenne vnser leip liget tot.	Wenn unser Leib darniederliegt tot,
so hilfe der sele avz aller not.	dann hilf der Seel'aus aller Not.
vnd hilfe vns himelischev̊e Clar.	Und hilf uns, himmlische Klara,
daz vnser sel zv Got var. Amen.	daß unsere Seele zu Gott auffahre. Amen.

---

23   München, clm: „Distat quoque Nuceria ab Assyssio miliarijs circiter sedecim plus"; Assisi, Ms. 442: „quod Nucerium ab Assisio per xvj miliaria et amplius distet".
24   Weiler, St. Clara-Vita, 258 (fol. 108v).

Der Titel *Sand Claren bvch* bezeichnet also genau genommen den ersten Teil einer Sammlung von Quellen, die auch in den anderen Handschriften mit etwas unterschiedlichem Umfang und Aufbau enthalten sind. Mehr als die Hälfte der Handschriften sind wahrscheinlich im oder für das Nürnberger Klarissenkloster geschrieben worden. Das Schriftenbündel des Nürnberger *Sand Claren bvchs* ist ein Kompendium aller damals in Deutschland verfügbaren Quellen zu Leben und Werk Klaras und ihrer Schwestern. Es lässt sich in Inhalt und Absicht mit den Franziskusbüchern vom Beginn des 14. Jahrhunderts vergleichen, die unter dem Begriff der *Legenda antiqua* zusammengefasst werden.[25]

b) Der Inhalt des „Sand Claren bvchs"

Die Sammlung des *Sand Claren bvchs* besteht je nach Handschriften aus einer Reihe von Texten, die sich in drei Gruppen einteilen lassen:

1)   Die *erste* Gruppe enthält das eigentliche *Sand Claren bvch*:[26]
   - Die Übersetzung der Klara-Legende *Admirabilis femina* (vgl. LebKl)
   - Eine verkürzte Form der Heiligsprechungsbulle (BulKl)[27]
   - Eine Zusammenstellung der Lebensdaten Klaras (KlB 21)
   - Das Reimgebet mit der Titelnennung *Sand Claren bvch* (KlB 22)

2)   Eine *zweite* Gruppe ist in denselben Handschriften dem Klara-Buch zugeordnet:
   - Die Reimlegende *Frev dich, Clara* (FrKl)[28]

25   Vgl. CLASEN, Sophronius: Legenda Antiqua S. Francisci. Untersuchung über die nachbonaventurianischen Franziskusquellen. Leiden 1967.

26   Die erste Gruppe wurde nach einer einzigen Hs. ediert von FLESSA, Hermann: Thomas von Celano, „Legenda Sanctae Clarae Virginis". Die mittelhochdeutsche Übersetzung des Cod. 14711 aus dem Germanischen Nationalmuseum Nürnberg. Würzburg 1964 (Zulassungsarbeit, masch.); kritisch dann von WEILER, St. Clara-Vita.

27   Vgl. lat. Text in: BOCCALI, I primi documenti, 227–264 u. 267–272; dt. GRAU / SCHLOSSER, Leben und Schriften der hl. Klara, 328–337.

28   Ediert von: SETON, W.: A German Metrical Version of the Legend of St. Clare. In: AFH 11 (1918) 384–398; OLIGER, L.: Die Legende der hl. Klara von Assisi in mhd. Versen. In: FrSt 7 (1920) 179–189; vgl. DERS., Gaudia S. Clarae Assisiensis seu vita eius versificata. In: AFH 12 (1919) 110–131; vgl. Vena vivida I, 65–84.

- Lebensbeschreibung von Klaras Schwester Agnes (vgl. AgnA)[29]
- Die vier Briefe Klaras an Agnes von Böhmen (vgl. 1-4 Agn)[30]
- Klaras Segen für Agnes von Böhmen (KlSegA)[31]
- Die Legende der Agnes von Böhmen (vgl. AgnB)[32]

3) Die *dritte* Gruppe wird nur in einigen Handschriften dem Klara-Buch zugeordnet:
   - Traktat *Der herr aller ding* (HaD)[33]
   - Klara-Hymnen, -Sequenzen und -Gebete (vgl. 7FrKl)[34]
   - Sechs Predigten über die hl. Klara[35]

c) Das „Sand Claren bvch" als Übersetzung der lateinischen Legende

Der Hauptteil des eigentlichen *Sand Claren bvchs* ist die Übersetzung der Klara-Legende *Admirabilis femina* (LebKl).[36] Eine Eintragung von späterer Hand in der ältesten deutschen Handschrift nennt Bonaventura als Autor.[37] Die mittelhochdeutsche Übersetzung hält

---

29 Lat. Fassung: Chronica XXIV Generalium: Vita sororis Agnetis, germanae sanctae Clarae. In: AF III, 173–182; dt. SCHNEIDER, Arnald von Sarrant (?), Das Leben der hl. Agnes.

30 Vgl. GRAU / SCHLOSSER, Leben und Schriften der hl. Klara, 174–225; Marianne SCHLOSSER in: Im Spiegel Christi. Die Schriften der Klara von Assisi. Kevelaer 2004, 79–109.

31 Nach der mhd. Version übersetzt von GRAU, Engelbert: Leben und Schriften der hl. Klara von Assisi. Werl ⁷1997, 325/327

32 Deutsche Übers. der lat. Agnes-Legende: SCHNEIDER, Johannes (Hg.): „Candor Lucis Eterne – Glanz des ewigen Lichtes". Die Legende der heiligen Agnes von Böhmen. Mönchengladbach 2007.

33 KLAMMER, Josef: Untersuchung und textkritische Edition des mhd. Klaratraktates ‚Der herr aller ding der hat sie lip gehabt'. Innsbruck 1969 (Diss. masch.); vgl. Vena vivida I, 91–106.

34 Editiert von RUH, Kurt: Franziskanisches Schrifttum im deutschen Mittelalter, Bd. II: Texte. München 1985, 336–344; vgl. Vena vivida I, 85–89.

35 NEUNER-SCHAUB, Erika W.: Textkritische Edition der mhd. Klara-Predigten des Prager Codex XVI D 16 samt vollständigem Glossar und Untersuchungen. Innsbruck 1972 (Diss. masch.).

36 Erstmals Thomas von Celano zugeschrieben wird sie um 1500 in: SR. BATTISTA ALFANI, Vita et Leggenda della seraphica Vergine Sancta Chiara, a cura di Giovanni BOCCALI. Cannara 2004, 74f. (1P 2–3). Zur Diskussion: GRAU / SCHLOSSER, Leben und Schriften der hl. Klara (⁸2001), 113ff.; BOCCALI, Legenda latina, 11–18; GUIDA, Marco: Una leggenda in cerca d'autore: la Vita di santa Chiara d'Assisi. Studio delle fonti e sinossi intertestuale. Bruxelles 2010, 29–36; 206–210.

37 FLESSA, Legenda Sanctae Clarae, V; WEILER, St. Clara-Vita, 33: *zu wissen daß der heylig Sanct Bonaventura der englisch lerer beschriben hat die legent vom leben vnser heyligen muter Sannt Claren.*

sich beinahe Wort für Wort an ihre lateinische Vorlage, vielleicht auch deshalb, weil die deutsche Sprache um die Mitte des 14. Jahrhunderts noch nicht so weit entwickelt war, um einen lateinischen Text „kongenial" zu übersetzen.[38] Von daher sind auch Verdoppelungen und Umschreibungen von Begriffen zu verstehen, die aber inhaltlich nichts an der Vorlage verändern.[39] Das *Sand Claren bvch* dürfte nicht nur die erste deutsche, sondern überhaupt die erste volkssprachliche Übersetzung der lateinischen Klara-Legende *Admirabilis femina* und anderer Klara-Quellen sein.[40]

Auf dem Hintergrund der beabsichtigten Wörtlichkeit der Übersetzung fallen im *San Claren bvch* umso mehr verschiedene Zusätze auf, die auf andere Quellen neben der Legende zurückgehen.[41] Im Unterschied zur Münchener Handschrift sind diese Zusätze nicht als Anhang hinzugefügt, sondern an passenden Stellen in das Klara-Leben eingebaut. Diese Zusätze lassen sich folgendermaßen gliedern:

1)   Klara in der „Ersten Franziskus-Vita" des Thomas von Celano (1 C)
2)   Zusätze aus den liturgischen Klara-Legenden (1-4 Chor)[42]
3)   Vier Perikopen aus dem Heiligsprechungsprozess, die nicht in der Legende sind (ProKl)
4)   Eine Perikope, die in anderen Einzelüberlieferungen vorkommt (NEpi 8)
5)   Sechs Perikopen, die auch in der Münchener Handschrift sind (NEpi 1; 2,1-1; 3; 5-7)
6)   Fünf Perikopen, die nur das *Sand-Claren-bvch* bringt (Sondergut)

---

38   FLESSA, Legenda Sanctae Clarae, XVIII.
39   Zur Methode der Übersetzung im Klara-Buch s. WEILER, St. Clara-Vita, 357–372.
40   Die erste Verdeutschung der Franziskus-Legende Bonaventuras *(Legenda Maior)* ist erst 1404 im Katharinenkloster Nürnberg nachweisbar: RUH, Kurt: Bonaventura deutsch. Ein Beitrag zur deutschen Franziskaner-Mystik und -Scholastik. Bern 1956, 239 u. 247; FLESSA, Legenda Sanctae Clarae, XVII. Jacob von Maerlant hingegen bediente sich schon um 1273 der *Legenda Maior* als Vorlage für seine mittelniederländische Reimlegende *Sinte Franciscus Leven;* vgl. Vena vivida I, 169f.
41   Aufgelistet und beschrieben bei FLESSA, Legenda Sanctae Clarae, XX–XXIX; WEILER, St. Clara-Vita, 26–29.
42   BOCCALI, Legende minores latine, 157–293; 319–331; dt. LEHMANN, Leonhard / SCHNEIDER, Johannes (Hg.): Die heilige Klara in Kult und Liturgie. Norderstedt 2010, 145–198.

d) Die Perikopen aus dem Heiligsprechungsprozess

Das *Sand Claren bvch* enthält dieselben vier Berichte aus den Prozess-Akten wie die lateinische Münchener Handschrift: Klaras Wunsch nach dem Martyrium; Sr. Francescas Vision vom schönen Kind und den strahlenden Flügeln sowie Klaras Unfall mit der schweren Tür (KlB 6; 10-12). Wie das Speisenwunder für die kranke Schwester (Balv; NEpi 4; KlB 8), so entsprechen auch die vier Episoden aus dem Prozess genau der Münchener Handschrift, sind aber fast hundert Jahre älter als diese. Die Perikopen des Heiligsprechungsprozesses in der mittelhochdeutschen Überlieferung sind somit noch einmal älter als deren umbrische Übersetzung durch Sr. Battista Alfani vom Ende des 15. Jahrhunderts (um 1480/90), die uns nur in einer einzigen Handschrift überliefert ist.[43] Diese Episoden aus dem Prozess im *Sand Claren bvch* lassen auf eine lateinische Vorlage schließen, die mindestens ein Jahrhundert vor dessen erster italienischer Übersetzung in Deutschland vorhanden war.[44]

e) Das Sondergut des „Sand Claren bvchs"

Zum Sondergut des *Sand Claren bvchs* zählen elf Perikopen. Die Hälfte davon enthält auch die Münchener Handschrift, davon fünf Berichte von wunderbaren Ereignissen aus Klaras Lebenszeit und eine Zusammenstellung ihrer Lebensdaten.[45] Die Wunder nach Klaras Tod kennt nur das *Sand Claren bvch*. Die Perikopen in der Reihenfolge im Klara-Buch sind:

> Klara unterredet sich vor ihrer Bekehrung mit Franziskus in Portiunkula: KlB
> 2 (NEpi 2,1-2).
> Klara bittet um Brot und Fische für die Fastnacht: KlB 3 (NEpi 3).
> Klara heilt eine lahme Gräfin: KlB 7.
> Ein Kirschbaum trägt im Winter Früchte: KlB 13 (NEpi 5).

---

43 Boccali, I primi documenti ufficiali, 53; ders., Chiara sotto processo, 32f.
44 Boccali, Nuovi episodi, 195.
45 NEpi 1; 2,1–1; 3; 5–7: Boccali, Legende minores latine, 548–561; Nuovi episodi, 186–191.

Klara heilt einen fußkranken Kardinal: KlB 14 (NEpi 6).

Klara erbittet ein Regenwunder bei großer Hitze: KlB 15 (NEpi 7).

Drei Totenerweckungen von Kindern nach Klaras Tod: KlB 17-19.

Mehrere Totenerweckungen in Spanien und anderen Ländern: KlB 20.

Klaras Lebensdaten „Sie kam am Fest des hl. Sebastian zur Welt": KlB 21 (NEpi 1).

Diese Berichte sind – außer in der späten Münchener Handschrift – in keiner lateinischen oder italienischen Quelle zu finden. Auch das ausführliche Klara-Leben der gelehrten Klarisse Battista Alfani, die in Perugia um 1500 alles, was sie über Klara an Quellen vorfand, in ihre Übertragung der Legende einbaute, sowie die um 1519 verfasste Geschichte des Klara-Ordens des Marianus von Florenz wissen nichts von dem Sondergut der deutschen Sammlung.[46] Es stellt sich die Frage, ob dieses Sondergut mit den Perikopen aus dem Prozess, vielleicht sogar die gesamten Prozess-Akten zusammen mit den Abschriften der Briefe Klaras an Agnes – die sich ebenso in keiner einzigen romanischen Quelle finden – sowie der Agnes-Legende aus Prag nach Nürnberg gekommen sind.[47]

f) „Swester Katherin Hofmenin": Schreiberin, Übersetzerin, Autorin?

Im Codex Bamberg 146, den Herrad Weiler in ihrer Edition als Leithandschrift gewählt hat, steht auf dem letzten Blatt mit roter Tinte geschriebenes folgendes Reimgedicht:[48]

---

46   ALFANI, Vita et leggenda, 35–38; MARIANO DA FIRENZE, Libro delle degnità et excellentie del Ordine della seraphica Madre delle Povere Donne santa Chiara da Assisi, Introduzione, note e indice del G. BOCCALI. Santa Maria degli Angeli 1986.

47   Zur Verbindung zwischen Bayern und Böhmen siehe BOK, Václav: Einige Beobachtungen zur lateinischen Legende über Agnes von Prag und zu ihren mittelalterlichen deutschen und tschechischen Übertragungen. In: Selecta Bohemico-Germanica. Tschechisch-deutsche Beziehungen im Bereich der Sprache und Kultur, hrsg. von Ernst EICHLER. Münster – Hamburg – London 2003, 163–178, hier 172: „Bekanntlich war die Verehrung der böhmischen Heiligen im 14. und zu Beginn des 15. Jh. auch in der Diözese Bamberg verbreitet, zumal ihren Bestandteil auch das sog. Neue Böhmen bildete. Am ehesten kann die Übersetzung im Nürnberger Klarissenkloster entstanden sein [...]."

48   Blatt 224v; WEILER, St. Clara-Vita, 30; FLESSA, Legenda Sanctae Clarae, XVI, hält es für denkbar, dass Katharina Hofmann auch die Schreiberin von Cod. 14722, einer Schwesternhandschrift zu Bamberg 146 war.

Swer an disem bvch werd lesen	Wer dieses Buch wird lesen,
Der schol des gemant wesen	der soll sich ermahnen lassen,
Daz er gedenk dvrch got	dass er gedenke bei Gott
swester katherin hofmenin	der Schwester Katharina Hofmenin,
dez ist ir not	das heißt ihrer Not,
Die daz bvch geschriben hat	die das Buch geschrieben hat,
Daz ir got helf avz aller not	dass ihr Gott helfe aus aller Not
vnd geb ir ze lon	und ihr gebe als Lohn
Die himelischev kron. Amen.	die himmlische Kron. Amen.

Die Schreiberin des Buches stellt sich vor als *swester katherin hofmenin* (Hofmann, Hoff-mann). Sie dürfte vor 1336 in das Klarissenkloster Nürnberg eingetreten sein, wurde zwischen 1380 und 1391 mehrmals zur Äbtissin gewählt und starb vermutlich 1393. Das mit sicherer Hand in gut lesbarer gotischer Buchschrift verfasste Manuskript lässt auf ein frühes Datum schließen. Da nicht anzunehmen ist, dass Sr. Katharina während ihrer Amtszeit als Äbtissin oder im hohen Alter mit Schreibarbeiten beschäftigt wurde, wird die Handschrift um die Mitte des 14. Jahrhunderts entstanden sein.[49]

Das Diarium des Bamberger Klarissenklosters erinnert noch im Jahre 1554 an Schen-kungen durch Sr. Katharina: „Die gelehrte Äbtissin Catharina [...] sah das Ende ihres Klosters nahen und that daher dem hiesigen in ihrem Leben noch sehr viel Gutes [...]"[50] Es ist bezeichnend, dass unter dem unmittelbaren Eindruck, den die humanistisch ge-bildete Nürnberger Äbtissin Charitas Pirckheimer (1467-1532) bei ihren Zeitgenossen gemacht hatte, eine ihrer frühen Vorgängerinnen das Attribut „gelehrte Äbtissin" erhält. Sr. Katharina Hofmann hat nicht nur Schreibarbeit geleistet, sondern einen wesentlichen Anteil an Übersetzung, Konzept und Redaktion der Klara-Quellen gehabt.[51]

Die Autorschaft durch Schwester Katharina – sei es als Schreiberin, Redaktorin oder auch Übersetzerin – bleibt eine begründete Vermutung. Jedenfalls taucht als einziger ihr

---

49   WEILER, St. Clara-Vita, 30f. u. 61f.

50   WEILER, St. Clara-Vita, 31; Sr. Katharina schrieb auch ein Elisabeth-Buch, das eine erweiterte Übersetzung der Elisabeth-Vita des Dietrich von Apolda ist: REBER, Ortrud: Leben der hl. Elisabeth. In: Die Andechs-Meranier in Franken. Europäisches Fürstentum im Hochmittelalter, Ausstellungskatalog. Mainz 1998, 301f.

51   Von ihr stammt die älteste Handschrift der mhd. Reimlegende „Freu dich, Klara" (FrKl), die sie wohl nach dem Vorbild der lat. Dichtung *Gaude, sancta Clara* in eigenständiger Weise verfasst hat: SETON, A German Metrical Version, 386; OLIGER, Die Legende der hl. Klara, 181. Ebenso scheint Katharina das Gebet „Die sieben Freuden der heiligen Klara" (7FrKl) verfasst zu haben.

Name als jene auf, „die dieses Buch geschrieben hat". Wenn diese Vermutung richtig ist, dann ist die deutsche Klarisse eine Vorläuferin ihrer über hundert Jahre später in Perugia schreibenden italienischen Mitschwester Battista Alfani, die „gelehrt war im Wissen, Verstehen und Schreiben von Büchern"?[52] und die mit der Übersetzung des Heiligsprechungsprozesses und ihrem ausführlichen Klara-Leben eine ähnliche Sammlung von Klara-Quellen verfasst hat.[53]

4. „Der herr aller ding" – Omnium dominus: Zurück nach Assisi?

Einige Handschriften des *Sand Claren bvchs* bringen im dritten Teil auch eine Lese-Predigt über Klara unter dem Schriftwort: *Omnium dominus dilexit illam – Der Herr aller ding der hat sie lip gehabt ...* (Weish 8,3–4). Der Traktat greift das im *Sand Claren bvch* dargestellte Klara-Leben in Form einer lehrhaften biblischen Betrachtung auf, übernimmt auch alle Elemente des Sonderguts und verwebt sie unter dem Leitfaden des Titels mit Worten der Heiligen Schrift. Auch das Speisewunder für die kranke Serviziale wird als Beispiel für den „Frieden" erzählt, den Klara durch ihre barmherzige Liebe und durch ihr mitfühlendes Gebet für die Schwestern in sich trug (HaD 6).[54]

> *¹Es geschah aber einmal, dass die demütige Dienerin, die heilige Klara, sich um eine Dienstschwester[55] kümmerte, die in ihrem Kloster krank war. ²Diese kranke Frau gelüstete nach zwei besonderen Früchten, von denen sie sagte, sie befänden sich im Tal des Topino und zu Nocera, die aber weder im Kloster noch in der Stadt zu bekommen waren.*

---

52 Memoriale di Monteluce. Cronaca del monastero delle clarisse di Perugia dal 1448 al 1838, a cura di Chiara Augusta LAINATI. S. Maria degli Angeli 1983, 124.

53 Vgl. BOCCALI in: ALFANI, Vita et leggenda, 26.

54 Text: KLAMMER, Der herr aller ding, 92.

55 Mhd. *serviczialen*; Cod. ms. 136: *serviciali*; der Ausdruck *serviziale* findet sich schon in ProKl II 3,12 (III 9,24; VI 2,9; X 6,16) und bezeichnet eine zum Außendienst bestellte Schwester. Klara selbst vermeidet diesen Begriff in ihrer Ordensregel und spricht von „Schwestern, die außerhalb des Klosters dienen": KlReg 2,21; 3,10; 5,1; 9,11; GRAU / SCHLOSSER, Leben und Schriften der hl. Klara, 227–293.

Weil der Traktat *Der herr aller ding* dem *Sand Claren bvch* sehr ähnlich ist, wurde vermutet, dass beide aus derselben Hand stammten.[56] Der Germanist und Mystik-Forscher Kurt Ruh hatte aber schon 1983 auf eine lateinische Vorlage für den Traktat *Der herr aller ding* in einer Sammelhandschrift franziskanischen Ursprungs hingewiesen.[57] Innerhalb des Abschnittes über Heilige und Herrenfeste findet sich eine Klara-Predigt zum Thema: *Omnium dominus dilexit eam.* Ihr Inhalt entspricht genau, wenn auch in wesentlich knapperer Form, dem mittelhochdeutschen Traktat *Der herr aller ding der hat si lip gehabt.* Sie enthält fast alle Elemente des Sonderguts, das der Traktat mit dem St. Klara-Buch teilt, ebenso die Vision vom Kind und den Flügeln sowie Klaras Wunsch nach dem Martyrium aus dem Heiligsprechungsprozess.[58] Auch die Geschichte der kranken Servizialin wird erzählt (fol. 121vb):

[100]*Cum quodam tempore, hec sancta virgo uni infirme serviciali ministraret, et ipsa trutas et focacias affectaret commedere, que, nec in claustro, nec in illa haberi poterant civitate,* [101]*sic fidelis infirmaria Clara, solito more compassione mota, suum precibus invocavit Dominum pro inplendo sue egritudinis appetitum.* [102]*Et ecce continuo iuvenis pulcherrimus ad portam, afferens trutas et focacias, misit eam per portariam beate Clare.* [103]*Ipse vero unde venerat, vel quo recessit, a nullo penitus est perceptum.*

[100]Als einmal diese heilige Jungfrau eine kranke Dienstschwester betreute, gelüstete dieser danach, Forellen und Gebäck zu essen, die weder im Kloster noch in der Stadt zu erhalten waren. [101]Da rief die treue Krankenpflegerin Klara, die wie gewöhnlich von Mitleid bewegt war, mit Gebeten ihren Herrn an, er möge das Verlangen ihrer Krankheit erfüllen. [102]Und siehe, sogleich brachte ein überaus schöner junger Mann Forellen und Gebäck an die Pforte und schickt sie durch die Pförtnerin der seligen Klara. [103]Woher aber dieser kam oder wohin er dann wegging, wurde von niemandem in irgendeiner Weise wahrgenommen.

Wie die Münchener Handschrift aus dem 15. Jahrhundert[59] so liest auch dieser Codex italienisierend *trutas et focacias.*[60] Auch sonst weisen Schrift, Tinte und einige Schreibungen

---

56 RUH, Kurt: Das ‚St. Klara-Buch'. In: WiWei 46 (1983) 192–206, hier 200f.

57 München – Universitätsbibliothek, 2 Cod. ms. 136, fol. 121ra-122ra; ediert von BOCCALI, Giovanni: Il sermone su S. Chiara *Omnium Dominus dilexit eam.* In: StFr 108 (2011) 209–281; Text: 225–238.

58 HaD 6–8; 11–12; KlB 3; 5–6; 8; 10–11; 20.

59 Clm 23846: BOCCALI, Chiara sotto processo, 322.

60 Die Glosse am rechten Rand erklärt fälschlich: *id est duo genera pissium* – „das sind zwei Arten von Fischen". Der deutsche Traktat und das Klara-Buch sprechen hingegen, vielleicht weil *tructus* als *fructus* gelesen wird, von *zweyerlei frucht* (HaD 6,2; KlB 8,2).

jenes Teiles der schwer leserlichen Handschrift, der die Predigt enthält, auf eine Entstehung um die Mitte des 14. Jahrhunderts in Italien hin. Die Handschrift stellt somit ein Zeugnis für eine lateinische Vorlage des Sonderguts dar, deren Spuren in das Ursprungsland Italien führen. Ob der anonyme Schreiber dieser Predigt dem deutschen Beichtvater im Sacro Convento namens Petrus, der dieselbe Erzählung aufschreibt, die Hand gereicht hat, bleibt eine ebenso spannende wie gewagte Hypothese.

5. Zusammenfassung

1) Um die Mitte des 14. Jahrhunderts sind Informationen aus der lateinischen Version des Heiligsprechungsprozesses im deutschen Sprachraum bekannt.

2) Zusätzlich tauchen andere Erzählungen auf, die in ihrer Einfachheit jenen aus dem Prozess ähnlich sind und in den offiziellen Legenden fehlen.

3) Eine davon, das Speisewunder für die kranke Schwester, wird um die Mitte des 13. Jahrhunderts sowohl in Umbrien als auch in Bayern bezeugt.

4) Über die vier Briefe Klaras an Agnes, die in der romanischen Überlieferung vollständig fehlen, und das Leben der Agnes von Prag, das sich in Italien erst bei Bartholomäus von Pisa findet, führt eine Spur nach Böhmen.

5) Eine Frage wirft das Leben der Agnes von Assisi auf, das im 14. Jahrhundert nur in der „Chronik der 24 Generalminister" überliefert ist, die aber mit ihrer Abfassungszeit zwischen 1366-1375 kaum als direkte Quelle in Frage kommt.[61]

6) Eine wichtige Franziskus-Schrift für Klara und ihre Schwestern, das Lied *Audite poverelle* (MahnKl), das nur indirekt in den Sammlungen der *Legenda antiqua* (Per, SP) bekannt war, wurde erst 1976 in originaler altitalienischer Abschrift gefunden. Vielleicht berechtigen dann auch die indirekten, aber klar angedeuteten Elemente

---

61 In Assisi wird allerdings für das Jahr 1356 ein Lektor im Sacro Convento namens „Arnaldus" dokumentiert: Cenci, Documentazione di vita assisina I, 120f.; ODOARDI, Giovanni: Arnaldo di Sarrant e i richiami spirituali delle sue opere. In: Mistici Francescani II. Milano 1997, 1089–1110, hier 1089. Falls dies tatsächlich Arnald von Sarrant sein sollte, dann wäre eine Verbindung zur deutschsprachigen Agnes-Vita denkbar; DOLSO, Maria T.: La *Chronica XXIV Generalium*. Il difficile percorso dell'unità nella storia francescana. Padova 2003, 45 Anm. 73, hält jedoch die Identifizierung mit Arnald von Sarrant für unbegründet.

des Heiligsprechungsprozesses im deutschsprachigen Raum zur Hoffnung, dass die lateinische Vorlage oder gar eine Originalabschrift der Prozessakten noch existiert und eines Tages auftaucht.

6. Versuche des Lebens aus dem Geist der heiligen Klara mitten in Graz – das von 1602 bis 1782 bestehende Klarissenkloster von Graz

Paul Zahner OFM

Der heutige Staat Österreich hat eine alte Tradition an Klarissenklöstern.[1] Schon zu Lebzeiten der heiligen Klara lebte eine Beginengemeinschaft in Judenburg (Steiermark), die um 1253, also um das Todesjahr Klaras, den Geist der heiligen Klara annahm und so zu einem Klara-Kloster wurde. Der Geist der Lebensform Klaras soll dabei von Sr. Benedicta und einer Mitschwester direkt aus dem Ursprungskloster San Damiano nach Judenburg gebracht worden sein.[2] Die Klara-Tradition existiert also in einem österreichischen Kloster etwa seit dem Todesjahr der heiligen Klara, möglicherweise sogar durch zwei Mitschwestern Klaras in San Damiano direkt vermittelt. Interessanterweise gibt es dabei auch in einer Grazer Handschrift (Universitätsbibliothek Graz HS 960) sogar die Tradition, dass die heilige Klara selbst einen Brief nach Judenburg gesendet hätte, der aber leider verloren gegangen ist und bisher nicht beachtet wurde. Die Klarissentradition blühte in Österreich und den es umgebenden Ländern (ohne Ungarn und Kroatien) jahrhunderte lang in der Zeit der Monarchie. Vor Kaiser Joseph II. wird von sieben aufgelösten Klarissenklöstern berichtet. Unter Joseph II. wurden durch das Klosteraufhebungsdekret vom 12. Januar

---

1 Vgl. dazu die kurze, in Graz liegende, gedruckte Zusammenstellung: NOTHEGGER, Florentin: Klarissen in Österreich. Graz 1970. Ihr entnehme ich einige von ihm zusammengestellten Grundaussagen. Sonst liegen nur einzelne ältere oder neuere Aufsätze zu einzelnen Klarissenklöstern in Österreich vor, etwa über die vier damaligen Klarissenklöster in: HERZOG, Placidus: Cosmographia Franciscano-Austriacae provinciae Sancti Bernardini Senensis. Köln 1740, 701–794 (eine Teiledition davon durch Eusebius FERMENDZIN, in: AF I, 204–213).

2 Nach den Angaben von HERZOG: AF I, 204. Ein äußerst eindrückliches, ja geradezu faszinierendes Zeugnis der frühen klarianischen Tradition im Klarissenkloster Judenburg gibt die Abschrift der Exemtionsbulle des Klosters San Damiano in Assisi durch Gregor IX. in seinem Brief „Religiosam vitam eligentibus", die in einem Brief des Kardinalprotektors Rainald von Jenne aus dem Jahre 1254 zitiert wird und vermutlich als Information der Regelungen in San Damiano an das Kloster in Judenburg durch die zwei genannten Schwestern aus Assisi weitergegeben worden ist. Vgl. dazu die Edition der Quelle: BOCCALI, Giovanni: Alcuni nuovi documenti su Santa Chiara di Assisi e le Clarisse. In: Frate Francesco [= FraFra] 77 (2011) 279–300, Edition: 288–292; deutsche Übersetzung und und Einleitung durch Niklaus KUSTER: Gregor IX., Brief „Religiosam vitam eligentibus" (1229) [1 GregKl]. In: SCHNEIDER, Johannes / ZAHNER, Paul (Hg.): Klara-Quellen. Die Schriften der heiligen Klara. Zeugnisse zu ihrem Leben und ihrer Wirkungsgeschichte. Kevelaer 2013 (Zeugnisse des 13. und 14. Jahrhunderts zur Franziskanischen Bewegung, 2) 373–378. Diese Exemtionsbulle für San Damiano war bis zur Auffindung der Bulle im Landesarchiv von Graz unbekannt, wenn ihre Existenz auch selbstverständlich angenommen worden ist.

1782 insgesamt 19 Klarissenklöster im Kaiserreich (ohne Ungarn und Kroatien) aufge-
löst. Bald danach wurden zwei weitere aufgelöst, so dass nur das Klarissenkloster Brixen
Bestand hatte (neben den Klöstern Spalato, Alt-Sandec und der späteren Neugründung
Taisten). Erst im 20. Jahrhundert wurde das heute wieder aufgelöste Klarissenkloster in
Pupping gegründet und 1964 eines in Maria Enzersdorf bei Wien. Seit 1898 gibt es auch
ein Anbetungs-Kloster der kontemplativen Franziskanerinnen der ewigen Anbetung in
Wien, ein Kloster der Kapuzinerinnen von der ewigen Anbetung in der Loretostrasse
in Salzburg und in neuerer Zeit die Schwestern der heiligen Klara im Vorarlberg und in
Süddeutschland.[3]

Wir wollen uns aber nicht der sehr interessanten Geschichte der Klara-Schwestern in
Österreich widmen, sondern möchten nur die Entstehung, die Geschichte und Geistigkeit
des Klarissenklosters in Graz genauer ansehen.

1. Die Entstehung der Klarissengemeinschaft in Graz

Als die Franziskaner-Observanten im Jahre 1515 das Minoritenkloster in Graz übernahmen und die Minoriten einige Zeit später auf der anderen Murseite ein neues Kloster
gründeten, gab es in Graz keine Klarissen. Doch der Einfluss des Franziskanerordens
und ihrer heute drei großen Ordenszweige (die Kapuziner kamen erst im 16. Jahrhundert dazu) war in Graz offensichtlich groß. Als die Reformation in der Steiermark Fuß
fasste, gründeten die Evangelischen – nach der Grazer Pazifikation 1572, d.h. nach der
Abmachung, dass niemand durch die Religionsausübung in einer der beiden christlichen
Konfessionen Nachteile erleiden müsste – in der Stadt Graz mit Unterstützung der eine
Zeit lang reformiert gewordenen Eggenberger eine bedeutende Schule im so genannten
„Eggenberger Stift"[4], die einen großen Einfluss auf das Land zu nehmen begann und der

---

3   Allgemeine Informationen über die Klarissen im deutschsprachigen Raum heute gibt die Homepage: www.klarissen.
    net (eingesehen am 8.1.2011).
4   Um 1411 entstand der Paradeishof (zu ihm führt die heutige Paradeisgasse) anstatt der mittelalterlichen Spitalstiftung
    der Eggenberger und wurde als „Eggenberger Stift" bezeichnet. Dieses Stift wurde 1568 von den Eggenbergern an die
    steirischen Landstände verkauft, die die Gebäude den Protestanten für ihre Stiftsschule zur Verfügung stellten. Die
    vor 1486 fertiggestellte Allerheiligenkapelle wurde dabei von den Evangelischen ausgebaut und als protestantische
    Kirche eingerichtet (vgl. die genaueren Angaben in: RESCH, Wiltraud (Hg.): Die Kunstdenkmäler der Stadt Graz.

evangelischen Kirche eine zunehmende Kraft gab. Der bekannteste Lehrer dieser Schule war Johannes Kepler, dessen Name bis heute in gebildeten Kreisen mit Graz in Verbindung gebracht wird.[5] Führende Kreise der Steiermark und die Vertreter der katholischen Kirche versuchten zunehmend die Reformation zu bekämpfen und die katholische Kirche äußerlich und innerlich in einer Gegenreformation wieder zu erneuern. So hob Erzherzog Ferdinand von der Steiermark am 28. September 1598 die Schule und die evangelische Kirche mitten in der Stadt Graz auf und vermochte so den zunehmenden Einfluss der evangelischen Kirche vor Ort stark einzudämmen. So standen die Gebäude und die so genannte Allerheiligenkirche, die der Steirischen Landschaft gehörten, einige Zeit leer.[6] Auch wurden ab den 1570er Jahren Jesuiten und Kapuziner nach Graz gerufen, die von katholischer Seite her die Kirche erneuern helfen sollten. Ab 1580 residierte auch der Nuntius für Innerösterreich, Tirol und Bayern bis 1622 in Graz.[7]

Im Jahre 1602 wollte Erzherzogin Maria in Graz ein Klarissenkloster errichten, damit vermutlich durch das Gebet und durch das Dasein der Klarissen die katholische Kirche in Graz und in der Steiermark innerlich wieder gestärkt werden konnte. H. P. Naschenweng bezeichnet die Erzherzogin Maria als „die Seele der katholischen Gegenreformation in Innerösterreich"[8]. Sie stammte selbst aus Bayern, ihr Vater war gegen die Protestanten in Bayern vorgegangen und einer ihrer Brüder war gleichzeitig Bischof von fünf heute deutschen Bistümern, was allerdings als Verantwortung eines Bischofs für mehrere Diözesen den Beschlüssen des Konzils von Trient widersprach. Die Erzherzogin Maria kannte per-

---

Die Profanbauten des I. Bezirkes: Altstadt. Wien 1997 (Österreichische Kunsttopographie, LIII) 310, 408–411). Vgl. zum Ganzen auch: ZWINGLER, Irene E.: Das Klarissenkloster bei St. Jakob am Anger zu München. Das Angerkloster unter der Reform des Franziskanerordens im Zeitalter des Dreißigjährigen Krieges. München 2009, 141–145.

5 Vgl. SUTTER, Berthold: Johannes Kepler zwischen lutherischer Orthodoxie und katholischer Gegenreformation. In: DOLINAR, France M. u. a. (Hg.): Katholische Reform und Gegenreformation in Innerösterreich 1564–1619. Klagenfurt u.a. 1994, 459–487.

6 Grundlegende Informationen über die Gründung des Grazer Klarissenklosters und seiner Geschichte sind der neuesten Studie entnommen: NASCHENWENG, Hannes P.: Kloster und Konvent der Klarissen in Graz 1602–1782. In: Historisches Jahrbuch der Stadt Graz, Band 29/30. Graz 2000, 187–225. Vgl. auch den Artikel „Klarissinnenkirche" in: KOHLBACH, Rochus: Die barocken Kirchen von Graz. Graz 1951, 7–24. Zu verweisen sei hier für Graz – neben HERZOG, Cosmographia Franciscano-Austriacae 742–770 – auch auf den folgenden unveröffentlichten Geschichtsrückblick: MAYR, Cherubinus: Chronologia Provinciae Aleman. sive Argentinae. Conscripta usque ad Annum 1756 (Konventsarchiv Salzburg, Codex 6, S. 199–203).

7 RAINER, Johann: Die Grazer Nuntiatur 1580-1622. In: DOLINAR, Katholische Reform 289–294.

8 NASCHENWENG, Kloster und Konvent, 89f. Vgl. zur Geschichte von Erzherzogin Maria: KELLER, Katrin: Erzherzogin Maria von Innerösterreich (1551–1608). Wien – Köln – Weimar 2012, 85–94; dazu die Bilder 12, 13 und 14 aus dem Klarissenkloster Graz.

sönlich und schätzte das Münchner Klarissenkloster „am Anger" und wünschte darum, dass von dort her Klarissen nach Graz kämen, um hier ein neues Kloster zu gründen. So erhielt Erzherzogin Maria von den steiermärkischen Landständen auf ihre Bitte hin am 2. März 1602 die Schenkungsurkunde für das „Eggenberger Stiftshaus" (im Paradeis), in dem früher die evangelische Schule lag und das seit einiger Zeit leerstand.[9] Am 6. Juli 1602 erlaubte Papst Clemens VIII. die Gründung des Klarissenklosters in Graz. Nachdem auch Kaiser Rudolph II. seine Erlaubnis erteilt hatte, konnte Erzherzogin Maria mit ihrem Sohn Ferdinand am 1. Juli 1603 die feierliche Gründungsurkunde zur Errichtung des Klarissenklosters ausstellen. Auch gab sie selbst dem Kloster jährliche Einkünfte und Dotationen, der den finanziellen Bestand des Klosters schützen sollte, aber natürlich nicht dem Uranliegen der Armutssicht Klaras entsprach. Die Nonnen, die nie weniger als 36 sein sollten, verpflichteten sich zum Gebet für Erzherzogin und Erzherzog und sollten auch dafür beten, dass „diese Provinzen von der Türkenmacht frei bleiben".[10] Hinter der Gründung des Klarissenklosters stand also nicht nur die Absicht der Verstärkung der katholischen Reform und des katholischen Glaubens in der Steiermark, sondern auch der betende Versuch, die militärische Bedrohung durch die Türken einzudämmen. So trafen auf Einladung von Erzherzogin Maria am 10. November 1602 Maria Seeger als künftige Äbtissin und sechs Chorfrauen mit einer Laienschwester aus dem Klarissenkloster St. Jakob zu München in Graz ein.[11] Die frühere Schule und ihre Nebengebäude wurden umgebaut, ein dritter Stock wurde neu aufgesetzt, es wurden zwei Schlafsäle eingerichtet, ein neues Pumpwerk im Turm versorgte alle Stockwerke mit Wasser und neben der Äbtissinenwohnung wurden zwei Zimmer für die Erzherzogin eingerichtet, die selbst öfters im Kloster mitlebte. Auch der Chor der bisherigen evangelischen Kirche wurde erweitert und die Kirche wurde wiederum für den katholischen Gottesdienst eingerichtet.[12]

---

9   StLA (Steiermärkisches Landesarchiv), Laa. Urk. (Graz 2. März 1602).

10 Vgl. zum Ganzen NASCHENWENG, Kloster und Konvent, 90 und WEBERNIG, Evelyne: Der „Dreizehnjährige Türkenkrieg" (1593-1606) und seine Auswirkungen auf Kärnten. In: DOLINAR, Katholische Reform, 449–458. Die jahrhundertelange akute militärische Bedrohung der Steiermark durch die Türken wird dargestellt in: HEPPNER, Harald: Die Steiermark und die Militärgrenze in Kroatien. In: PICKL, Othmar (Hg.): 800 Jahre Steiermark und Österreich 1192-1992. Der Beitrag der Steiermark zu Österreichs Größe. Graz 1992 (Forschungen zur geschichtlichen Landeskunde der Steiermark, 35) 213–222.

11 Interessanterweise wurde im Jahre 1603 eine am Grazer Hof lebende Adelige, Anna Margareta Gräfin von Brandis, die von Erzherzogin Maria in das Angerkloster nach München geschickt worden war und dort Klarissin wurde, zur Äbtissin des Münchner Klarissenklosters gewählt. Dadurch war von ihrer Person her das neue Kloster in Graz ganz eng mit dem Klarissenkloster in München verbunden.

12 Vgl. dazu NASCHENWENG, Kloster und Konvent, 189.

Die Quellen im Archiv des Franziskanerklosters Graz berichten uns das interessante Detail,[13] dass 1602/03 vorgesehen wurde, dass die Klarissen des immer recht kleinen, aus dem 13. Jahrhundert stammenden Klosters Judenburg hätten in das neu errichtete Kloster Graz übersiedeln sollen, um die Zahl der Schwestern dort zu verstärken. Die Klarissen von Judenburg wehrten sich aber so sehr und heftig dagegen, dass diese Absicht nicht umgesetzt werden konnte.

2. Die Lebensweise der Schwestern im Klarissenkloster Graz

Die Gemeinschaft des neu gegründeten Klarissenklosters in Graz übernahm die Regel von Papst Urban aus dem Jahre 1263, die ein großer Teil der Klarissenklöster der damaligen Zeit hatten. Im Gegensatz zur Regel, die die heilige Klara selbst verfasst hatte und die im Jahre 1252 von Rainald, Bischof von Ostia und Velletri, und im Jahre 1253 auch von Papst Innozenz IV. für das Kloster San Damiano bestätigt wurde, ermöglichte die Urbanregel den Klarissengemeinschaften Besitztümer (Einkommen, Ländereien), aus denen die Schwestern leben konnten. Dadurch konnte allerdings die von Klara gewünschte Armut der Gemeinschaft nur schlecht gelebt werden.[14]

So sind uns interessante Zahlen überliefert, die belegen, dass die Klarissen in München um 1630 Vermögenswerte der Grazer Klarissen verwalteten und in München anlegten. Dabei wurden bei Geldübersendungen der Klarissen von München an die Klarissen von Graz das Franziskanerkloster in Salzburg, das der Straßburger Franziskanerprovinz ange-

---

13 ArchFranzKl Graz 129 S 2, 2412–2413. Dies berichtet auch HERZOG, Cosmographia Franciscano-Austriacae, 708f. Dabei zitiert er in deutsch genauere Angaben eines Manuskriptes, das unter anderem wünscht, dass die Klarissen von Judenburg gerne der österreichischen Franziskanerprovinz unterstehen möchte und nicht in die Verantwortung der Franziskanerprovinz Argentina kommen wollen, der das Klarissenkloster in Graz untersteht.

14 Neben dem aktuellen Aufsatz von Naschenweng ist noch auf die folgende Literatur zum Klarissenkloster Graz zu verweisen: GATZ, Johannes: Klarissenkloster St. Jakob am Anger in München. In: Bavaria Franciscana Antiqua (Ehemalige franziskanische Niederlassungen im heutigen Bayern). Kurze historische Beschreibungen mit Bildern, Bd. 3. München 1957, 243f.; NOTHEGGER, Florentin: Graz/Steiermark. Klarissen mit Franziskanerhospiz. In: GATZ, Johannes (Hg.): Alemania Franciscana Antiqua. Ehemalige franziskanische Männer- und Frauenklöster im Bereich der Oberdeutschen oder Strassburger Franziskaner-Provinz mit Ausnahme von Bayern. Kurze illustrierte Beschreibungen, Bd. 10. Ulm 1964, 94–103.

hörte, sozusagen als Umschlagsplatz verwendet.[15] Die finanziellen Kontakte zeigen auf jeden Fall die sehr enge Verbindung zwischen den Klarissenklöstern in München und in Graz.

Interessanterweise liegt in den Akten, die im ehemaligen Provinzarchiv der Franziskaner in Wien liegen, eine größere Zahl von Unterlagen aus dem Klarissenkloster Graz.[16] Diese wurden offensichtlich bei der zwangsweisen Auflösung des Konventes im 18. Jahrhundert der Wiener Franziskanerprovinz des heiligen Bernhardin von Siena übergeben, wo sie bis heute – kaum verwendet – aufbewahrt sind. Darunter ist auch das handgeschriebene Regelbuch des Klosters, das bald nach 1603 verfasst wurde.[17] Auf der einen Seite dieses Regelbuches steht der Text der Regel in feierlicher lateinischer Schrift, auf der anderen Seite eine deutsche Auslegung zum Regeltext als Verständnis- und Auslegungshilfe für die Gemeinschaft und für die einzelnen Schwestern. Der Regel folgen die Statuten der Gemeinschaft, die das Leben der Schwestern genauer regeln und erklären.

Interessant ist, dass das Klarissenkloster Graz mehrere feierliche, zum Singen verwendete liturgische Bücher hatte, die seit der Auflösung des Klosters im Franziskanerkloster Graz sind. Es sind äußerst gepflegte und feierlich geschriebene Antiphonarien, Graduale und Processionale. Diese stammen vorwiegend aus der 2. Hälfte des 15. Jahrhunderts und kommen vermutlich aus Süddeutschland.[18] Offensichtlich wurden diese heute sehr wertvollen Bücher von den Münchner Schwestern nach Graz mitgenommen oder sie wurden später von München nach Graz weitergegeben. Die liturgischen Bücher zeigen deutlich, welche Liturgie die Gemeinschaft in Graz gefeiert hat und welche wertvoll verfassten Bücher sie dafür verwendete.

---

15 Vgl. dazu ZWINGLER, Das Klarissenkloster, 804–806.

16 Einige sind aus ortshistorischen Gründen aber wieder ins steiermärkische Franziskanerkloster Graz zurückgeführt worden.

17 ProvArch Wien Schuba „neu" 40 (alt 33) Fasc. B Nr. 18+19.

18 Zu den Büchern vgl. LACKNER, Franz (Hg.): Katalog der mittelalterlichen Handschriften bis zum Ende des 16. Jahrhunderts in der Zentralbibliothek der Wiener Franziskanerprovinz in Graz. Wien 2006 (Veröffentlichung der Kommission für Schrift- und Buchwesen des Mittelalters, Reihe II, Bd. 9) 95–102, 108f. Vorwiegend aus den liturgischen Büchern des Franziskanerklosters Graz wurden von einer Choralschola des Instituts für Kirchenmusik und Orgel der Kunstuniversität Graz unter Leitung von Franz Karl Praßl auf dem Klara-Symposium 2010 in Graz Offizium und Messe zum Klarafest auf eine CD aufgenommen und liegt so vielleicht erstmals auch gesungen vor (FRANZISKANERKLOSTER GRAZ, Clarae Claritas. Offizium und Messe am Hochfest der heiligen Klara von Assisi aus dem Franziskanerkloster Graz. Franziskanerkloster Graz 2010). Erstmals wurden die klassischen liturgischen Texte über die hl. Klara auf lateinisch und in deutscher Übersetzung veröffentlicht in: LEHMANN, Leonhard / SCHNEIDER, Johannes: Die heilige Klara in Kult und Liturgie. Vena vivida – Lebendige Quelle. Texte zu Klara von Assisi und ihrer Bewegung II. Norderstedt 2010 (Werkstatt Franziskanische Forschung, 5).

3. Der Streit der Franziskanerbrüder um das Klarissenkloster Graz

Einen Aspekt der Geschichte des Klarissenklosters Graz möchte ich gerne genauer betrachten, nämlich sein Verhältnis zum Franziskanerorden. Ende 16., anfangs 17. Jahrhundert hat der Franziskanerorden im Zweig der Observanten verschiedene Reformen und Erneuerungen erlebt. Dies war übrigens auch die Zeit der Ausbreitung des Kapuzinerordens.[19] Das Klarissenkloster St. Jakob am Anger im München stand zur Zeit der Klostergründung in Graz in direktem Kontakt mit der Straßburger, der süddeutschen Observantenprovinz (Argentina). Um diesen gewohnten Kontakt weiter zu pflegen wünschten wohl Klarissen wie auch die Straßburger Franziskanerprovinz selbst, dass nach Graz Brüder dieser Provinz zum Dienst am Klarissenkloster (für Gottesdienste, Beichte, Predigten, Bettel, Bauarbeiten) gesendet würden. Es wurden darum nicht die Grazer Observanten im Murkloster, noch weniger die Minoriten auf der anderen Seite der Mur oder die erst gerade in Graz gegründeten Kapuziner für diese Dienste angefragt, sondern es wurde eine kleine Gemeinschaft von Brüdern aus der Straßburger Provinz direkt beim Klarissenkloster Graz neu angesiedelt. Damit war nicht die in Graz im Murkloster ansässige Wiener Franziskanerprovinz vom hl. Bernhardin von Siena, die 1451 vom hl. Johannes von Capestrano gegründet wurde, von Franziskanerseite für den Konvent zuständig, sondern die süddeutsche Observantenprovinz.[20] Innerhalb und zwischen den Observantenprovinzen kam es zu schwierigen Auseinandersetzungen, die dazu führten, dass im Jahre 1625 die bayerische Reformatenprovinz durch eine Bulle von Papst Urban VIII. gegründet wurde,[21] die sich so von den bisherigen Observanten der süddeutschen Provinz distanzierte. Auch wenn sonst die

---

19 Die Entstehung der Kapuziner beschreibt IRIARTE, Lazaro: Der Franziskusorden. Handbuch der franziskanischen Ordensgeschichte. Altötting 1984, 150–172. Das Grazer Kapuzinerkloster wird durch den hl. Laurentius von Brindisi 1600 begründet und der Grundstein des Antoniusklosters wird vom apostolischen Nuntius feierlich eingesegnet (KUSTER, Niklaus: Laurentius von Brindisi. Apostel auf den Straßen Europas. Kevelaer 2010, 51). Das Kapuzinerkloster Graz dient vor allem auch der Bekämpfung der Protestanten, deren Bücher vor dem künftigen Kloster im Auftrag des Erzherzogs auf einem Scheiterhaufen verbrannt worden sind.

20 Eine umfassende Darstellung der Reformbildungen innerhalb der Observanz (Diskalzeaten, Reformaten, Rekollekten) gibt HOLZAPFEL, Heribert: Handbuch der Geschichte des Franziskanerordens. Freiburg im Breisgau 1909, 323–352 und IRIARTE, Der Franziskusorden 133–143.

21 Vgl. zur ganzen Geschichte: LINS, Bernhardin: Geschichte der bayerischen Franziskanerprovinz zum hl. Antonius von Padua. Von ihrer Gründung bis zur Säkularisation 1620–1802. München 1926, 4–26; BAYERISCHE FRANZISKANERPROVINZ (Hg.): 1625-2010. Die bayerische Franziskanerprovinz. Von ihren Anfängen bis heute. München 2010, 10–15; ZWINGLER, Das Klarissenkloster, 240–247.

Klarissenklöster in der Ordenspolitik der Franziskaner wenig beachtet wurden, fällt auf, dass der Verlust der Observantenprovinz „Argentina" bezüglich der Verantwortung für das Klarissenkloster München gegenüber der bayerischen Reformatenprovinz, der im Jahre 1625 mit der Provinzgründung in Bayern geschah, sehr bedauert wurde. So gehörte das Klarissenkloster in München ab 1625 neu zur Verantwortung der Franziskaner-Reformatenprovinz in Bayern, während das Klarissenkloster in Graz, das Tochter-Kloster der Münchner Niederlassung, noch einige Zeit der Observantenprovinz „Argentina" unterstand. Die schweren Auseinandersetzungen um die Vorherrschaft über eine ganze Reihe von Franziskanerklöstern wurden als „reformatio Italica" oder als Galbiatische Reform bezeichnet.[22] Um diese schwer belastenden Probleme ausdiskutieren zu können, wurde vom portugiesischen Generalminister Bernardin a Sena für alle Provinziale aus dem deutsch-österreichischen Raum eine Zusammenkunft vom 23.–29. Oktober 1629 in Graz einberufen.[23] Von der Seite der Observanten nahmen die Provinziale der Oberdeutschen Provinz (Argentina), der Sächsischen Provinz (Saxonia), der Kölnischen Provinz (Colonia) und der Provinz Flanderns (Flandria) teil. Von den Reformaten kamen die Provinziale aus Bayern, Tirol, Böhmen, Bosnien, Kroatien, Krain und Ungarn nach Graz. Auch nahmen die beiden zuständigen Generalkommissare des Ordens daran teil. Sehr interessant ist dabei, dass sich die Provinziale der Observanten im Klarissenkloster Allerheiligen nieder ließen, während die Reformatenprovinziale nicht weit entfernt im Franziskanerkloster an der Mur wohnten. So entspann sich zwischen dem Klarissen- und dem Franziskanerkloster in Graz geradezu ein kleiner „brüderlicher" Krieg. Da die Meinungen wie franziskanisch gelebt werden sollte, so unterschiedlich waren, die Brüder einander im Gespräch leicht verletzen konnten und die Distanz zwischen den beiden Lebensformen der Franziskaner so groß war, trafen sich die beiden Parteien nicht, sondern verständigten sich nur schriftlich mit verschiedensten seitenlangen „Declarationes" ihrer eigenen Meinungen. Die Observanten wollten keine strengere Observanz der franziskanischen Regeln als sie bisher hatten, die Reformaten suchten eine tiefere Erneuerung ihrer franziskanischen Lebensform. Nach langem Hin und Her konnte der Streit aber nicht gelöst werden und ging nach der Gra-

---

22   Vgl. dazu ZWINGLER, Das Klarissenkloster, 241, mit genauen Angaben zur Quelle dieser Ausdrücke (ebd. Anm. 373f.).
23   Dies geschah durch die „Citatio Congregationem Graecem" des Generalministers vom 6. August 1629 (vgl. ebd. 242 Anm. 377).

zer Versammlung – falls man diesen Begriff dabei überhaupt verwenden kann – weiter. Erst die weitere päpstliche Besiegelung der Trennung der beiden Gruppierungen von Observanten und Reformaten im Jahre 1630[24] führte zu einem Frieden in Distanz. Die Reformaten der bayerischen Provinz wurden damit endgültig auch der cismontanen (italienischen) Familie des Franziskanerordens, die ihrer Auslegung der Ordensregel am nächsten stand, eingegliedert.

Dass die observanten Franziskaner bei der Versammlung von 1629 in Graz bei den Klarissen wohnten, zeigt, dass auch hier der Streit zwischen der Wiener Provinz und der süddeutschen Franziskanerprovinz weitergehen wird. Zunehmend versuchten die Grazer Franziskaner für die Klarissen auf der anderen Straßenseite zuständig zu werden, was von diesen empört zurückgewiesen wurde. Die Chronik des Franziskanerklosters Graz enthält wenigstens ab 1659 zahllose Zeugnisse dieser Streitigkeiten der Zuständigkeit einer der beiden Franziskanerprovinzen für die Klarissen in Graz. Dabei wurden auch dem Kaiser, Bischöfen, Kardinälen und dem Papst Briefe geschrieben, um für die je eigene Sicht eine Bestätigung zu bekommen. Erst im Jahre 1687 scheint das Problem dadurch gelöst zu sein, dass der Wiener Nuntius mitteilt, dass Papst Innozenz XI. dem kaiserlichen Ersuchen stattgegeben hätte, die Grazer Klarissen der Direktion der Grazer Franziskaner von der österreichischen Provinz zu unterstellen. Damit konnte oder musste der kleine Konvent der elsässischen Provinz beim Klarissenkloster Graz aufgelöst werden und die Brüder des Grazer Franziskanerklosters übernahmen ab spätestens 1688 die Begleitung des Klarissenkonventes.[25]

4. Heute erhaltene Kunstgegenstände aus dem Klarissenkloster Graz[26]

Ein sehr schönes heute noch eindrückliches Zeugnis des ehemaligen Klarissenklosters sind die von ihm erhaltenen Gegenstände, die bis in unsere Zeit Zeugnis von der Präsenz

---

24   Durch das päpstliche Breve „Pro perpetua separatione" vom 10. Januar 1630 (vgl. ebd. 247).

25   Vgl. dazu: Regestum Conventus Graecensis Ordinis (FF.) Minorum S. Francisci de observantia, Codex No.4, Catal. Pag. 354 (Archiv I/4), Regestum p. 22r–p. 54v; Archiv des Grazer Franziskanerklosters S 2, p. 129; vgl. zur Geschichte die Kurzdarstellung in Zwingler, Das Klarissenkloster, 199f.

26   Für das Zusammentragen der Unterlagen zu diesem Kapitel danke ich Mag. Gert Janusch (Graz), der eine Fülle weiterer, hier nicht genannter und teilweise auch nicht aufgefundener Kunstgegenstände aus dem Klarissenkloster

der Klarissen in Graz geben. Die Klosteraufhebungen durch Kaiser Joseph II. waren für die Ordensgemeinschaften sehr hart und griffen tief und stark verletzend in das kirchliche Leben ein. Doch war es nicht das Ziel des Kaisers alle Elemente des vor allem kontemplativen Ordenslebens zu zerstören, sondern er versuchte der Kirche eine neue pastorale und auch finanzielle Grundlage zu geben. Aus den verkauften Gütern der Klöster und anderer Kirchen wurde ein Religionsfonds gegründet, dessen Geld weiterhin für religiöse und kirchliche Angelegenheiten verwendet wurde. Aus diesem Grunde wurden auch die wichtigsten Gegenstände des Klarissenklosters von Graz erhalten, an anderen Orten neu aufbewahrt und wurden die Bilder und Altäre in anderen Kirchen wieder neu verwendet. So stehen diese religiösen Gegenstände bis heute teilweise im kirchlichen Dienst.

Hervorzuheben sind besonders die Bücher aus dem Klarissenkloster Graz, die das Franziskanerkloster übernehmen könnte. Darunter sind sehr wertvolle liturgische Bücher aus dem 15. Jahrhundert, die uns ein sehr wertvolles Zeugnis der feierlichen Liturgie der Klarissen geben. Auf genauere Angaben zu diesen Büchern möchte ich hier nur verweisen.[27] Die Bücher werden teilweise im Artikel von P. Irenäus beschrieben.

Ein großer Teil des Archivmaterials des Klarissenklosters Graz wurde der Wiener Franziskanerprovinz vom heiligen Bernhardin von Siena übergeben und liegt heute in Wien. So liegen in Wien etwa viele Briefe aus dem und an das Kloster Graz, ebenso kirchliche Bestimmungen und auch die Wahllisten für die Wahl der Äbtissinnen des Klarissenklosters. Ein kleinerer Teil ist auch im Franziskanerkloster von Graz vorhanden, das in seiner Chronik das Klarissenkloster bei Gelegenheit erwähnt. Auch hat das Diözesanarchiv verschiedenste Urkunden, die die Klarissen betreffen, etwa Beichtväterlisten, Informationen über verschiedene Stiftungen oder genauere Angaben zu Gottesdiensten.

Graz finden konnte. Für das auch abgebildete Vesperbild in der Jakobikapelle des Franziskanerklosters Graz, das möglicherweise aus dem Klarissenkloster stammt und das 1936 von Herrn Karl Müller, der am Ort des ehemaligen Klarissenklosters wohnte, dem Franziskanerkloster schenkte, sei auf den folgenden Aufsatz verwiesen: SCHWEIGERT, Horst: Ein „schönes Vesperbild" im Grazer Franziskanerkonvent (unter besonderer Berücksichtigung des Motivs der „Tüchlein-Geste" und der „Rise"). In: BRÄUER, Helmut / JARITZ, Gerhard / SONNLEITNER, Käthe (Hg.): Viatori per urbes castraque. Festschrift für Herwig Ebner zum 75. Geburtstag. Graz 2003, 611–623.

27 LACKNER, Katalog der mittelalterlichen Handschriften, 95–102, 108f. Einige Werke der Grazer Bibliothek stammen auch aus dem steiermärkischen Klarissenkloster Judenburg. Möglicherweise wird sogar in einer Wandzeichnung der zweiten Hälfte des 17. Jahrhunderts das heute zerstörte Klarissenkloster Judenburg in einem Zimmer dargestellt (vgl. HAAS-TRUMMER, Karin: Neuzeitliche „Graffitikunst" im Franziskanerkloster in Graz. In: INTERDISZIPLINÄRES KULTUR- UND FORSCHUNGSZENTRUM FRANZISKANERKLOSTER GRAZ [Hg.]: Einblicke in die Baugeschichte des alten Murklosters, Graz 2009 [Schriften des Interdisziplinären Forschungs- und Kulturzentrums Franziskanerkloster Graz, 1] 46).

Auch das steiermärkische Landesarchiv hat verschiedene Urkunden über die Klarissen in Graz und in der Steiermark.

Äußerst interessant sind die Bilder und Altäre, die aus dem Klarissenkloster erhalten sind. Im früheren Kapuzinerkloster Graz, hinter der Stelle, an der im Jahre 1600 etwa 10.000 protestantische Bücher und Schriften verbrannt worden sind und wo etwa in diesem Jahr die ersten Kapuziner in Österreich ansässig wurden, steht heute ein sehr interessantes Bild: das Bild „Alle Heiligen", also das Patronatsbild des Klarissenkonventes von Graz, das von Giovanni Pietro de Pomis um 1608 hergestellt wurde. In der Pfarrkirche von Nestelbach (Oststeiermark) steht als Hochaltar eine Arbeit des Bildhauers Johann Jacob Schoy aus dem ehemaligen Klarissenkloster. Die Kanzel dieser Pfarrkirche stammt ebenfalls aus dem ehemaligen Klarissenkloster und stellt die drei Tugenden Glaube, Hoffnung und Liebe dar. In der Mitte der Brüstung des Kanzelkorbes steht das Wappen der Klosterstifterin Erzherzogin Maria mit der Jahreszahl 1602. Auf dem Schalldeckel ist der in der Wiener Franziskanerprovinz beliebte Franziskanerheilige Bernardin von Siena dargestellt. Die Kanzel wurde vom Bildhauer Veit Königer hergestellt.

In der Welschen Kirche am Grazer Griesplatz eine Dreifaltigkeitsdarstellung, in der Filialkirche Allerheiligen in Graz, Baierdorf, eine Allerheiligendarstellung unter der Hl. Dreifaltigkeit und der Marienkrönung von Giovanni Pietro de Pomis um 1604.[28] In der alten Galerie des Joanneums im Schloss Eggenberg bei Graz, steht das Katharinenaltarblatt der Klarissenkirche mit den hl. Katharina, Barbara und anderen Märtyrerinnen und mit dem stigmatisierten Franziskus, der die Stifterin des Klosters geleitet. Auf einer Wolke darüber werden Maria mit dem Kinde und die hl. Klara dargestellt. In den Sammlungen der Alten Galerie des Joanneums findet sich eine Marienstatue unter dem Titel „Hausmutter" oder „B.V. ad Matrem Familias", die vermutlich um 1520/25 entstand und die Erzherzogin Maria dem Klarissenkloster schenkte. Diese soll die Marienstatue jeweils zu gebärenden Müttern getragen haben, die in schweren Geburtsnöten lagen, damit die Fürbitte Mariens

---

28 Es sei hier auf die sehr wichtigen Arbeiten des Giovanni Pietro de Pomis verwiesen, die dieser seit 1595 in und für Graz verfertigt hat. Am bekanntesten darunter ist das Gnadenbild der Minoritenkirche Mariahilf aus dem Jahre 1611. Offensichtlich verfertigte de Pomis sowohl für Minoriten, wie auch für die den Münchner Franziskanern („Observanten") nahe stehenden Klarissen von Graz, wie auch für die Kapuziner im neu gegründeten Grazer Kloster Kunstgegenstände. Auch gestaltete er im Jahre 1614 das Mausoleum in Graz (neben dem heutigen Dom): vgl. dazu STRAHALM, Werner W. / LAUKHARDT, Peter: Graz. Eine Stadtgeschichte. Graz ⁶2008, 121–127; SZITH, Richard: 400 Jahre Wallfahrtskirche und Minoritenkonvent Mariahilf in Graz. 1611-2011. Festschrift. Graz 2011, 17–19.

ihnen eine gute Geburt schenken konnte. Diese Statue des Klarissenklosters diente damit sozusagen der glaubenden Sorge für gebärende Mütter.[29]

Schließlich sei noch auf den Sarkophag und die Grabplatte aus dem Klarissenkloster verwiesen. Der aus Rotmarmor hergestellte Doppelsarkophag für die Gründerin der Klarissenklosters Graz, Erzherzogin Maria von Bayern und ihren Mann Erzherzog Karl II. wurde auf Wunsch der verstorbenen Gründerin im Kirchengewölbe der Klarissenkirche beim Durchgang zur Klausur aufgestellt. Durch die Auflösung des Klosters und durch den Abbruch der Klosterkirche musste der Sarkophag in das Mausoleum neben der Katharinenkirche beim Grazer Dom übertragen werden, wo er noch heute steht. Auch ist die Grabplatte der im Jahre 1637 verstorbenen ersten Äbtissin Maria Seeger, die in der Klosterkirche bestattet wurde, heute noch im Arkadengang des Joanneums in der Raubergasse zu sehen. Die Grabnischenplatte trägt ein großes Kreuz, unter dem ein Totenkopf liegt.[30]

5. Die Aufhebung des Klarissenklosters Graz

Vor allem die beschaulichen Klöster, teilweise aber auch aktive Ordensgemeinschaften, erlebten im so genannten Josefinismus schwerste Anfechtungen. Die meisten kontemplativen Klöster wurden in dieser Zeit aufgelöst. So auch die vier in Österreich liegenden bedeutenden Klarissenklöster in Judenburg, Graz und zwei Klöster in Wien. Kaiser Joseph II. versuchte mit seiner Kirchenreform, die heute als Josefinismus bezeichnet wird, die Kirche in Österreich pastoral zu erneuern, in dem er von jedem Ort des Landes aus eine Pfarrkirche in der Nähe haben wollte, die von den Menschen am Sonntag leicht besucht werden konnte und die so den Menschen pastoral sehr dienlich sein sollten. Wo mehrere Kirchen zu nahe zusammen standen, wie das ja durch verschiedenste bauliche Gründe öfters geschieht, wurde ein Teil dieser Kirchen aufgelöst und die Güter und künstlerischen Werte

---

29 Vgl. zum Ganzen Zwingler, Das Klarissenkloster, 194f., auch Anm. 15. Dort und an folgender Stelle ist die Madonna auch dargestellt: Biedermann, Gottfried: Katalog. Alte Galerie am Landesmuseum Joanneum: Mittelalterliche Kunst. Tafelwerke – Schreinaltäre – Skulpturen. Mit Beitrag zum technischen Aufbau der Kunstwerke von G. Diem. Graz 1982 (Joannea V) 283 mit Abbildung Nr. 219; vgl. Naschenweng, Hannes P.: Madonna aus dem Grazer Klarissenkloster in der Alten Galerie. In: Joanneum Aktuell Nr. 2 (2002) 5.

30 Vgl. dazu das Bild von und die Beschreibung der Grabplatte bei: Naschenweng, Kloster und Konvent, 206f., v. a. Anm. 43.

dieser Kirchen wurden zum Bau anderer Kirchen oder kirchlichen Einrichtungen verwendet. Das Geld wurde so im Josefinismus also nutzbringend und auch direkt kirchlich eingesetzt. Im Umfeld des Franziskanerordens wurden etwa die Franziskanische Laiengemeinschaft, der Dritte Orden, und verschiedene franziskanische Bruderschaften aufgelöst. Auch die recht verbreiteten Klosterkerker wurden visitiert und verboten, ebenso die verbreiteten Klosterstudien. Auch wurden den Ordensgemeinschaften regelmäßige Sammlungen, das heißt das Betteln unter der Bevölkerung verboten, wie das damals gerade im Franziskanerorden sehr üblich war. Auch wurde die Wiener Franziskanerprovinz vom Staat her aufgeteilt, so dass sich ab 1785 die steirischen Klöster der Krainer Franziskanerprovinz anschließen mussten. Ordenshäuser, die eine Pfarrei leiteten, die eine Schule, ein Spital oder Kostkinder hatten, die also schulische oder pastorale Aufgaben zu versehen hatten, konnten erhalten bleiben. So überlebten viele Franziskanerklöster den Josefinismus. Alle anderen Klöster, vor allem die kontemplativen, wurden aufgelöst und die Mitglieder etwa der Klarissenklöster wurden eingeladen, zu den aktiven Elisabethinen oder Ursulinen in Graz überzutreten, oder – falls sie das nicht wollten – den Orden ganz zu verlassen. Bei den kontemplativen Klarissenklöstern in Wien und in der Steiermark nützten die Versuche einer sofort beginnenden direkten und aktiven Tätigkeit für die Menschen nichts mehr. Mit dem Klosteraufhebedekret vom 12. Januar 1782 befahl Kaiser Joseph II., dass diese Klöster aufgehoben werden müssten. Dabei wurden für die einzelnen Schwestern genaue Bestimmungen erlassen, damit diese Geld und Unterstützung bekamen, wenn sie das Kloster verließen und so persönlich auf jeden Fall weiterleben konnten.[31]

Nach Beschreibung von P. Herzog[32] besaß das Klarissenkloster Graz zwei große Schlafsäle für 50 und mehr Schwestern, einen für die wärmere und einen für die kältere Jahreszeit. Vorhanden waren Noviziatsräume, Bibliothek, Apotheke und Arbeits- und Lagerräume. Mittels eines Wasserrades, das mit der Mur verbunden war, wurde ein klosterinternes Wassersystem gespeist und im Klosterbereich existierten verschiedene Springbrunnen. Das Wassersystem wurde zu Beginn der Eröffnung des Klarissenklosters von einem aus

---

31   Vgl. zum Ganzen mit ausführlicheren Beschreibungen der Details: Raber, Ludwig: Die österreichischen Franziskaner im Josefinismus. Maria Enzersdorf 1983, bezüglich der Aufhebung der Klarissen: 26–35; Wolf, Adam: Die Aufhebung der Klöster in Innerösterreich 1782-1790. Ein Beitrag zur Geschichte Kaiser Joseph's II. Wien 1871, 64f.
32   Die genaueren Informationen zu dieser Angabe Herzogs von 1740 formuliert Naschenweng, Kloster und Konvent, 202, zusammenfassend.

München gekommenen Wassermeister eingerichtet.[33] Die Kirche hatte fünf Altäre und drei Glocken in zwei Türmen, ebenfalls eine heilige Stiege, auf der die Klarissen betend und betrachtend aufsteigen konnten.

Durch die Auflösung des Klosters mussten 1782 all diese Gebäulichkeiten aufgegeben werden. Auch das Bargeld und die liegenden Güter des Klosters mussten dem Staat übergeben werden, der sie teilweise für den Lebensunterhalt der Schwestern oder für andere kirchliche Zwecke einsetzte. Das Kloster hatte zur Zeit der Auflösung 26 Chorfrauen und 10 Laienschwestern. Am 21. Juni 1782 mussten alle Schwestern das Kloster verlassen und der Guardian des Franziskanerklosters Graz entnahm um 6.00 Uhr früh dem Tabernakel das Allerheiligste und feierte eine letzte Messe in der Klosterkirche. Dann wurde die Kirche zugesperrt und im kommenden Jahr exsekriert. Ein Grazer Kaufmann kaufte die Kirche, die dann abgebrochen und an deren Platz ein Wohnhaus gebaut wurde. Auch das Klostergebäude wurde verkauft und säkular weitergenutzt.[34]

6. Abschließende Gedanken zum Klarissenkloster Graz

Seit mehr als 200 Jahren hat Graz kein Klarissenkloster mehr. Und kaum jemand weiß, dass es hier je einmal ein Klarissenkloster gab. In Österreich gibt es seither keine oder in neuerer Zeit im 20. und 21. Jahrhundert fast keine Klarissen mehr. Ist damit das Charisma der heiligen Klara bei uns in Graz und in Österreich überhaupt nicht mehr aktuell? Ist Klara nicht mehr bei uns präsent? In verschiedensten Kirchen und Museen in und um Graz gibt es Kunstgegenstände aus dem ehemaligen Klarissenkloster. Wir haben in Graz und Wien größere Archive aus der Beständen der Klarissen von Graz. Unser Franziskanerkloster Graz hat aus den 80er Jahren des 20. Jahrhunderts ein sehr schönes Klara-Fenster, das die Benediktinerin Sr. Basilia Gürth (Kloster Bertholdstein) zusammengestellt und hergestellt hat.[35] Darauf sind auch einige Klarissen abgebildet. Ganz neu hat

---

33 Das Klarissenkloster baute eigens den „Kotmur" genannten Murarm als Kanal im Dienste des Klosters aus. Dies führte zu einer für die damalige Zeit äußerst breiten und noblen Verwendung von Wasser im Kloster.

34 Die Informationen zu diesen letzten Abschnitten stammen aus: NASCHENWENG, Kloster und Konvent, 202–205 und 214–218.

35 Die Abbildung dieser als Titelbild des Symposiumsbandes teilweise verwendeten Darstellung ist als ganzes Fenster sichtbar in: FRANZISKANERKONVENT GRAZ (Hg.), Franziskanerkirche Graz. Kloster- und Kirchenbegleiter. Graz

die Choralschola für Kirchenmusik und Orgel der Kunstuniversität Graz Offizium und Festmesse des Klara-Festes aus den alten liturgischen Büchern des Franziskanerkonventes Graz aufgenommen. Auf die Einladung des Franziskanerklosters Graz hat sich 2010 auch das Klara-Symposium versammelt, um wissenschaftlich, liturgisch und musikalisch der heiligen Klara von Assisi zu gedenken. Vielleicht sind es nur kleine Samenkörner, die die heilige Klara seit achthundert Jahren, seit 1211, der Geschichte ihres Lebens und ihrer Gemeinschaft ausgesät haben. Diese Samenkörner wollen klein sein, um auf den von Klara so sehr verehrten klein gewordenen Gott in Jesus Christus zu verweisen. Vielleicht ist aber gerade diese unscheinbare Kleinheit Zentrum und Wesen der Berufung Klaras. Nur wer Klara und ihre Geistigkeit im Verborgenen sucht, kann sie wirklich finden. Wer die kleine und bei uns wenig verbreitete Klara achtet, entdeckt in ihr eine eindrückliche und ergreifende Tiefe.

1. Lage des Klarissenklosters im heutigen Graz mit Bild aus dem Buch von P. Herzog um 1740 (Zusammenstellung durch G. Janusch)

2008, 38, vgl. auch S. 34 das Klara-Fensterbild von Franz Felfer in der Klosterkirche Graz aus den Jahren 1960/62. Genauere Angaben zu den Glasfenstern, auch im Franziskanerkloster Graz, gibt: NEWZELLA, Elisabeth: Mit Schleier und Palette. Porträt der Altäbtissin Basilia Gürth OSB. Gnas 2008, 38-40, 79.

2. Die Klostergründerin Erzherzogin Maria zwischen Franziskus und Klara auf dem Klarissenkloster-Altarbild des Pietro de Pomis um 1608 (heute in der Kirche des ehemaligen Kapuzinerklosters Graz)

3. In der Pfarrkirche Nestelbach stehende Kanzel des Klarissenklosters Graz, die 1764 von Veit Königer geschaffen wurde: am Schalldach der hl. Bernhardin von Siena und das IHS, am Brüstungskorb das Wappenschild der Gründerin, der Erzherzogin Maria

4. Vesperbild von 1410/20 aus der Jakobikapelle des Franziskanerklosters Graz, das aus dem Klarissenkloster Graz stammen könnte

7. Gottessehnsucht – Konzepte weiblicher Spiritualität im 13. Jahrhundert und heute

Theresia Heimerl

1. Einleitung

Man kennt die Klage: Frauen sind in der katholischen Kirche und Theologie in der Tradition und bis heute nur allzu oft „mitgemeint" heißt es, man weiß um ihre Relevanz – von der freiwilligen Pfarrarbeit bis zu diversen Gremien – aber man nennt sie nicht. Oder aber sie sind explizit ausgeschlossen, von Weiheämtern etwa und bis vor wenigen Jahrzehnten aus der akademischen Theologie. Es gibt allerdings einen Bereich, in dem es vor allem Frauen zu geben scheint, ja in dem die Männer als Männer nicht einmal namentlich aufscheinen. Es ist dies die Mystik. In jedem Bibliothekskatalog, ja sogar im Internet in der Google-Suchmaschine finden sich unzählige Einträge zur „Frauenmystik", doch nur ein einziger zum Stichwort „Männermystik".

Ist Mystik also eine Frauendomäne – endlich etwas, das Frauen besser können und dürfen als Männer im religiösen Bereich?

Klara, der dieses Buch gewidmet ist, ist nur eine von vielen Frauen, die ab dem späten 12. und erst recht im 13. und 14. Jahrhundert sich auf eine intensive Suche nach Gott begeben, getrieben von einer unstillbaren Gottessehnsucht, wie man den sehr wissenschaftlich-abstrakten Begriff Mystik wohl am besten übersetzen kann. Dieser Beitrag will der Frage nachgehen, ob diese Gottessehnsucht ein Frauenphänomen ist, in dem es einige „Quotenmänner" wie Franziskus gibt, oder ob wir nur heute diese Frauen stärker wahrnehmen und daher gerne von „Frauenmystik", aber nicht von „Männermystik" sprechen? Ist es legitim, diese Frauen als Vertreterinnen einer weiblichen Spiritualität zu sehen, wie sie heute von vielen Frauen gesucht wird?

In einem ersten Schritt begeben wir uns auf einen Streifzug durch die mittelalterliche Frauenmystik, um zu sehen, was diese Frauen antreibt, und ob es Gemeinsamkeiten zwischen so unterschiedlichen Persönlichkeiten wie Klara, Mechthild von Magdeburg,

Marguerite Porete, Christina von Stommeln und vielen anderen gibt. Näher vorgestellt wird dabei vor allem eine Frau bzw. ihre Texte, die ein unvergleichlicher Beleg mittelalterlicher Gottessehnsucht sind: Mechthild von Magdeburg und ihr Buch „Das Fließendes Licht der Gottheit".

In einem zweiten Schritt soll nochmals eine Bestimmung des schillernden Begriffs der Frauenmystik versucht werden.

Und schließlich werden aktuelle Konzepte weiblicher Spiritualität im Vergleich zu jenen des Mittelalters vorgestellt und analysiert.

2. Die vielen Gesichter der Gottessehnsucht: Frauen des Mittelalters und ihre vita religiosa[1]

Während es in der ersten Hälfte des 12. Jahrhunderts noch Einzelerscheinungen wie Hildegard von Bingen sind, von deren besonderer Beziehung zu Gott wir wissen, formiert sich mit der Wende zum 13. Jahrhundert an mehreren Orten Europas gerade auch unter Frauen das Bedürfnis, ihr Leben ganz Gott zu widmen.

Sind es bis ins 12. Jahrhundert vor allem Frauen aus adeligen Familien, die ins Kloster eintreten oder auch von ihren Familien dort untergebracht werden, so kommt es ab dem Ende des 12. Jahrhundert zu einem regelrechten Ansturm von Frauen auf die Klöster, aber auch zu neuen Initiativen, wie der Gründung der ersten Beginenhäuser.[2] Die Beginen sind eine Sonderform weiblichen religiösen Lebens insbesondere in Nord- und Westeuropa, der in diesen Regionen viele Gott suchende Frauen angehören, auch so berühmte Mystikerinnen wie Mechthild von Magdeburg. Konkret handelt es sich um Frauen, die nach den evangelischen Räten der Armut und Keuschheit ein ganz auf Gott ausgerichtetes Leben führen, sich aber keinem anerkannten Orden bzw. Kloster unterstellen wollen oder

---

1 Vgl. im Überblick RUH, Kurt: Geschichte der abendländischen Mystik, Bd 2: Frauenmystik und Franziskanische Mystik der Frühzeit.München 1993; DINZELBACHER, Peter: Mittelalterliche Frauenmystik. Paderborn 1993; DINZELBACHER, Peter / BAUER, Dieter R. (Hg.): Europäische Frauenmystik im Mittelalter. Ostfildern 1990.

2 Zu den Beginen vgl. WEHRLI-JOHNS, Martina / OPITZ, Claudia (Hg.): Fromme Frauen oder Ketzerinnen? Leben und Verfolgung der Beginen im Mittelalter. Freiburg – Wien u. a. 1998.

können. Sie leben zunächst vom Verkauf ihrer Handarbeit oder auch von Almosen, sicher auch beeinflusst vom Ideal der neuen Bettelorden. Ein Problem stellt von Anfang an ihre „freischwebende Existenz" dar, da sie weder einem Ordensoberen noch dem Ortsklerus eindeutig unterstellt sind. Gerade in den Vertretern der neuen Orden finden sie häufig geistliche Begleiter, was wiederum den Neid des Ortsklerus fördert und zu Konflikten führt. Am Konzil von Vienne 1311/12 werden acht den Beginen zugeschriebene Aussagen als häretisch verurteilt und von da an werden die Beginen verfolgt, ihre Häuser teilweise aufgelöst, oder aber in Niederlassungen eines anerkannten Ordens umgewandelt. Hinter dieser wechselvollen Geschichte steht ein wichtiger Themenkomplex der mittelalterlichen religiösen Welt: Die Frage, in welche irdischen und vor allem kirchlichen Organisations-formen die Gottessehnsucht gegossen werden soll und dahinter wiederum steht die Frage, ob die intensive Gotteserfahrung, ja die Vereinigung mit Gott, die *unio mystica*, nicht überhaupt eine kirchliche Organisation mit Ämtern und Hierarchien überflüssig macht oder ob nicht vielmehr eine neue Kirche entstehen soll, geleitet von jenen mit einer be-sonderen Gotteserfahrung und -beziehung. Diese Frage stand auch in manchen Gruppen der Franziskaner, insbesondere bei den Spiritualen, durchaus im Raum, und am Beispiel Mechthilds, werden wir noch sehen, dass die Angst des etablierten Klerus vor diesen Gott suchenden Frauen und ihrer Forderung nach einer neuen Spiritualität und Kirche nicht ganz unberechtigt war.

Warum aber dieser Ausbruch an Gottessehnsucht gerade zu dieser Zeit? Die Frage ist nicht in einem Satz zu beantworten. Sicher sind es auch gesellschaftliche und wirtschaft-liche Faktoren, wie das Aufblühen der Städte ab dem 12. Jahrhundert und das Entstehen neuer gesellschaftlicher Schichten mit einer neuen, eigenen Kultur – zu nennen sind hier nicht nur die Entstehung von Universitäten, sondern vor allem auch die höfische Kultur mit ihren Idealen von hoher Minne und Ritterlichkeit, die in der Liebesmystik spürbar werden.[3] Vor allem anderen aber ist es ein verändertes, für das Mittelalter neues Gottesbild, das diese Gottessehnsucht hervorruft und – aus religionswissenschaftlicher Sicht – erst ermöglicht. Ist Gott im 11. Jahrhundert noch ein Fürst und Lehensherr, der Satisfaktion für die Beleidigung des Sündenfalls fordert, so begegnen wir im 12. Jahrhundert sowohl in der akademischen wie in der monastischen Theologie einem liebenden Gott, dessen

---

3   Vgl. LE GOFF, Jacques: Die Geburt Europas im Mittelalter. München ²2004, 79–87, 112f.

Menschwerdung in Jesus Christus als Liebestat verstanden wird. Gott wird „menschlicher", das irdische Leben Christi rückt in den Mittelpunkt des Interesses, sein Handeln als menschgewordener Gott, seine Geburt und auch sein Leiden und Sterben werden in allen realistischen Details dargestellt, beschrieben und auch mit- und nacherlebt. Dieses neue Verständnis der Gott-Mensch-Beziehung fasst Bernhard von Clairvaux in das Bild bzw. die Bilder des Hohen Liedes des Alten Testaments: Christus ist der Bräutigam, die menschliche, individuelle Seele ist die Braut. Und ganz wie im Hohen Lied sind beide füreinander in Liebe entbrannt, Gott ist in dieser Bildwelt nicht mehr ein distanzierter Richter, sondern ein in Liebe Suchender und der Mensch sein Gegenüber. Dieses Gottesbild erst macht seine unmittelbare, emotionale Erfahrung für viele Menschen möglich und erstrebenswert, eine innere Bewegung, die wir heute als Mystik bezeichnen, und die ab der zweiten Hälfte des 12. Jahrhunderts blüht. Liest man die Hoheslied-Predigten Bernhards, so versteht man auch, warum dieses Gottesbild gerade Frauen so sehr anspricht: Dieser liebende Bräutigam ist ein ideales Gegenüber, ebenso wie seine Leiden zum Mitleiden einladen und so das reale eigene Leiden erträglicher machen, ja ihm einen höheren Sinn geben und schließlich ist dieser menschgewordene Gott auch ein Gott, der als Christuskind geliebt und umsorgt werden will, auch hierfür finden wir berührende Zeugnisse gerade von bzw. über Frauen. Wir können heute wohl sagen, dass dieser neue Gott für Frauen einfach greifbarer, näher war als der erhabene, fürstliche Herr des Frühmittelalters.

Natürlich, kann man dem entgegenhalten, gibt es im 12. und 13. Jahrhundert und darüber hinaus ja noch den richtenden, strafenden Gott, unzählige Darstellungen des Jüngsten Gerichts zeigen ihn uns, und hat nicht der heilige Bernhard auch zum Kreuzzug gegen die Ungläubigen aufgerufen? Wie geht das zusammen mit diesem neuen Bild vom liebenden Gott? In der Tat tun wir uns mit dieser Frage schwer, ebenso, wie wir uns mit konkreten Begleiterscheinungen der neuen Gottessehnsucht schwer tun, von denen noch die Rede sein wird. Diese Ambivalenzen lassen sich für uns heute nicht aufheben, vielleicht bedingen sie auch einander in gewisser Weise: Ein allzu menschlich liebender Gott ist eben auch ein menschlich rächender und strafender Gott. Einzelne Mystiker fordern eine radikale Abkehr von diesem Gottesbild, wie Meister Eckhart, doch ist dies ein Gott der Gelehrten und Intellektuellen.

Wie sieht sie nun aus, die gelebte weibliche Gottessehnsucht des 13. Jahrhunderts? Dem Beispiel der heiligen Klara ist dieser Band gewidmet, sie ist freilich nicht die einzige. Es sind viele: Ida von Nijvel, Lutgart von Tongeren, Hadewijch, Marguerite Porete, Birgitta von Schweden, Francesca von Rom, Chiara von Montefalco – um nur einige zu nennen.

3. Mechthild von Magdeburg

Im Folgenden soll eine andere Frau näher vorgestellt werden, die ihre Gottessehnsucht in beeindruckende Worte gegossen hat: Mechthild von Magdeburg.[4]

Geboren 1208/10 nahe Magdeburg in einer adeligen Familie, erfährt sie mit zwölf Jahren erstmals „den Gruß des Heiligen Geistes" wie sie selbst es nennt. Wann genau sie zu den Beginen nach Magdeburg gekommen ist, wissen wir nicht, doch vermutlich als sehr junge Frau, da sie sonst bereits verheiratet gewesen wäre. Um 1250 beginnt sie mit der Niederschrift ihrer mystischen Erfahrungen auf Anraten ihres Beichtvaters Heinrich von Halle und fasst diese unter dem Titel „Das Fließende Licht der Gottheit" zusammen. Sie betont freilich ausdrücklich den göttlichen Befehl für diese Niederschrift, die sie sonst als ungelehrte Frau nie gewagt hätte – eine Vorsichtsmaßnahme, die angesichts der kühnen theologischen Gedanken und der harten Kleruskritik sehr verständlich erscheint. Genutzt hat es nur bedingt. Mechthild musste zeitweise vor Verfolgungen zu ihrer Familie flüchten und trat schließlich um 1270 in das Zisterzienserinnenkloster in Helfta ein, wo sie 1282 oder 1294 starb.

Ihr Werk, „Das fließende Licht der Gottheit"[5], gehört nach einhelliger Meinung der heutigen Forschung zu den besten literarischen Werken des Mittelalters. Es stellt eine

---

4　Vgl. Ruh, Geschichte der Abendländischen Mystik 2, 245–261; Neumann, Hans: Beiträge zur Textgeschichte des ‚Fließenden Lichts der Gottheit' und zur Lebensgeschichte Mechthilds von Magdeburg. In: Ruh, Kurt (Hg.): Altdeutsche und Altniederländische Mystik. Darmstadt 1964, 175–239.

5　Der mittelhochdeutsche Text findet sich in: Mechthild von Magdeburg, Das fließende Licht der Gottheit. Nach der Einsiedler Handschrift im Vergleich mit der gesamten Überlieferung, hg. von Hans Neumann, Bd. 1: Text besorgt von Gisela Vollmann-Profe. München u. a. 1990. Die neuhochdeutsche Übersetzung bei: Schmidt, Margot (Hg.): Mechthild von Magdeburg. Das fließende Licht der Gottheit. 2. neubearb. Übersetzung mit Einführung und Kommentar. Stuttgart – Bad Cannstadt 1995. Die folgenden Zitate stammen alle aus dieser Übersetzung.

einmalige Mischung verschiedener poetischer Formen dar: Dialog, Lyrik, Prosa, Vision, Lehrgedicht, all das findet sich in souveräner Sprache und vor allem die Beschreibung der Liebesbeziehung zum „unvergleichlichen Partner", wie es der Germanist Walter Haug nennt,[6] ist ganz große Dichtung. Verfasst wurde das Werk ursprünglich in Elbostfälisch, die uns erhaltene Variante ist aber die allemannische Umschrift.

3.1. Die *Unio mystica* als Liebesvereinigung

An erster Stelle ist hier die Darstellung der Gotteserfahrung als Erfahrung einer erotischen Liebesbeziehung zu nennen. Paradigmatisch ist etwa der folgende Textausschnitt:

(1) Je tiefer ihre Wunden werden, um so heftiger stürmt sie.
Je mehr seine Lust wächst, um so schöner wird ihre Hochzeit.
Je enger das Minnebett wird, um so inniger die Umarmung.
Je süßer das Mundküssen, um so inniger das Anschauen.
Je schmerzlicher sie scheiden, um so reichlicher gewährt er ihr.
(FL I, 22,19-29)

Texte wie dieser scheinen uns heute gewagt, ja manchen gar an der Grenze zur Blasphemie oder zumindest des guten Geschmacks. Für das Mittelalter ist diese Darstellung indes nichts Ungewöhnliches. Die Erfahrung des menschgewordenen Gottes mit allen Sinnen, ja als körperlich-seelische Erfahrung, ist charakteristisch für die Frömmigkeit des Hoch- und Spätmittelalters und zeichnet auch sonst strenge Theologen wie Bernhard von Clairvaux aus. Seiner Bildsprache des Hohenliedes fügt Mechthild jene der mittelalterlichen weltlichen Minnedichtung hinzu. Von hier kommt auch die bei Mechthild häufig auftretende Gestalt der Frau Minne, die dennoch sehr theologische Züge annimmt. Die Gotteserfahrung ist bei Mechthild wirklich die einer Liebesbeziehung mit allen Höhen und Tiefen. Von zarter

---

6 HAUG, Walter: Das Gespräch mit dem unvergleichlichen Partner. Der mystische Dialog bei Mechthild von Magdeburg als Paradigma für eine personale Gesprächsstruktur. In: STIERLE, Karlheinz / WARNING, Rainer (Hg.): Das Gespräch. München 1984, 251–279.

Verliebtheit bis zur brennenden Sehnsucht, dem blumengeschmückten Liebeslager und dem Trennungsschmerz bringt sie alle Stadien zur Sprache, wie im folgenden Ausschnitt:„Dies ist Euer edles Verlangen und eure grundlose Begehrung;

> Die will ich ewig erfüllen mit meiner endlosen Verschwendung."
> „Herr, nun bin ich eine nackte Seele,
> und Du in Dir selber ein reich geschmückter Gott.
> Unser zweier Gemeinschaft ist ewiges Leben ohne Tod."
> Da geschieht eine selige Stille,
> und es wird ihrer beider Wille.
> Er gibt sich ihr, und sie gibt sich ihm.
> Was ihr nun geschieht, das weiß sie, und damit tröste ich mich.
> Aber dies kann nie lange sein.
> Denn wo zwei Geliebte verborgen sich sehen, müssen sie oft abschiedlos voneinander gehen.   (FL I,44)

Gott ist für Mechthild ein Liebespartner, der einerseits unendlich über ihr steht, andererseits aber selbst von Sehnsucht getrieben wird und seine Göttlichkeit aus Liebe aufgibt und Mensch wird. Theologie und persönliche Erfahrung verschmelzen hier kongenial. Damit sind wir unweigerlich beim Gottesbild, das diese Mystik zeichnet. Was für ein Gott ist das, nach dem sich Mechthild so sehnt? Gleich vorweg: Es ist kein moderner Gott der feministischen Theologie. Mechthilds Gottesbild ist aus heutiger Sicht sehr anthropomorph. Er ist ein leidenschaftlich Liebender, ja Verliebter, der von sich selbst sagt: „Deine Liebe hat alle Gerechtigkeit von mir vertrieben" (FL II,25), andererseits erweist er sich auch als launisch und lässt seine Geliebte warten (ebd.). Als dieser maßlos Liebende ist er ein freiwillig verwundbarer und verwundeter Gott, der seine Wunden von der liebsten Seele salben lässt.[7] Vom Gott der frühmittelalterlichen Theologie, der Genugtuung für den Tod seines Sohnes fordert und unendlich weit vom Menschen entfernt ist, ist hier nicht mehr viel übrig geblieben. Zumindest aus heutiger Sicht erscheint uns dieses Gottesbild als nicht unproblematisch, bei genauerer Lektüre Mechthilds entdecken wir freilich meh-

---

7   Vgl. FL III, 2.

rere theologische Schichten, in deren innerster Gott eben die Liebe selbst ist, die ihn als dreifaltige Person ebenso aneinander bindet wie an die menschliche Seele – eine kühne Theologie ist es allemal.

Andererseits ist der Gott Mechthilds auch ein sehr menschlicher Gott, wenn es um Strafe und Rache geht. In seinem Umgang mit Sündern sieht Mechthild Gott ganz im mittelalterlichen Trend als strengen Richter, der die Verdammten solange im Feuer schmachten lässt, als es ihn gut dünkt. (FL VII,4). Mechthilds Gott ist ganz klar männlich gedacht und erfahren, auch wenn sie sich sehr wohl der „unendlichen Differenz" zum Menschen bewusst ist – ein weibliches Gottesbild hat in der Gotteserfahrung Mechthilds, die ganz als Erfahrung eines leidenschaftlich liebenden Gegenübers konzipiert ist, keinen Platz.

4. Das Menschenbild

Der Mensch ist in dieser Theologie der Gottessehnsucht Geschöpf der unendlichen Liebe Gottes, wie es Mechthild in ihrem großen Text über Schöpfung, Paradies und Sündenfall so schön beschreibt:

> Da neigte sich die Heilige Dreifaltigkeit zur Schöpfung aller Dinge und schuf uns, Leib und Seele, in unaussprechlicher Minne. Adam und Eva waren nach dem ewigen Sohn gebildet und adlig erschaffen, der ohne Anfang aus dem Vater geboren ist. Da teilte der Sohn an Adam seine himmlische Weisheit und irdische Macht, so dass er in vollkommener Minne wahre Erkenntnis und heilige Sinne hatte, und dass er aller irdischen Kreatur gebieten konnte. Das ist uns nun ganz verloren gegangen. Dann gab Gott aus herzlicher Liebe Adam eine feine, edle und zarte Jungfrau, das war Eva. Und er teilte mit ihr seines Sohnes minniglich eheliche Gehaltenheit, die er selber zu Ehren seines Vaters bezeigt. Ihre Leiber sollten lauter sein, denn Gott schuf ihnen keine Glieder der Schande, und sie waren gekleidet im Engelsgewande. Ihre Kinder sollten sie gewinnen im heiligen Minnen, so wie die Sonne spielend in das Wasser scheint und das Wasser doch ungebrochen bleibt. Aber als sie von der verbotenen Speise aßen, wurden sie in verwirrender Weise am Leibe verändert,

so, wie wir ihn jetzt noch erfahren. Hätte uns die Heilige Dreifaltigkeit so hässlich
erschaffen, könnten wir uns der Beschaffenheit unserer edlen Natur nie schämen.
[…] Doch als sie die unrechte Speise gegessen,
die ihrem reinen Leibe noch angemessen,
wurde ihnen des Giftes so reichlich zugemessen,
dass sie die Reinheit der Engel verloren
und die jungfräuliche Keuschheit vergaßen. (FL III,9)

Gleichzeitig finden wir hier auch Mechthilds Menschenbild dargelegt: Er ist ganz nach
Gottes Bild geschaffen und hat von Gott auch dessen Weisheit und Liebe als zentrale
Charaktereigenschaften bekommen. Der Mensch ist von Anfang an Mann und Frau,
wobei Mechthild hier selbstverständlich den zweiten Schöpfungsbericht, nach dem Eva
aus Adam geschaffen wird, referiert. Dieses erste Paar ist anders als die Männer und
Frauen, die Mechthild und wir kennen: Sie haben ätherische, engelsgleiche Körper, ohne
Geschlechtsorgane, und Fortpflanzung geschieht „wie die Sonne auf das Wasser scheint".
Der reale Körper, wie ihn Mechthild erfährt, ist ihr ein Ärgernis, ein Kerker und gar ein
„stinkender Pfuhl" (FL II,25), denn dieser irdische Körper hindert sie an der dauerhaften
Einheit mit Gott. Was heute irritiert und so gar nicht in unser Bild von ganzheitlicher
weiblicher Spiritualität passt, ist im Mittelalter ein gerade unter Gottessüchtigen weit
verbreitetes Menschen- und Körperbild. Zahlreiche Viten von MystikerInnen berichten
uns detailliert von den extremen asketischen Praktiken, denen diese Frauen ihre Körper
unterzogen, ebenso wie viele Männer. Mechthild selbst belässt es bei Andeutungen, dennoch wird gerade aus ihren Texten klar, warum der Körper ein Problem darstellt: Dieser
fleischliche, vergängliche Körper ist Folge des Sündenfalls, ja er muss es sein, denn Gott
hätte nie einen so hinfälligen, Krankheit, Gewalt und den Gefahren der Geburt ausgesetzten
Körper schaffen können – vor allem aber einen Körper, der die unmittelbare Gegenwart
Gottes nur kurz erträgt. Es ist eine Erfahrung, wie sie nicht nur Mechthild beschreibt:

Ich kann dich noch so zart berühren,
Du musst unendlich Weh verspüren an deinem Leib,

Denn gäb ich mich dir immer nach deinem Begehren, ich müsste meine liebe
Herberge in dir entbehren. (FL II,25)

Und doch hofft Mechthild auch für diesen Körper, denn auch er wird auferstehen und
verwandelt werden, und dann wird die Seele zu ihrem Körper sprechen:

Steh auf, mein Viellieber, und erhol dich all deiner Leiden,
All deiner Wehtage,
All deiner Schmach,
All deiner Traurigkeit,
All deiner Verbannung,
All deiner Verwundung,
Und all deiner Mühen! (FL VI,35)

Die mystische Spiritualität des Mittelalters – hier dürfen wir uns nichts vormachen – ist
in jeder Hinsicht radikal, sie fordert den ganzen Menschen und treibt ihn an seine oder
ihre Grenzen. Das Ideal des Mystikers und der Mystikerin ist kein langes, komfortables
Leben bei bestmöglicher physischer Verfasstheit, sondern ein Brennen für Gott und ein
Leben hin auf die endgültige Vereinigung mit ihm.

Umso paradoxer erscheint es uns freilich, dass diese Sehnsucht nach einem Ende des
irdischen Körpers und eine Auferstehung im himmlischen, paradiesischen Körper in
einer Sprache zum Ausdruck gebracht wird, die voll ist von körperlichen Metaphern und
Bildern, wie wir sie nie wagen würden zu verwenden.

Der Mensch, als der Mechthild Gott begegnet, ist nicht einfach der Mensch – anders
als etwa bei Eckhart – sondern immer ein weibliches Ich. Mechthild versteckt sich nicht,
wie etwa die Mystikerin Marguerite Porete, hinter abstrakten Dialogfiguren, sondern
spricht immer wieder als „ich", Mechthild. Mechthild reflektiert ihr Frausein in einer von
Männern geleiteten Kirche und Theologie sehr genau und mit scharfer Ironie stellt sie den
Gegensatz zwischen bloßem theologischen Titel und unmittelbarer Gotteserfahrung heraus:

„Eia, Herr, wäre ich ein gelehrter geistlicher Mann,

und hättest du dieses einzig große Wunder an ihm getan,

du würdest ewige Verherrlichung dafür empfangen.

Wer wäre, Herr, der das nun glaubt,

dass du in einem unflätigen Pfuhl

hast ein goldenes Haus erbaut […].“

„Tochter, es verliert manch weiser Mann sein kostbares Gold

aus Nachlässigkeit auf einer breiten Heeresstraße;

er wollte damit zur hohen Schule reisen.

Nun muss es jemand finden.

Von Natur aus hielt ich es so manchen Tag:

Wenn ich je außerordentliche Gnaden gab,

suchte ich immer den niedrigsten, geringsten, verborgensten Ort. (…)

Man findet manchen weisen Meister der Schrift,

der vor meinen Augen dennoch ein Tor ist.

Und ich sage dir noch mehr:

Es ist mir vor ihnen eine große Ehr

und stärkt die heilige Kirche gar sehr,

dass der ungelehrte Mund die gelehrte Zunge

aus meinem Heiligen Geist belehrt.“ (FL II,26)

Gott selbst geht ein Risiko ein, so schreibt Mechthild ironisch, ausgerechnet durch eine Frau wie sie zu sprechen, und nicht durch einen gelehrten geistlichen Mann. Andererseits, so Mechthild, wird doch gerade an dieser Ungeheuerlichkeit die Größe Gottes sichtbar – von einem akademischen Theologen erwartet man ja bald einmal, dass er sich über Gott äußert, in ihrem Fall aber könne es ja nur der Heilige Geist sein (was bei den gelehrten geistlichen Männern offenbar nicht immer vorauszusetzen ist, so der logische Umkehrschluss). Ein gewisses weibliches Selbstbewusstsein und ein erkennbares Maß an Widerspenstigkeit kann man Mechthild nicht absprechen. Der Konflikt, den Mechthild hier anspricht, ist freilich kein ausschließlich weiblicher, sondern begleitet die Geschichte der christlichen Spiritualität von Anfang an. Wer hat mehr Autorität: Jene mit dem Charisma der unmittelbaren Gotteserfahrung oder jene mit einem kirchlichen Amt und entsprechender formaler Qualifikation? Wie bereits in anderem Zusammenhang erwähnt, ist die Mystik des Mittelalters radikal in ihren Ansprüchen, die aus einer radikalen Gotteserfahrung erwachsen. Diese Radikalität richtet sich zunächst an den Mystiker oder die Mystikerin selbst, aber dann auch an andere, wie wir bei Mechthild sehen. Sie kritisiert unverhohlen all jene, die kein so auf Gott gerichtetes Leben führen wie sie selbst, insbesondere den Klerus von Magdeburg, dem sie Laster aller Art vorwirft. Doch auch die rein akademischen Theologen stehen bei Mechthild in keinem guten Licht. Diese Meister sieht sie in der Hölle zu Füßen des Teufels disputieren[8] – eine interessante Erweiterung der klassischen Höllenvisionen, eine Theologenunterabteilung gewissermaßen.

In Mechthilds Konzept von Spiritualität steht die individuelle, ja intime Gottesbeziehung ganz und gar im Mittelpunkt. Aus ihr heraus erwachsen hohe Ansprüche an die persönliche Lebensführung, aber auch an das religiöse Leben der anderen.

5. Frauenmystik – Männermystik?

Ist es legitim, von Frauenmystik zu sprechen? Ja, wenn man sich bewusst ist, dass dieser Begriff keine enge inhaltliche Definition darstellt, sondern einen abstrakten Oberbegriff, unter den man die vielen verschiedenen Gottsucherinnen des Mittelalters einreihen kann. Es gibt zwischen einigen von ihnen Parallelen in der Bildwelt, andere wieder unterscheiden sich deutlich. Auch ihre geographische und soziale Herkunft spielt eine Rolle. Dennoch ist es legitim zu sagen, dass sich ab dem 13. Jahrhundert eigene Konzepte weiblicher Spiritualität entwickeln, die der Erfahrung der Gottessehnsucht und Gottesbegegnung aus der konkreten Situation des Frauseins gerecht zu werden versuchen und der weiblichen Individualität auch Raum geben.

---

8   Vgl. FL III,21, 41–50.

6. Konzepte weiblicher Spiritualität heute

Können wir diese Gottessehnsucht des Mittelalters überhaupt mit Theologie und Glaube heute vergleichen? Auch wenn das Mittelalter oft als finster apostrophiert wird – die Präsenz von Frauen in der christlichen Religion war in dieser Zeit höher als in den folgenden Jahrhunderten. Frauen sind erst wieder ab den 1970er Jahren in derart großer Zahl und mit so verschiedenen Texten und Biographien in der Theologie und Spiritualität präsent wie im Mittelalter. Sind Frauen wie Klara und Mechthild also Vorgängerinnen feministischer Theologie oder Vorbilder in der aktuellen Suche nach weiblicher Spiritualität?

Seit den 1970er Jahren suchen Frauen nach einer eigenen, ihnen nicht von Männern vorgegebenen Theologie und Spiritualität.[9] Die christlichen Kirchen wurden als von Männern beherrscht und die Theologie als von Männern für Männer gemacht erlebt. Diese Unzufriedenheit betraf das Gottesbild ebenso wie die rituelle Praxis, die Anthropologie, die Hierarchie und die Vorstellung von der Gottesbeziehung insgesamt – also fast alle Punkte, die wir bei Mechthild näher betrachtet haben. Ebenso wie bei der Frauenmystik kann man nur mit großer Vorsicht und unter erklärenden Einschränkungen von „der" feministischen Theologie sprechen, da es sehr verschiedene Ausprägungen gibt. Und erst recht kann man nicht von „weiblicher Spiritualität" im Singular sprechen. Unter der Rubrik „weibliche Spiritualität" finden sich nämlich weit mehr Einträge bzw. Titel von Büchern, Veranstaltungen etc. aus dem weiten und unscharfen Bereich der Esoterik und des Neopaganismus als solche, die dem Christentum wirklich zugerechnet werden können. Diese Breite zeigt sehr schön, wie groß das Bedürfnis nach Spiritualität, nach einer wie auch immer verstandenen Beziehung zu etwas oder jemand jenseits der materiellen Wirklichkeit ist.

---

9 Vgl. im Überblick SCHNEIDER-LUDORFF, Gury / MEYER-WILMES, Hedwig / FRIEBE, Katharina: Feministische Theologie. In: GÖSSMANN, Elisabeth u. a. (Hg.): Wörterbuch der Feministischen Theologie. Gütersloh ²2002, 144–153.

6.1. Ansätze und Perspektiven christlicher Spiritualität von Frauen

Selbst im christlichen Kontext ist es nicht so einfach – wovon sollen wir sprechen? Von weiblicher Spiritualität oder von weiblicher Dimension christlicher Spiritualität oder von Frauenspiritualität? Diese Frage wirft auch Stefanie Spendel in dem Sammelband „Weibliche Spiritualität im Christentum" auf.[10] Als Eckpunkte weiblicher Spiritualität nennt sie:

– die Entdeckung der Gottesebenbildlichkeit von Frauen und der weiblichen bzw. mütterlichen Elemente im Gottesbild der Bibel;
– der vorurteilsfreie und partnerschaftliche Umgang Jesu mit Frauen; die Wiederentdeckung und Würdigung biblischer Frauengestalten sowohl des Alten als auch des Neuen Testamentes;
– die Relecture mystischer und theologischer Werke von Frauen in und seit dem Mittelalter bis heute und damit die Entdeckung genuiner Frauentheologien;
– die Erprobung einer nicht sexistischen Sprache in Liturgien und theologischen bzw. kirchlichen Texten;
– die Herausbildung einer im rechten Sinn verstandenen ‚Frauenkirche' […].[11]

Diese Liste lässt sich auch historisch, also seit den Anfängen feministischer Theologie auf der Suche nach spezifisch weiblicher Spiritualität, in zwei Ansätze untergliedern:

Zum einen geht es um eine Suche nach einer verschütteten weiblichen Tradition innerhalb des Christentums, in die sich Frauen heute mit ihrem Glauben und ihren religiösen Sehnsüchten stellen können. Dieser Suche verdanken wir eine neue, kritische Lesart biblischer Texte ebenso wie der Kirchengeschichte. Vergessene oder in den Schatten von Männern gedrängte Frauen wurden neu entdeckt, ihre theologischen Ideen neu gelesen. Es ist interessant, dass gerade die Mystikerinnen des Mittelalters hier bei weitem nicht jene Rezeption erfahren, die ihrer historischen Stärke entspricht. Wohl gibt es zahlreiche Werke rund um Hildegard von Bingen, die freilich sehr oft ins Triviale – Stichwort „Hildegard-

---

10   SPENDEL, Stefanie (Hg.): Weibliche Spiritualität im Christentum. Regensburg 1996.
11   SPENDEL, Stefanie: Wenn Frauen sich vergeistigen. ‚Neuland' christlicher Spiritualität. In: SPENDEL, Weibliche Spiritualität, 14.

kekse" – abgleiten, sowie einen Rekurs auf Julian of Norwich wegen Formulierungen, die, je nach Interpretation, ein weibliches Gottesbild erkennen lassen. Doch die Mehrzahl der Gott suchenden Frauen des Mittelalters findet seit den 1980er Jahren breite und intensive Rezeption in der Mittelalterforschung der Germanistik und der Geschichtswissenschaft, jedoch wenig in der Theologie.

Neben diesem historischen Ansatz mit der Absicht, vergessene weibliche Theologie und Glaubensarbeit sichtbar zu machen, gibt es eine weitere große Perspektive: Die Suche nach einer geschlechtergerechten, Frauen ansprechenden Theologie und Spiritualität. Das heißt, dass vor allem die zentralen Themen der Theologie und Glaubenspraxis einer kritischen Revision unterzogen werden: Das scheinbar männliche Gottesbild steht hier natürlich an erster Stelle und die Frage, ob es nicht auch weibliche Aspekte Gottes gibt oder gar ein weibliches Gottesbild. Weibliche Spiritualität sucht sich hier ein Gegenüber, das ihr näher ist als der „Gott der Männer", wie auch der Titel eines Buches von Marie-Theres Wacker lautet.[12] Im Gegensatz zu verschiedenen paganen Bewegungen betont die christliche Theologie von Frauen hier das Nebeneinander der Bilder, männliche und weibliche Bilder oder Aspekte gilt es in Gott zu entdecken. Auch Jesu Umgang mit Frauen bzw. die Frauen rund um Jesus kommen in den Blick und werden als bewusst anderer Umgang mit patriarchalen Rollenbildern verstanden.

Besonders die Anthropologie wird zum Thema. Der Mensch ist nicht gleich Mann, sondern Mann und Frau. Eine Anthropologie, die nicht einfach vom Mann ausgeht und die Frau als verunglückten Mann sieht, wie es die scholastische Theologie seit Thomas von Aquin getan hat, wird eingefordert. Zur Anthropologie gehört auch die Frage nach dem Verhältnis von Körper, Seele und Geist. Die Suche nach einer weiblichen Spiritualität betont hier besonders die positive Akzeptanz und Erfahrung des Körpers. Zu nennen sind hier Klassiker wie „Wenn Gott und Körper sich begegnen" von Elisabeth Moltmann-Wendel.[13] Hier ist natürlich sehr deutlich eine Auseinandersetzung mit einer asketischen, dem Körper mit Misstrauen begegnenden Theologie zu erkennen. Gerade Frauen, die historisch oft auf ihren Körper reduziert wurden, suchen nun nach einer positiven Erfahrung des

---

12 WACKER, Marie-Theres (Hg.): Der Gott der Männer und die Frauen. Düsseldorf 1987.
13 MOLTMANN-WENDEL, Elisabeth: Wenn Gott und Körper sich begegnen. Feministische Perspektiven der Leiblichkeit. Gütersloh 1989.

Körpers und seiner Hineingenommenheit in die Gottesbeziehung. Auch die Suche nach eigenen Formen und Riten, innerhalb derer Frauen ihren Glauben leben können, gehört wesentlich zu heutigen Konzepten von weiblicher Spiritualität, Frauenliturgien sind hier zu nennen, ebenso eigene Begleitriten zu wichtigen Lebensabschnitten, aber auch Bibelrunden und Ähnliches.

Die heutige Suche nach weiblicher Spiritualität ist etwas sehr Individuelles und hat zugleich aber den Anspruch oder die Sehnsucht, gemeinschaftsstiftend zu sein. Dementsprechend ist es genau genommen unmöglich, von einem Konzept zu sprechen, sondern viel eher, wie ja der Titel dieses Beitrags andeutet, von Konzepten, die zwar die soeben genannten Fixpunkte gemeinsam haben, aber diese unterschiedlich stark betonen.

7. Ein Vergleich zwischen Konzepten weiblicher Spiritualität im Mittelalter und heute

Wie sieht es nun mit einer weiblichen Spiritualität über die Jahrhunderte hinweg aus? Sind Mechthild und Klara Schwestern im Geiste heutiger weiblicher christlicher Spiritualität?

Beginnen wir mit einer anderen Frage: Ist die Spiritualität von Männern früherer Jahrhunderte für uns heute noch lebbar? Und ist sie wirklich nachvollziehbar? Die Spiritualität eines Franziskus in ihrer Radikalität, nicht nur ihre massentaugliche Variante, ist sicher kein Mehrheitsprogramm, mit dem wir heute in der Kirchenzeitung Werbung machen würden. Von den Askesepraktiken eines Heinrich Seuse oder Petrus Alcantara ganz zu schweigen. Doch auch „die dunkle Nacht der Seele" eines Johannes vom Kreuz widerspricht unserem Verständnis und Anspruch von Spiritualität schon dem Titel nach. Spiritualität hat für uns heute einen sehr weichen Klang, es schwingen Begriffe wie Ganzheit, Selbsterfahrung, Trost, kurz: positive Gefühle mit. Spiritualität ist sehr oft, auch im christlichen Kontext, zuerst einmal Selbstsuche: ich und Gott, wie geht es mir mit meinem Gott, meinem Gottesbild etc.

Im Mittelalter lautet die Frage aber, für Frauen wie für Männer, anders: Gott und ich, Gottessuche bis hin zur radikalen Selbstvergessenheit, ja dem Aufgeben und Aufgehen des Selbst in Gott.

Aus dieser Grundhaltung heraus entstehen alle Lebensentwürfe, ja Konzepte von Spiritualität. Gerade für Frauen, die keine reichhaltige offizielle Tradition haben, auf die sie ausweichen können, ist die Erkenntnis, dass die großen Gestalten weiblicher spiritueller Tradition, die Mystikerinnen, oft sehr weit von den heutigen Anliegen und Konzepten entfernt sind, nicht einfach.

Erinnern wir uns zurück an Mechthild: Sie erfährt Gott als Liebenden und Geliebten in einer Sprache, die wir heute als vielleicht kitschig, sicher aber als unemanzipiert qualifizieren würden, ist dieser göttliche Geliebte doch ihr ein und alles. Ihn sucht sie, nicht sich selbst – im Gegenteil: Sich selbst verliert sie, wie sie es nennt, in Gott hinein. Am schwierigsten ist für uns heute aber wohl der Umgang mit dem eigenen Körper in den Konzepten weiblicher Spiritualität im Mittelalter. Der Körper ist Hindernis und Ort der Gotteserfahrung zugleich. Eines der zentralen Anliegen weiblicher Spiritualität heute, die positive Erfahrung des Körpers, das Einsfühlen mit dem Körper, würden die mittelalterlichen Mystikerinnen sicher nicht unterschreiben. Der Umgang mit dem eigenen Körper ist damals viel radikaler, aber vielleicht auch ehrlicher als heute. Der Körper wird als unvollkommen erfahren und gleichzeitig als vollkommener, lichtdurchfluteter Paradieseskörper ersehnt. Die Erfahrung der Differenz und des Ungenügens macht die Sehnsucht nach einem Einssein und Heilsein in Gott nur umso größer.

War die weibliche Spiritualität des Mittelalters politisch, oder kirchenpolitisch? Auch hier waren manche Frauen damals radikaler als heute: Wir würden wohl nicht – zumindest schriftlich – Kleriker als „stinkende Böcke" und „Esel" titulieren, wie es Mechthild und Marguerite Porete tun. Andererseits tun sie dies nicht im Bestreben, selbst deren Ämter und Weihen zu übernehmen, noch führen sie überhaupt einen Diskurs über dieses Thema als neue Möglichkeit weiblicher Spiritualität. Ihnen geht es um das heiligmäßige Leben, das sie von allen Menschen im geistlichen Stand radikal einfordern. Die weibliche Spiritualität des Mittelalters ist sicher, in den Klöstern und Beginenhäusern, geprägt vom Leben in der Gemeinschaft. Gleichzeitig ist es die individuelle Gottessehnsucht, die diese Frauen dorthin treibt, nicht das Bedürfnis nach weiblicher Gemeinschaft als solcher.

Die Spiritualität des Mittelalters ist uns, wenn wir ehrlich sind, fremd, sie ist nicht einfach übersetzbar ins Heute. Gerade diese Fremdheit provoziert aber zur Auseinandersetzung mit der eigenen Spiritualität. Das gilt für männliche und weibliche Spiritualität.

Herausragende Frauengestalten des Mittelalters faszinieren uns bis heute. Diese Faszination verführt leicht dazu, sie unserer Zeit anzugleichen, sie uns so zu recht zu denken, wie wir sie gerne hätten und heute bräuchten. Damit tun wir aber nicht nur ihnen Unrecht, sondern unserer eigenen Suche nach Spiritualität nichts Gutes. Gerade für Frauen sind die Gottsucherinnen des Mittelalters Vorbilder in ihrer spirituellen Eigenständigkeit und in ihrer Radikalität der Gottessehnsucht, die nicht bei Formen und Strukturen einer männlich geprägten Kirche anfängt, aber diese zwangsläufig berührt. Konzepte weiblicher Spiritualität sind zunächst keine Konzepte, sondern Erfahrungen, die vielleicht für andere mit ähnlichen Sehnsüchten fruchtbar werden können. Damals wie heute gilt wohl, dass man sich trauen muss, das Neue, Unerhörte, vielleicht sogar Provokante zu denken, zu wollen und zu tun. Ob das Frauen oder Männer besser können, mag jeder und jede für sich selbst beantworten.

8. Lebendiger Spiegel des Lichtes – Sieben Fotografien zur hl. Klara von Assisi

Sabine Zgraggen

Zur Entstehung der Fotoserie

Als Theologin und Künstlerin wollte ich etwas bildnerisches zu diesem Klara-Symposium beitragen. Dafür konnte ich auf innere Erfahrungen meiner vier Reisen nach Assisi aus den Jahren 1994–2004 zurückgreifen. Die hl. Klara hatte hierbei einen nachhaltigen Eindruck in meiner Seele hinterlassen, so dass ich mir zutraute aus inneren Bildern äußere entstehen zu lassen. Diese Bilder sind einerseits individuell und subjektiv gefärbt, andererseits aber auch Zeugnis für den lebendigen Geist Gottes, in welchem sich Heilige aus der Vergangenheit und sehnsüchtige Menschen aus der Gegenwart zu treffen vermögen.

Das Model

Für die Umsetzung dieser inneren Bilder suchte ich ein Model, das meinen bildnerischen Vorstellungen entsprach. In der deutschen Fotografiestudentin Tina van den Bongardt aus Essen fand ich die ideale Besetzung dafür: Sie war jung, ähnlich wie Klara als diese sich entschied, ein radikal anderes Leben zu führen, sie war asketisch und sehnsüchtig in ihrem gesamthaften Ausdruck und vor allen Dingen war sie offen für die Geschichte der hl. Klara, deren Fragen damals wie heute aktuell sind. Während der Fotoarbeiten mit ihr erfuhr ich zudem, dass das Tattoo auf ihrem Arm übersetzt bedeutet: „Du wirst niemals allein sein". Hier schloss sich für mich ein Kreislauf geheimnisvoller göttlicher Gegenwart durch alle Zeiten hindurch.

Die Umsetzung

Das Fotoshooting fand an zwei Tagen im Sommer 2010 statt. Orte waren das Seeufer des Zürichsees, beim Zisterzienserinnenkloster Wurmsbach, und die romanische Kirche St. Peter Mistail (Graubünden) – die heute leer steht – in welcher zur Zeit der hl. Klara ebenfalls eine Frauengemeinschaft lebte. Deren alte Bodensteine erinnerten mich an den Schlafplatz der hl. Klara in San Damiano. An beiden Schauplätzen positionierte sich das Model nach meinen Angaben und gab das Ihrige körpersprachlich mit dazu. Meine Anweisungen lauteten beispielsweise: „Hebe die Hände zum Himmel und versuche die Sonne zu fangen", oder: „Blicke in den Spiegel und versuche deine Seele zu sehen", oder: „Tanze vor dem Herrn."

Die Fotoserie

Aus 200 Fotos wurden sieben Arbeiten für das Symposium ausgewählt und schutzversiegelt auf Kunststoff aufgezogen präsentiert. Br. Paul Zahner suchte passende Texte der hl. Klara heraus, so dass ein Dialog zwischen den Bildern, Texten und den Betrachtern/-innen entstehen konnte. Drei Arbeiten waren in Schwarzweiss mit den Titeln: 1. Sitzen vor dem leeren Platz, 2. Sitzen vor dem Seitenaltar, 3. Tanz um den Altar. Vier Arbeiten in Farbe: 4. Verdecktes Spiegelgesicht, 5. Lichtfängerin, 6. Das himmlische Gesicht. Eine Arbeit als Doppelbelichtung mit dem Titel: 7. Klausur.

Die Fotobilder und andere künstlerische Bilder können digital auf der folgenden Homepage der Künstlerin Sabine Zgraggen angeschaut und bestellt werden: www.gedankenfotografie.ch .

Bilder mit den entsprechenden Klara-Texten dazu

1. Bild: Sitzen vor dem leeren Platz

Immer sollt Ihr in der Liebe zu Gott,
zu Eurer eigenen Seele
und zur Seele Eurer Schwestern stehen.
Segen Klaras 14

2. Bild: Sitzen vor dem Seitenaltar

Der Sohn Gottes ist uns Weg geworden.
Testament Klaras 5

3. Bild: Tanz um den Altar

In raschem Lauf, mit leichtem Schritt, und ohne mit dem Fuße anzustoßen,
so dass Dein Schritt den Staub kaum mehr berührt,
sicher, freudig und behend, und zugleich achtsam sollst du schreiten
auf dem Weg der Seligkeit.
Zweiter Brief Klaras an Agnes von Prag 12-13

4. Bild: Das himmlische Gesicht

Der Herr selbst hat uns nämlich nicht nur für andere gleichsam als Vorbild, zum
Beispiel und Spiegel hingestellt, sondern auch für unsere Schwestern,
die er zu dieser Lebensform hinzu berufen wird.
Testament Klaras 19

5. Bild: Lichtfängerin

Ich halte bereits in Händen, was ich unter dem Himmel begehrt habe.
Dritter Brief Klaras an Agnes von Prag 6

6. Bild: Verdecktes Spiegelgesicht

Die Schwestern müssen sich hüten, in Zorn zu geraten oder den Kopf zu verlieren
in der Aufregung über die Sünde, die jemand begangen hat; denn Zorn und solche
Aufgeregtheit hindern in ihnen selbst und in den anderen die Liebe.
Regel Klaras 9,5

7. Bild: Klausur

Den die Himmel nicht zu fassen vermochten, den hielt sie im verschlossenen Kämmerlein ihres Leibes umfangen und trug ihn im jungfräulichen Schoß.

Dritter Brief Klaras an Agnes von Prag 18–19

Orts- und Personenregister

Ortsregister

Personenregister

Z

Autoren und Autorinnen

HEIMERL, Theresia, Ao. Prof. DDr., Ao. Universitätsprofessorin am Institut für Religionswissenschaft der Theologischen Fakultät der Universität Graz, lebt in Graz (A)

KREIDLER-KOS, Martina, Dr. theol., Doktorarbeit über Klara von Assisi, Diözesanreferentin der Frauenseelsorge des Bistums Osnabrück, lebt in Bramsche (D)

KUSTER, Niklaus, Kapuziner OFMCap, Dr. theol., Dozent an den Universitäten Luzern und Fribourg und an verschiedenen Ordenshochschulen, lebt in Olten (CH)

RUGGENTHALER, Oliver, Franziskaner OFM, Mag., Archivar und Spitalseelsorger, heute Provinzial der Franziskanerprovinz Austria, lebt in Salzburg (A)

SCHNEIDER, Johannes, Franziskaner OFM, Dr. theol., Seelsorger und Herausgeber der Klara-Quellen, lebt in Salzburg (A)

TOCZYDLOWSKI, Irenäus, Franziskaner OFM, Mag., Pfarrer in der Franziskanerpfarre Graz, Doktorand, heute Pfarrer in der Franziskanerpfarre Villach (A)

ZAHNER, Paul, Franziskaner OFM, Dr. theol., gelegentlich Dozent an der Theologischen Fakultät der Universität Graz, Begleiter von Theologiestudierenden in Graz, Seelsorger, lebt in Graz (A)

ZGRAGGEN, Sabine, Lic. theol., Theologin, Künstlerin und Seelsorgerin in einer psychiatrischen Klinik, lebt in Chur (CH), heute in Wädenswil (CH)